红色征途

砥砺初心

FORGING AHEAD WITH ORIGINAL ASPIRATION

吕发成 著

中国出版集团
研究出版社

图书在版编目 (CIP) 数据

砥砺初心 / 吕发成著 . -- 北京 : 研究出版社 ,
2021.1
ISBN 978-7-5199-0914-7

Ⅰ . ①砥… Ⅱ . ①吕… Ⅲ . ①纪实文学 – 中国 – 当代
Ⅳ . ① I25

中国版本图书馆 CIP 数据核字 (2020) 第 140387 号

出 品 人：赵卜慧
图书策划：张 琨
责任编辑：张 璐 张 琨

砥砺初心

DILI CHUXIN

吕发成 著

研究出版社 出版发行
（100011 北京市朝阳区安华里 504 号 A 座）
河北赛文印刷有限公司 新华书店经销
2021 年 1 月第 1 版 2021 年 1 月北京第 1 次印刷
开本：710 毫米 × 1000 毫米 1/16 印张：16.25
字数：210 千字
ISBN 978 – 7 – 5199 – 0914 – 7 定价：49.80 元
邮购地址 100011 北京市朝阳区安华里 504 号 A 座
电话（010）64217619 64217612（发行中心）

目录

序　言

他站在云端，俯看人间，红尘滚滚，沧海桑田。

那是他的故乡，真真切切的东方伊甸园——四条河水流过的中国四川。这里是“天府之国”，平坦辽阔的土地上，长江、岷江、嘉陵江、大渡河四条江河横贯全境，土肥水旺，草木葱茏，万物繁茂，阡陌纵横，山川秀美富庶，文才武将辈出。

眺望熟悉的家园，他心潮澎湃。他生于斯，长于斯，风雨如晦的少年时代就从这里奔向法兰西，走过莫斯科，寻求救国救民的真理；风云突变的青年时代，在战火纷飞的中国大地上戎马倥偬，浴血奋战，历腥风血雨，经潮起潮落。为国家呕心血，为民族谋复兴，为历史铸辉煌，为时代写新篇，他走完了波澜壮阔的人生之路，落叶归根，他愿意魂归故土。

故土，故乡，故人，故事，一切都是那么真切。

浩渺宇宙间，隐隐传来他浓重的四川乡音：

“我是中国人民的儿子，我深情地爱着我的祖国和人民！”

第一章　少年凌云志

天性，是中国古代哲学派别中道家的一个名词，它指一个人出生就具有的秉性，因此又称为本性。人们都说，江山易改，本性难易，也许是一种唯物史观。中国民间有说法：从小看大，三岁看老，许多人和事物的发展变化都能找到最原始的基因。

——题记

辽阔的中华大地，物华天宝，人杰地灵。中国西南四川东部的广安，东连重庆，西通南充，南接合川，北邻达州。境内华蓥山雄踞，嘉陵江和渠江纵贯全境，气候温暖，热量充足，雨水丰沛，万物茂盛。

广安县城北十五里的协兴乡（今广安市广安区协兴镇），有个村子叫牌坊村。山梁坐落村后，池塘静卧村前，层层梯田呈半圆形环抱着农家宅院，绿树成荫，翠竹环绕，一条青石铺就的小路蜿蜒向前。邓氏家族就居住此地。邓氏先祖邓时敏是前清翰林，曾任大理寺卿，功德卓著，当地人为褒其学绩功名，曾在村头立“德政坊”为记，牌坊村由此而得名。

1904 年 8 月 22 日（清光绪三十年七月十二日），牌坊村一所三合院里，传出了一声婴儿响亮的哭声。

接生婆兴奋地走出北厢房，向着正在院子里踱步的邓绍昌大喊：“男娃儿！是个男娃儿！”

这个男娃儿就是七十年后领导中国人民走上改革开放康庄大道的邓小平。

初名邓先圣

邓氏家族是名门望族，相传夏朝时帝仲康有子孙封在邓国（今河南邓州一带），邓君的后世子孙就以国为氏，称邓氏。邓氏家族豪杰满门，九个世祖后人中的兄弟十五人都是士大夫，分别出任明朝的户部郎中、监察御史、按察副使、府教授、兵马指挥使司等职。“文行魁蜀”邓显，吏部尚书晋大学士邓士廉，明万历进士、南京户部主事和湖广按察司副吏邓吉昌，清乾隆翰林院士、大理寺正卿邓时敏等，更是威名远扬。

居住在四川的邓氏家族是从江西迁徙而来的。明一世祖邓鹤轩，祖籍江西吉安府庐陵县人，娶妻曾氏，1380 年（明洪武十三年）以兵部员外郎的身份迁入四川，定居广安，卒葬邓家湾，繁衍约二十代。降及清朝，第三代十个孙子中有六兄弟分别为清朝的副榜举人、翰林、大理寺正卿、增生、文生。自此而后，则立邓氏字辈为“以、仁、存、心、克、绍、先、型、培、成、国、用、燕、尔、昌、荣”，邓氏家族遵此命名。

邓氏家谱记载：“清纪，七世祖邓心泰字容安，长子克远、次子克丰；八世祖邓克丰字裕元，八十生辰寿文……堂侄绍昌顿首恭祝。”“克丰字裕元，妣李氏所生六子，长绍瑄、次绍圣……民国九年与其侄邓先圣留法，至十五年旋入俄……”邓心泰是邓小平的曾祖父，邓克远是邓小平的祖父，邓绍昌是邓小平的父亲，邓先圣是邓小平最早的名字。

祖父邓克远、祖母戴氏，生独子邓绍昌。邓绍昌有四子，为邓先圣、邓先修、邓先治、邓先清。1927 年，邓小平的父亲邓绍昌、母亲淡氏为其母立碑，墓碑上的铭文曰：“故显妣邓母戴老太君之墓，男绍昌、媳淡氏，孙先圣、修、治、清”。

邓小平的祖父、祖母都是勤劳善良的农民，以种田、织布、推粉为业。祖父邓克远勤劳忠厚，是当地有名的织布匠。祖母戴氏，勤俭贤惠，持家有方。男耕女织的农家生活，面朝黄土背朝天，日复一日，年复一年。靠着勤劳的耕种和织布的手艺，邓克远和戴氏渐渐有了积蓄，买了一些田地，在茅舍屋的地基上建造起一幢 16 间的 U 字形木结构瓦舍。到邓小平的父亲邓绍昌出生时，邓克远家已有两百挑（五挑为一亩）土地，在当地算是一名小地主了。

邓小平的父亲邓绍昌，字文明，生于 1886 年（清光绪十二年），卒于 1936 年。由于家道殷实，且又崇尚读书识字，邓绍昌幼年得以入学读书，清末毕业于成都法政学校，以后长期在外谋事，在协兴场教过书，开过茶馆、饭馆，还做过协兴乡团总和广安县团练局局长。邓绍昌为人正直，嫉恶如仇，由于受过新式教育，见过世面，面对清政府的腐败和帝国主义侵略者的横行，痛感“这个社会是不像个样子，是应该革命”。他曾奔走呼号，积极从事反洋教和“保路运动”。辛亥革命前后，广安建立革命军，血气方刚的邓绍昌加入革命军，当上了新兵训练营营长，率部参加了地方的武装暴动。由于邓绍昌在乡里受人尊敬，很有影响，地方当权者便极力拉拢。然而刚直不阿的邓绍昌不愿同流合污，终不为当权者所容，受到排挤，担任县团练局局长不到两年就被撤换，不得不跑到重庆避难。

从邓心泰到邓克远再到邓绍昌，邓家这一脉已是三代单传，繁衍子嗣，继承祖业，成了头等大事，重中之重。1901 年，16 岁的邓绍昌娶广安淡家坝（今广安恒升镇）18 岁的淡氏姑娘为妻。淡家也是广安的世家大族，清代便有人在湖北省通城、江苏省嘉定和甘肃省渭源出任知县。淡氏姑娘嫁到邓家一年，就生了长女邓先烈；两年后，又生下了长子邓小平。

大儿子出生，邓绍昌异常兴奋。按照邓家辈分族牒的次序，邓绍昌属“绍”字辈，儿子应属“先”字辈。邓绍昌就给刚刚落地的婴儿取名“邓先圣”。这个名字，饱含着邓绍昌的苦心和希冀，他希望他的儿子能像先祖那样建功立业，希望儿子能超过先祖成为“圣贤”。

邓绍昌一年四季在外奔波，淡氏忙里忙外操劳着全家的生计，祖母戴氏就一直把邓先圣带在身边。襁褓中的邓先圣就是全家人的希望，祖母对他十分疼爱，一天到晚领着他，睡觉时也把他搂在怀里，一边用手轻轻地拍着，一边哼着广安的儿歌：“月儿弯弯照楼台，打个呵欠瞌睡来，瞌睡虫，我的乖乖，哎哟哎哟。瞌睡虫，我的乖乖……”邓先圣就在祖母唱的催眠曲中酣然入睡，在温馨的家庭中一天天长大。

邓先圣同兄弟姐妹们相处得十分融洽，感情很深。5岁以前，邓先圣主要是和姐姐邓先烈在一起玩耍。逢年过节，孩子们都能得到一些压岁钱，打碰钱就是姐弟俩玩得最多的一种游戏。邓先圣将得到的压岁钱分一半给姐姐，然后与她一起打碰钱，看谁先输完这些铜钱，输了的就要打手板。邓先圣很机灵，总是赢姐姐。每次当姐姐认真地伸出手掌让弟弟打手板时，善良的邓先圣总是嘴里大声地数着数，手下却轻轻打着姐姐的手掌。姐弟们笑着喊着，快乐地度过孩提时光。

启蒙邓希贤

1909年，邓先圣5岁，父亲邓绍昌将他送进了离家二里路的翰林院子私塾，接受启蒙教育。

翰林院子是邓小平先祖邓时敏的旧宅，坐西朝东，穿斗式木结构建筑，悬山式屋顶，小青瓦屋面，是一个大而气派的四合院。整个院子共有大小房屋36间，由朝门、戏楼、厅堂和厢房组成，建筑十分精美，雕刻颇具特色。因邓时敏是前清翰林，所以人们尊称为翰林院子。邓时敏有子无孙，族中公议将翰林院子辟为义塾，用以招收邓族子弟教经读史，期望着为邓家培养出几个出类拔萃的人物以光宗耀祖。

在这里教书的私塾先生是一位老秀才。老先生看见邓先圣一张圆圆的脸，圆圆的鼻头，宽宽的额头，浓浓的眉毛，皮肤白晰，眼睛黑亮，文文静静，十分喜欢。可一听“邓先圣”这个名字，先生拉长了脸，摇着头说：

“不妥，不妥。孔老夫子才是圣人，小小孩童，怎么能称‘先圣’呢？大不恭也！”

邓绍昌也觉得有道理，就请老先生给孩子取个名字。

老先生想了想说：“就叫邓希贤吧，希望他将来成为一个贤德之人。”

就这样，“邓希贤”这个名字用了18年，在法国勤工俭学，在莫斯科读书，都用这个名字，家里长辈们就叫他“贤娃子”。直到1927年，邓希贤受中国共产党中央指派到武汉工作后，才改名为邓小平。

在翰林院子，邓希贤和他的舅舅——比他大两岁的淡以兴一起读书，主要修习三门功课：读书、习字和作文。两个孩子虽说是甥舅两辈人，可更像是志趣相投的小伙伴。一年多时间里，私塾老先生教他们读了《三字经》《百家姓》《千字文》《弟子规》《名贤集》，还读了《诗经》《礼记》《论语》《孟子》《大学》《中庸》《春秋》片段；习字和作文也打下了基础。

邓希贤非常聪明，又很用功。在私塾读书时，先生讲过的功课，他很快就能记住，课文背得非常流利，老先生很喜欢他。虽然他还不能完全理解那些课文中古老而深奥的道理，但他牢牢记住了中国传统启蒙教育的精华——

“天地玄黄，宇宙洪荒，日月盈昃，辰宿列张。”

“学而时习之，不亦说乎？有朋自远方来，不亦乐乎？人不知而不愠，不亦君子乎？”

“但行好事，莫问前程。”“积善之家，必有余庆；积恶之家，必有余殃。”

“吾日三省吾身。为人谋而不忠乎？与朋友交而不信乎？传不习乎？”

“天将降大任于斯人也，必先苦其心志，劳其筋骨，饿其体肤，空乏其身，行拂乱其所为也，所以动心忍性，增益其所不能。”

邓希贤的毛笔字也写得很好。先生教写毛笔字，先是描红，再是仿写。先生验看作业，看到写的好的字就在字上画个红色的圈，学生们把它叫做“鸡蛋”，邓希贤的毛笔字作业每次都得很多“鸡蛋”。一次回到家里，母亲看到儿子得这么多“鸡蛋”，非常高兴，就到厨房真的给他煮了一个鸡蛋吃，作为鼓励。

1910 年（清宣统二年），协兴场开办了一所新式小学——北山小学堂。学堂设在协兴老街一个叫刘吉生的庄园的侧院里，邓绍昌就将儿子邓希贤和他的舅舅淡以兴一起送到北山小学堂接受新式教育。学校里有 100 多名学生，分甲、乙、丙、丁四个班，邓希贤分在丁班。这时开设的新课有国文、算术、修身、体操等。国文老师邓俊德是一个不满封建礼教、思想激进、曾参与过一些维新变革活动的新派人物，他经常抛开书本，给学生讲一些社会历史故事，像黄巢起义、太平天国运动、义和团运动等，激励学生们不忘国难，奋发图强。这些启蒙教育对邓希贤影响很大，幼小的心灵里朦胧地种下了救国救民的种子。

从牌坊村到北山小学堂有三里路，曲折蜿蜒，很不好走。可是无论严寒酷暑，刮风下雨，六岁的邓希贤天天坚持上学，每天走两个来回，从不误课。有一天下起了大雨，放学时间过了很久，浑身是泥的邓希贤才回到了家。

母亲一把拉过儿子，上下打量，心疼地说：“贤娃子，你这是怎么啦？”

邓希贤却毫不在意地说："没什么，雨天，路太滑，摔了几跤。""哪儿摔坏了吗？"母亲担心地问。

"没有，你放心！"说完，邓希贤就把淋湿的书本掏出来放到灶台上烤干。

第二天一早，雨还在不停地下，邓希贤收拾书包又要上学去，母亲拦住他说："娃儿，下这么大雨，路不好走，今天就别去上学了。"

邓希贤听了，急忙说："那可不行，我不能旷课。"

母亲拦不住，就掏出两个铜板塞给儿子说："中午就别回家来吃饭了，随便买点吃的，省得路滑摔跟头。"

下午放学回来，邓希贤从书包里掏出了那两个铜板交给了母亲。

母亲忙问："你怎么又拿回来了？"

邓希贤调皮地摸着肚子说："我一点不饿，中午就没吃。"

母亲眼圈红了，她知道，儿子舍不得吃，是在为家里节省啊！

此后碰到下雨天，母亲就在家里煮好饭托人带到学校去给儿子吃。

邓绍昌在外面很是宽容和善，在家里却很严厉，对子女们的要求尤其严格，近乎苛刻。邓希贤在协兴小学堂读书时，在班上的学习成绩总是拔尖的，老师和同学都喜欢他。有一次学业考试，因为连续几天生病没有能去上课，考试成绩列在第二名。邓绍昌闻得此事，非常生气，回家后将儿子狠狠地打了一顿，直到邓希贤的祖母戴氏出来劝解才罢手。

童心有真情

上学的孩提时光总是愉快的。北山小学堂设置的功课不多，邓希贤读得很轻松。每天放学归来，邓希贤就邀约三五个同学在一起，到牌坊村附近的放牛坪上背一会儿书，然后去清水塘里穿梭游泳，或相互嬉戏，或潜水捉鱼。

有一天在放学的路上，邓希贤看到一个同学一直在哭，他便走上前问道：“你怎么了？”

这个同学说：“我妹妹病了，发高烧三四天了，躺在床上快要死了！”

“那快去请医生呀！”

听了这话，那个同学哭得更伤心了。

邓希贤看着这位同学身上的衣服补丁摞补丁，想想便明白了，家里穷，没有钱，怎么请医生呀！

回到家里，邓希贤一个晚上没睡好觉。第二天早上，他悄悄拿了父亲的5块银元来到学校，迫不及待地塞给那个同学说：“快去请医生给你妹妹看病！”

5块银元在当时可以买5担（500斤）稻谷，在一个农户人家，这不是一个小数目。这时的邓希贤家并不是很富裕，全靠母亲织布养蚕补贴家用。

过了几天，邓绍昌发现丢了5块银元，便把全家人叫到院子里一起查问。他满脸怒气，大声喝问：“谁拿了银元？你们谁干的好事？”

院子里空气骤然紧张起来，一家人面面相觑，都不知道怎么应付。

这时邓希贤拿着一根竹片递到父亲手里，对他说：“是我拿的。你打我吧！”

邓绍昌没想到是自己的儿子偷了银元，气得脸色铁青，一把夺过竹片，朝邓希贤的背上腿上打下去，一下，两下、三下……

一家人看着邓绍昌那张铁青的脸，都不敢上前阻拦。

邓希贤忍着疼痛，一声不哭，泪水只在眼眶里转。

祖母戴氏赶忙跑过来，一把抱住了邓希贤。

邓绍昌想，这孩子平时很知道节俭，给他零花钱都舍不得花，这次怎么偷偷拿钱呢？于是他举着竹片，大声喝问：“你说，这钱你干什么用了？”

小希贤忍着疼痛，倔强地站在那一声不吭。

母亲淡氏赶忙上前，拉着儿子的手说：“好孩子，你快说，我们都急死了呀！”

看着母亲眼里的泪珠滚滚落下来，邓希贤才说出他拿钱给同学家人治病了。

听了儿子的话，邓绍昌一下子怔住了，不知说什么好。过了好一阵，他一把抱住儿子说：“你为什么不早说啊！”

小希贤回答说：“我没有问你就拿了钱，挨打是应该的，你出出气吧！”

母亲一把拉过小希贤，心疼地把儿子搂在怀里。

在北山小学堂读了 4 年书之后，1915 年，邓希贤以优异的成绩考上了广安县立高等小学堂。这是广安县唯一的一所高等小学，每年只招一两个班，能考上的都是优秀的学生。广安县城离牌坊村 20 多里路，邓希贤只得住校，每周回一次家。

广安县立高等小学堂位于县城西北考棚巷。这里原系清代紫金书院，清末废科举兴学校，广安人蒲殿俊于光绪三十年以紫金书院为主体，将培文、渠江、甘棠书院并入，建立了广安县高等小学堂。

邓希贤被分在 12 班，班主任李腴膏老师是位清末秀才，古诗词功底甚为深厚。教理科的老师是上过几天洋学堂的曾树森。

1918 年夏，14 岁的邓希贤结束了在广安县立高等小学堂近 4 年的学习生活，随即进入广安县立中学堂读书。这里原是清朝进行科举的考棚，1907 年（清光绪三十三年）改为县立中学堂。新学堂讲求科学，相信科学，在这里，邓希贤第一次接触了数学、自然等新型教育。

邓希贤有个同班同学李再标，出身于广安一个富商家庭，对母亲十分孝顺。母亲常年有病，李再标一直想着效仿中国古代的“二十四孝”，又听人说，给病人吃人肝就治好病。后来母亲病情加重，李再标决定割下自己的肝给母亲吃。邓希贤知道此事后，坚决制止，他对李再标说：“我们要相信科学，人的肝不是药，割了肝你怎么活命？”他陪着李再标请医生坚持给其母亲看病，用中草药治疗。几个月之后，其母亲终于康复。

热血男儿救国路

1919 年爆发的五四运动，改变了中国的命运，也改变了邓希贤的人生轨迹。

1914 年第一次世界大战爆发，日本借口对德宣战，攻占中国青岛和胶济铁路全线，控制了山东省，夺取了德国在山东强占的各种权益。1918 年第一次世界大战结束，德国战败。1919 年 1 月 18 日，战胜国在巴黎召开“和平会议”。当时的北京政府和广州军政府联合组成中国代表团，以战胜国身份参加和会，提出取消列强在华的各项特权，取消日本帝国主义与袁世凯订立的“二十一条”等不平等条约，归还大战期间日本从德国手中夺去的山东各项权利等要求。但在英、美、法、日、意等帝国主义列强操纵下，巴黎和会不但拒绝中国的要求，而且在《凡尔赛和约》上明文规定，把德国在山东的特权全部转让给日本。北洋政府竟准备在“对德和约”上签字，从而激起了中国人民的强烈反对，最终引发了五四运动。

五四运动是一场发生于中国北京、以青年学生为主，包括广大市民、工商人士等中下阶层广泛参与的一次示威游行、请愿、罢课、罢工、暴力对抗政府等多形式的爱国运动。巴黎和会列强肆意践踏中国主权，使国人非常不满，五四运动响亮地提出“外争国权（对抗列强侵权），内惩国贼（惩除媚日官员）”的口号。1919 年 5 月 4 日，北京大学、北京高等师范学校等三所高校的 3000 多名学生代表冲破军警阻挠，云集天安门广场，高喊“誓死力争，还我青岛”“收回山东权利”“废除二十一条”“外争国权，内惩国贼”等口号，要求惩办交通总长曹汝霖、币制局总裁陆宗舆、驻日公使章宗祥。大总统徐世昌下令军警镇压，更激起了全国人民的义愤，引发了一轮又一轮的大规模抗议活动。天津、上海、南京、杭州、重庆、南昌、武汉、长沙、厦门、济南、开封、太原等地学生、工人和社会团体组织罢课、罢工，支持北京学生的斗争，全国 22 个省 150 多个城市抗议浪潮风起云涌。1919 年 6 月 11 日，陈独秀等人散发《北京市民宣言》遭到被捕，各地学生团体和社会知名人士纷纷通电，抗议政府的这一暴行。面对强大的社会舆论压力，曹、陆、章相继被免职，总统徐世昌提出辞职。1919 年 6 月 12 日以后，工人相继复工，学生停止罢课。

五四运动是一场群众性的、反对帝国主义列强和北洋军阀统治的爱国民主运动。是由学生发起、工人参加，从北京扩展到全国的坚决的革命运动，是无产阶级领导的新民主主义革命与中国旧民主主义革命的分水岭。五四运动更是一场深刻的思想解放运动，促进了有识之士对改造中国的问题的反思和探索，也促进了新思潮的蓬勃兴起和马克思主义的传播，为中国共产党的成立在思想上和干部上作了准备。

五四运动在北京爆发，影响全国。1919 年 5 月下旬，四川广安的中小学校也予以响应，成立了“学生爱国分会”，正在广安县城读中学的邓希贤参加了罢课、游行、抵制日货等活动。耳闻目睹严酷的现实，投身慷慨激昂的革命浪潮，邓希贤爱国思想的种子在心底深处萌发了。虽是弱冠少年，但作为热血男儿，踏上救国救民的道路，已经成为必然的选择。

1919 年 6 月，因罢课和暑期将至，邓希贤离校回家。不久，正在重庆的父亲邓绍昌托人捎信，让他赶往重庆，报考留法勤工俭学预备学校。邓希贤和远房叔叔邓绍圣、同学胡伦结伴来到重庆，三人经考试都被录取。

1919 年 9 月，重庆留法预备学校开学，刚满 15 岁的邓希贤和大他两岁的族叔邓绍圣开始了紧张的学习。该校主要开设法语、中文、数学、工业知识四门课程，目的是让学生粗通法语并掌握一定的工业技术常识，为去法国做准备。

1920 年 7 月，邓希贤在重庆留法预备学校毕业。7 月 19 日参加完毕业典礼后，他通过法国驻重庆领事馆的口试以及体格检查，取得了赴法勤工俭学的资格。

邓希贤回到广安向家人辞行。年仅 16 岁的他，要去一个遥远、陌生的国度，祖母、母亲和全家人都依依不舍。而这一别，竟是他与祖母和母亲的永别。

1920 年 8 月 28 日，载着邓希贤、邓绍圣等 80 余名学生的客轮起航出川，驶往上海。到达上海后，他们又换乘法国邮轮，远涉重洋去遥远的法国。

直到 1922 年，广安家中才接到了邓希贤的来信。信中说，他在法国参加革命了，以后就不能回家了，也不能顾家了。

邓希贤不能回家了，订的婚约怎么办？中国几千年来，儿女的婚姻一直遵循着“父母之命、媒妁之言”的传统，在儿女们很小的时候，甚至还未出生的时候，父母就给他们“预订”了婚姻，老百姓叫“娃娃亲”。邓希贤年幼时，邓绍昌就和一个唐姓的朋友结了亲家，给他订了“娃娃亲”。

邓希贤在法国给家里的来信中明确提出要解除“娃娃亲”。在广安当地，解除“娃娃亲”是闻所未闻的事，人们不理解，也不容许。邓绍昌硬着头皮找到唐家，苦口婆心地说明情况，然而唐家坚决不依。唐家女儿认为，“订”亲就是定亲，既然“订”到邓家，便“生为邓家人，死为邓家鬼”，决不退婚。邓绍昌万般无奈，只好把唐家姑娘接到自己家里，当作女儿抚养。半年后，邓绍昌托人说媒，以自家女儿的名义把唐家姑娘嫁了出去，陪嫁600块大洋。

第二章　追梦法兰西

天将降大任于斯人也，必先苦其心志，劳其筋骨，饿其体肤，空乏其身，行拂乱其所为，所以动心忍性，曾益其所不能。

——《孟子》

20世纪初，在中国大地上，延续几千年的封建王朝终被推翻，而新的社会制度尚未建立，内忧外患接踵而至。中国向何处去？国家命运、民族存亡的严峻课题摆在国人面前。寻求救国救民的真理，“输世界文明于国内”，就成了中国有识之士的强烈追求。

邓希贤就是追梦者之一。

到法国去

五四运动前后，国势日衰，教育残损，中国广大青年深受失学失业的痛苦。为了寻找救国图强、改造社会的知识和真理，受工读思潮的影响，大批青年投入了赴法勤工俭学运动。这场运动促使中国青年在迷茫和彷徨中觉醒，在劳动、学习、斗争实践中增长才干，走上反帝、反封建的革命道路，一大批共产主义战士脱颖而出，为中华民族的解放准备了卓越的领袖人物。革命家周恩来、朱德、邓小平、陈毅、李富春、聂荣臻、蔡和森、赵世炎、王若飞、陈延年、向警予、徐特立、蔡畅、李维汉，科学家钱三强、严济慈，作家巴金、艾青，音乐家冼星海、聂耳，画家徐悲鸿、林风眠、刘海粟、赵无极、朱德群等，都是留学法国的中国青年。

在各种新思想特别是“劳工神圣”呼声影响下出现的工读思潮，是推动赴法勤工俭学运动的重要动因。工读主义是五四运动时期的一种教育思潮，把劳力与劳心的分离看作是引发诸多社会问题的根源，强调做工和求学相结合，做工和读书相结合，主张人人劳力、人人劳心、劳动互助的新生活，通过消灭脑力劳动和体力劳动的差别，谋求社会的改造，建立没有剥削、没有压迫、人人自由平等的新社会。

勤工俭学运动中工读结合的主张包含了不同的内容：或是以勤工为手段，解决学费问题，达到俭学的目的；或是以勤工与俭学为双重目的，创“工读并进”的新生活、新社会；或是作为教育方法，主张“工学结合”，互相促进，学用一致，掌握生产知识和技术；或是提倡勤俭苦学的学风，进行劳动教育，等等。这些主张都是对半殖民地半封建社会及其教育的批判，对新社会新教育的探索。

勤工俭学运动的主要宗旨在“输入西方文明”。西方，普遍指位于西半球、北半球的发达国家，即欧洲各国、美国、加拿大、澳大利亚和新西兰。西方有很多国家，勤工俭学为什么偏偏要选择去法国呢?

法兰西的民主自由思想吸引了全世界的目光。十七、十八世纪，欧洲大地上发生了文艺复兴和启蒙运动两次反封建、反教会的思想文化解放运动，有力批判了封建专制主义、宗教愚昧及特权主义，宣传自由、民主和平等的思想，为欧洲资产阶级革命做了思想舆论准备。文艺复兴运动之后，法国新兴进步力量强烈要求冲破旧制度在政治、经济、思想方面的束缚，摆脱封建专制君主统治和天主教会的压迫，首先在思想领域展开了反对专制统治和天主教会思想束缚的斗争，由此掀起了一场轰轰烈烈的空前的思想解放运动，历史上称之为“启蒙运动”，是继文艺复兴运动之后欧洲近代第二次思想解放运动。法语中，“启蒙”的本意是“光明”。当时先进的启蒙思想家认为，迄今为止，人们处于黑暗之中，应该用理性之光驱散黑暗，把人们引向光明。启蒙运动涵盖了自然科学、哲学、伦理学、政治学、经济学、历史学、文学、教育学等多个知识领域。法国的伏尔泰、狄德罗、卢梭等启蒙思想家纷纷著书立说，批判封建专制主义、宗教愚昧和特权主义，宣传自由、平等和民主，提出了“天赋人权”的思想，强调人具有天生的生存、自由、追求幸福和财产的权利，人是自由和平等的，生命、自由、追求幸福与财产是人的固有品质，也是人固有的权利，这种权利受到自然法（人类理性）的指导与规定。1789 年 8 月 26 日在法国大革命时期颁布的纲领性文件《人权和公民权宣言》(即《人权宣言》)，采用了 18 世纪的启蒙学说和自然权论，宣布自由、财产、安全和反抗压迫是天赋不可剥夺的人权，肯定了言论、信仰、著作和出版自由，阐明了权力分立、法律面前人人平等等原则。启蒙运动同时为法国大革命提供了思想武器，并且导致了资本主义和社会主义的兴起。正是在启蒙运动中，马克思和恩格斯两位伟大的革命导师，以历史唯物主义的观点，肯定了天赋人权说的积极作用，而且在 19 世纪 40 年代的法国巴黎，以合著处女作《神圣家族》为标志，结成了战友，开始了他们为无产阶级而战斗的一生。

法兰西先进的自然科学技术和文学艺术成就也引起了人们强烈的向往。当时法国的科学技术水平在世界名列前茅，涌现出许多科学界大发明家。1903 年，法国科学家贝克勒尔因发现天然铀元素的放射性、居里夫妇因发现放射性元素镭而共同获得诺贝尔物理学奖；1906 年，法国科学家穆瓦桑因分离元素氟，发明穆瓦桑熔炉获得诺贝尔化学奖；1907 年，法国科学家因发现疟原虫在致病中的作用获诺贝尔生理学或医学奖；1908 年，法国科学家李普曼因发明彩色照片的复制获诺贝尔物理学奖；1911 年，法国科学家玛丽·居里（居里夫人）因发现镭和钋，并分离出镭而获诺贝尔化学奖；1912 年，法国医生卡雷尔因血管缝合和器官移植获诺贝尔生理学或医学奖；1913 年，法国科学家里歇特因对过敏性的研究获诺贝尔生理学或医学奖。在文学艺术方面，法国也是硕果累累。1901 年法国作家苏利·普吕多姆因《命运》《幸福》《眼睛》等诗和散文及《论艺术》《诗句的断想》等著作获第一届诺贝尔文学奖；1915 年法国作家罗曼·罗兰因小说《约翰·克里斯朵夫》获诺贝尔文学奖；1920 年法国人布尔茨瓦因在创立国际联盟中做了大量工作获诺贝尔和平奖；1921 年法国作家法郎士因小说《现代史话》获诺贝尔文学奖，等等，都标志着法国成了当时先进科学技术和先进思想的领跑者。

法国留学生活费用低廉，也是中国青年选择去法国留学的一个非常重要的因素。出国留学是每个青年的向往之路，当时社会上就有“一等西洋，二等东洋，三等本土”的说法。然而留学需要大量的费用，官费留学名额极少，机会非常有限，普通民众难以得到；而自费留学，就必须考虑生活费用。当时到英美等国留学，每年需要 2000 元大洋，费用高昂；而去法国只需其三分之一左右。留学法国生活费用低廉，这给中国普通人家的青年带来希望。所以，留法俭学，重点是突出其“俭”。

1912 年，李石曾、吴玉章、吴稚晖、张继等在北京发起组织“留法俭学会”，当时任教育总长的蔡元培力赞此事。“留法俭学会”在北京成立留法预备学校，送 80 多人赴法俭学。

1914 年，第一次世界大战爆发，法国大征兵，劳动力严重缺乏，于是就有 15 万中国华工赴法国从事军事劳役。法国人认为：大批的华工不仅可以帮助打仗，战后也可以帮助建设，这就需要教育培训。

1915 年 6 月，“中国留法勤工俭学运动”的发源地河北省高阳县去法国巴黎豆腐公司的高阳籍工人，提出“勤以工作，俭以求学”的口号。受此影响，旅居法国的蔡元培、吴玉章、李石曾等人也想用勤工俭学的方式来使华工掌握法国先进的技术，这对回国发展大有好处。于是在巴黎发起成立了“留法勤工俭学会”，在巴黎华工中试验工余求学。“勤工”与“俭学”合为一体，蔡元培等人还亲自讲授课程。

由于华工教育取得成效，中法双方扩展华工教育培训的想法一拍即合。1916 年 6 月 22 日，中法两国人士蔡元培、吴玉章、李石曾、吴稚晖、穆岱及法国学者欧乐等，在巴黎创建了法国中法学者文化教育学术团体——华法教育会，旨在“发展中法两国之交通，尤重以法国科学与精神之教育，图中国道德、智识、经济之发展。”其主要工作是翻译中法文书籍，联络中法学者和学术团体，介绍中国学生到法国留学，并介绍法国人游学中国，组织留法华工教育，在法国设立华文学校或华文讲习班。1917 年在中国国内也成立了华法教育会，组织赴法勤工俭学活动，事实上已成为该会的主要活动内容。北京留法预备学校也重新建立，并在长辛店、河北高阳县布里村、保定育德中学及成都先后成立各种各样的预备学校，为赴法勤工俭学运动的发展准备了必要的条件。

真正推动勤工俭学成为滚滚洪流的，是因 1919 年的五四运动而内心深处受到震撼的中国热血青年。从 1919 年到 1920 年，全国先后有 20 批 2000 多人赴法勤工俭学，主要来自 18 个省，其中以四川 378 人、湖南 346 人、河北 147 人为最多，基本上都是 16 岁至 30 岁的青年。此外还有湖南教育界著名的徐特立，蔡和森、蔡畅和他们的母亲葛健豪一家，王若飞和贵州教育界知名的黄齐生甥舅，还有向警予等 20 名女青年。他们到法国后，有的先工后学，有的先学后工，有的边工边读。当时有四五百人进入 70 多家工厂，还有的当散工、干杂活。约 670 人进入巴黎及各地的 30 多个学校，首先补习法文，然后进入工业实习学校及其他学校学习。

1920 年 1 月 30 日，蔡和森组织留法勤工俭学，母亲葛健豪通过姻亲关系，向曾国藩的女婿家借到 600 块银元，带着蔡和森、蔡畅兄妹，全家一同飘洋过海。同行的还有蔡畅的好朋友向警予，成为华法教育会组织的第 12 批留法勤工俭学学生，来到法国马赛。留学生活是艰苦的，由于发放的生活费非常有限，蔡畅一家人经常以马铃薯、空心粉、黑面包、大白菜果腹度日，但精神上是充实的。三年后，蔡畅与同在法国勤工俭学又与她同年同月生的湖南小伙子李富春结为夫妻。

1921 年，留法勤工俭学运动经过一系列矛盾斗争而逐渐走向衰落。由于法国在第一次世界大战结束后自身面临的经济危机日益严重，工厂歇工、工人失业、工潮迭起，勤工俭学学生处于勤工困难、俭学不易的境地。中法当局不满勤工俭学学生走向革命的倾向，华法教育会于 1921 年 1 月发出通知，宣告与勤工俭学学生脱离经济关系。学生多方呼吁求援无路，留法勤工俭学运动从此陷入低潮。

1922 年 6 月，赵世炎、周恩来、李维汉等人在巴黎成立了旅欧中国少年共产党。同年秋冬之际，中国共产党旅欧支部正式成立。1923 年开始，大批人转往莫斯科东方大学学习。1924 年第一次国内革命战争开始，大批革命者先后奉调回国，成为中国革命的一支重要力量。在赴法勤工俭学学生中，也有一部分人由于种种原因没有参加政治活动，在国外学习科学技术，回国后从事科技方面的工作。

留法勤工俭学运动在蔡和森、赵世炎、周恩来、邓希贤等积极努力下，旅欧党团组织建立，并进行了广泛的宣传组织工作，开展了革命斗争，它的性质和内容也发生了相应的变化。大批青年在斗争实践中走上与劳动群众相结合的革命道路，逐渐接受马克思主义，接受科学社会主义思想，成长为无产阶级革命战士。

少年邓希贤，正是在这个风云激荡的岁月卷入了勤工俭学的潮流。从

1920年10月19日至1926年1月7日，邓希贤在法国度过了5年的勤工俭学生活。在他的青春年华中，这是艰难困苦而又磨砺剑锋的重要篇章。

渡海42天

1917年，曾任民国参议院议员、大总统府秘书、助孙中山先生建政的吴玉章在北京创办留法俭学预备学校。1918年，时任四川省省长张澜鼎力襄助，成都开办了留法勤工俭学预备学校。新思潮的传播，五四运动的爆发，目睹成都留法学生途经重庆赴法的盛况，重庆总商会会长汪云松深受感染，旋即着手筹组留法勤工俭学会重庆分会，并出任会长。汪云松出面召集重庆各社会名流，筹集经费，在重庆市中心夫子祠创办了“重庆留法勤工俭学预备学校”，并出任董事长、校长之职。

眼界开阔、消息灵通的邓绍昌得知重庆创办了留法勤工俭学预备学校，非常兴奋，立即决定送17岁的弟弟邓绍圣和15岁的大儿子邓希贤进入这所学校学习。

一年之后，1920年7月19日，重庆留法勤工俭学预备学校的学生在重庆总商会举行毕业典礼。在首批结业合格的83名留学生中，就有来自广安的邓绍圣和邓希贤。校董事长、校长汪云松见邓希贤年仅16岁，但聪明过人，学习上进，便以学校名义补助100银元，另以私人名义赠300银元，以助邓希贤赴法学习。

法国驻渝领事馆对这批毕业生进行了口试与体检，邓希贤的法语口语熟练，一一回答了考官的提问。考官又检查他的中文、数学和工业基础知识成绩都合格，就在表格上签了名。毕业生中的83名学生获准赴法。

1920年8月27日下午3时，重庆留法勤工俭学预备学校的毕业生从重庆太平门登上“吉庆”轮前往上海。邓希贤的父亲邓绍昌特地赶到码头上送行。

抚摸着儿子邓希贤稚嫩的肩膀，父亲邓绍昌心里五味杂陈。去法国勤工俭学是他给儿子选择的道路，也正遂了儿子的心愿。但他才 16 岁啊，小小年纪就要远行万里，渡洋过海，今日一别，不知道何日才能相见，更不知道这条路途多么凶险。

简单叮嘱了几句话，父亲再也说不下去了。好在邓希贤和他的叔父邓绍圣一路同行，邓绍昌才略略感到一丝慰藉。

看着父亲邓绍昌那伤感的眼神，邓希贤喉咙哽咽，不知说什么才好。还是懵懂少年的他第一次要远离家乡，离开祖母的疼爱，离开父母的呵护，到一个那么遥远、那么陌生的国度去，一种孤苦无助的茫然涌上心头。

“吉庆”轮顺利抵达多雨的上海。1920 年 9 月 10 日，邓希贤和他的同学们冒着如注大雨，来到黄浦滩的法兰西码头。同学们乘小艇到杨树浦，登上了法国安德烈·勒蓬号邮船。汽笛一声长鸣，邮船离开了飘着万国国旗的上海，离开了苦难深重的中国。许多同学抑制不住对故土的依恋，一个个跑到甲板上，在大雨中凝望着这块逐渐远去的土地，眼中的泪水夺眶而出。

邮船驶向地中海，向法国驶去。船上的舱分为五等，一等舱是包房，坐的是洋人、高官；二等、三等舱坐的是有钱的旅客。勤工俭学的学生一律坐四等舱，又称“一统舱”，舱位设在船头，分上下铺位，安置在船的顶棚一个角落里。大家组织起来，将所带的行李中油布一类东西连扎起来，像帐篷一样，以蔽风雨。

上船之初，船上的茶房就逐一点名，报到后，发给每人一个洋瓷铁盘子、一个洋瓷铁碗、一副刀叉，作为吃饭的用具，叮咛大家要好好保存，丢了不再补发。每顿饭都要等一、二、三等舱的客人吃完，才呼唤四等舱的客人持盘碗到厨房前小窗口来领饭。每人给一块面包、一瓢汤，有时给一点剩菜。学生们苦笑着说：“这真正是‘要饭’了。”

海上的狂风巨浪来势凶猛，非身临其境难以想象。颠簸、晕船、呕吐都是家常便饭，大家只能在舱中静卧，轻易不敢走动。有时夜里睡意正浓，突然一个巨浪掀起海水劈头盖脸浇来，衣服被物瞬间湿透。好在船离上海以后，一直到地中海岸，都是在热带海域中航行，衣被湿了，易为海风吹干。衣服被物就这样湿了干、干了再湿，邓希贤他们只能忍受，吃尽苦头。船上的学生们思念家乡，有的仰天长啸，有的痛哭流涕，还没到达马赛，有人便开始打听怎样返回中国。

这次航程近 16000 公里，整整 42 天。邮船经香港、西贡、新加坡，穿越马六甲海峡，横渡印度洋、锡兰、科伦坡，再经非洲三角的吉布提、阿拉伯海、亚丁湾，入红海，经苏伊士运河塞得港，进入地中海。10 月 19 日抵达法兰西，在法国南部港口城市马赛上岸。

这么多的中国人到来，这件事在当地是一桩不小的新闻。马赛市政府档案馆里一份 1920 年 10 月 20 日的《小马赛人报》有如下的报道：

一百多名中国人，他们年龄在 15 到 25 岁之间，身穿西式服装，头戴宽边帽、足登尖皮鞋，显得彬彬有礼和温文尔雅，静静地站在安德烈·勒蓬号的甲板上。

赴法的勤工俭学生活就这样开始了，邓希贤必须面对所遇到的一切。

在诺曼底巴耶中学

邓希贤一行到了马赛，随即前往 800 多公里以外的巴黎。这批留学生抵达巴黎后，华法教育会按照报到的先后顺序，给每个勤工俭学学生进行编号。在法国外交部档案馆的档案显示，邓希贤的编号是1421号，这也是邓希贤的学号。邓希贤就和叔父邓绍圣一起来到了位于法国西部的诺曼底巴耶中学补习法语。

1920年10月21日，邓希贤和23名中国学生在巴耶中学正式注册，学校为这批中国学生专门开设了补习法文的课程。按照原定计划，他们必须继续学习法语，等到掌握了充分的法语知识，再学习正常的中学课程。

然而，邓希贤在这里只读了5个月的书，不得不停学另谋生路。

该校中国学生的费用由巴黎华法教育会统一给付学校。到了1921年1月，华法教育会停止给学生发放维持费。邓希贤离开家的时候只筹到500元费用，船费就用去100元，加上在上海的住宿、船上吃饭又用了50元，而在巴耶的生活费每月至少40元。校长卡瓦罗兹曾展示一张当年中国学生交纳生活费用的单据，上面显示，邓希贤总共交纳房租、铺盖租金、公共管理费、寄宿费、洗衣费等费用244.65法郎，1921年3月份他名下的零用开支只有18.65法郎。

5个月后，邓希贤已是囊中空空，家里为了他又卖了些地，寄来一点钱。但无论如何节俭，也不够学费，无法再读下去了。此时，学校也因为大部分学生们的学费不够决定停课了。

1921年3月13日，在巴耶中学读书的邓希贤等19名中国留学生一起离开了学校，从此只能边打工、边学习，动荡不安地煎熬着。走向社会的第一步就是走向苦难。

他们漂泊到位于巴黎西北郊的拉加雷纳、科隆市的华侨社区。在没有经济来源的情况下，勤工俭学的学生们境遇十分悲惨。他们有的住进了巴黎的贫民窟，大部分则挤到普安特大街39号的“华侨协社”中去。“华侨协社”是旅法华人的公共机关，成立于1919年8月31日，其性质如中国的会馆或外国的商会。勤工俭学学生初到法国时，多集聚在此候工候学，同国内的通信也在这里转交。欧战后经济危机席卷了整个欧洲，大批勤工俭学学生进厂、入校已不可能。失工、失学的学生越来越多，挤满了“华侨协社”的院落，“华侨协社”成了勤工俭学学生的避难所。无工可做又无钱求学的人则住在地窖内；地窖住不下，便在花园草地上搭帆布棚居住。华侨协社的大院中搭起了一个长四丈宽五尺的布棚，里面挤进了40多人。起初，李石曾的“豆腐公司”每日向学生提供饭食，组织他们复习法文，后来连面包和白开水也供应不起了。

华法教育会发给失业学生的生活费每天仅5法郎。在物价飞涨的情况下，5法郎只能购买最廉价的食品，经常只能吃白水煮马铃薯。因为缺钱买煤油，只能将马铃薯煮得半生不熟就吃下去，时间一长，很多人闹胃病。四川籍人士李璜曾在五四运动时期参与创建“少年中国学会”，并在法国成立中国青年党。他曾这样描述勤工俭学学生的生活困境：“我见他们因营养不良，面黄肌瘦；又因其中有久卧花园草地和地板之上，不免要受潮湿，而有腿肿致不良于行者。我为之心恻然。”

寄人篱下的悲惨时光，刻骨铭心，但这还不是最坏的日子！

施奈德轧钢厂的记忆

无路可走，但必须活下去！

1921年4月，邓希贤和同学们离开巴耶之后，辗转来到了法国东部的小城市克勒佐，进入施奈德轧钢厂做工。这时工厂已经有几十名勤工俭学的学生和一千多名中国工人，邓希贤在这家工厂的轧钢车间当了一名轧钢工，工作繁重劳累，报酬很低。他一个星期要工作50个小时，甚至更长；

每天的工资只有6.6个法郎，比学徒工的工资还低。这样的收入不要说是继续上学，就是吃饱饭都是很不容易的事情。

邓希贤到钢铁厂做杂工，运煤、搬钢板，用汗水换回可怜的生活费。后来他又到处找活干，在巴黎近郊的雷诺工厂当钳工，在蒙达尔纪的哈金森橡胶厂粘胶鞋，在饭馆当招待，在码头运货物，在建筑工地搬砖，还做过清洁工。尝试了十几种杂活的邓希贤亲身体验了资本主义制度下劳动人民的艰苦生活，对资本主义社会有了切身体会和深刻认识，为他以后走上革命道路打下了基础。

1989年，四川省历史学会副会长、西南交大人文学院院长鲜于浩教授在法国做访问学者期间，在法国外交部的档案馆里找到三份邓希贤的留法档案。档案显示，邓希贤于1921年4月2日来到了位于克鲁梭的施奈德钢铁厂，当了一名轧钢工，志愿选择的工种是“铸铁”。

邓希贤的工卡上记载——

工作能力：很好；

工作表现：好；

日薪金：6法郎60生丁；

评语：志愿来厂工作。

在这个时期和邓希贤一起工作的一位工友回忆：“平常做工每天八个钟头，……早上六点起床，六点半动身，经过面包铺，各人买片面包，插在袋里向工厂去。工厂是七点开工，电铃响了，汽笛叫了，工人就忙着开始工作。一片的机械声、锤声、锉声、铁帖声、铁板声，闹得两耳失去了作用，对面说话，彼此不得相闻。我们也自然混在里面，天天硬着头皮干，虽然手还在做，可是脑子不知跑了几千万里路了。到九点多钟，吃了那块面包，当作早饭。到十一点半，电铃汽号又响了，散工了，法国工人纷纷出门洗手换衣，匆匆忙忙，向饭店里去。我们中国人，却一直跑回家来（旅馆），自己弄饭吃，饭刚吃完，就是下午一点半，又要立刻动身向工厂去……”

在施奈德轧钢厂，邓希贤开始当翻沙工，后来又去“拉红铁”。在40多度高温的厂房内，在钢水蒸腾的热气中，邓希贤戴着石棉手套，使用长把铁钳，将数十斤、甚至上百斤的火红的钢板拉出来，通过传送带，运到车间的另一处去轧钢。这种高强度而且烫伤危险极大的劳动，每周必须坚持50个小时。只有16岁、且身材矮小的邓希贤必须完成。

邓希贤在拉走烧红的钢板时，不止一次受伤。南充籍勤工俭学学生杨昌祚日记记载，1921年4月20日上午，他同友人邓希贤君（广安人）又到勒克勒佐（即克鲁梭）医院去销号，将看伤之票交与医生签字，才能做工。

在如此的劳作之下，中国学生个个身疲力竭，困乏不支。到晚上才能看点书，然后昏昏沉沉进入梦乡。

长时间的繁重劳动，恶劣的工作条件，枯燥无味的生活，使勤工俭学的学生们看不到任何希望。天性活跃乐观的邓希贤也变得沉默寡言、思虑重重。他不得不重新审视现实生活，考虑如何才能实现当初赴法留学、学成报国的愿望。由于身体越来越虚弱，体力渐渐不支，他感到无法再继续干下去了，于是决定冒着失业的危险又回到巴黎。

哈金森橡胶厂当杂工

1921年4月23日，心情沮丧的邓希贤辞去了施奈德钢铁厂的工作，回到巴黎另谋生路。一个月后，邓绍圣也离开了钢铁厂。

香榭丽舍大街的迷人的景色，塞纳河畔的浪漫情调，都不属于赴法勤工俭学的中国学子们，巴黎圣母院的钟声也显得那样沉闷。

经人介绍，邓希贤又来到卢瓦雷省的蒙塔尼市。

蒙塔尼市离巴黎约 100 公里，离奥尔良和枫丹白露都很近，是一个美丽而宁静的偏僻小城，不远处就是大片森林。离城两公里有一小镇，叫夏莱特，镇上有个哈金森橡胶厂。

邓希贤在这座城市开始了半工半读的生活。他就读的学校就在蒙塔尼市中心，而打工的地方是这个城市北面的哈金森橡胶轮胎厂（如今这座橡胶厂已经改为汽车配件工厂）。

哈金森橡胶厂规模不小，有五六百名工人，制造套鞋、跑鞋、自行车轮胎。邓希贤和体力较弱的中国学生同女工分在一个车间，做的活计是把鞋子的各个部分粘合起来。工厂实行计时制，每日劳动 10 小时，每日工资 10 法郎，即 1 小时 1 个法郎。星期六做半天工，星期日休息。如此，每个月扣去四个星期日和四个星期六下午，每月可以收入 240 法郎。付出 90 法郎伙食费之后，剩下 150 法郎还可供还债和零用。

五十多年后的 1975 年，作为中华人民共和国国务院副总理的邓小平访问法国时，有人问他想吃些当地的什么美味食品，邓小平回答说："我想吃蒙塔尼的牛角面包。"少年时代的邓希贤吃惯了这里的面包，所以才给他留下了如此深刻难忘的印象。

哈金森橡胶厂虽然到处都弥漫着橡胶异味，但毕竟没有施奈德轧钢厂那么脏，工作也没有那么累，最难得的是工余之外还有了学习和娱乐的时间。邓希贤虚弱的身体也渐渐恢复，思想情绪也逐渐转好。有一次，星期六下午休息，为了看一场国际足球比赛，他狠狠心，花 5 个法郎买了一张最便宜的门票去看比赛，从那以后，邓希贤就与足球结下了不解之缘。有时看一场精彩的足球比赛，回来之后陶醉好几天。欣赏足球比赛后来成了邓希贤的嗜好，乐此不疲，终身兴趣盎然。

哈金森橡胶厂有40多个中国学生，工厂搭了一座木棚，作为他们的栖身之地，不付房租、电费、水费，每人每日付饭费3法朗。面包可以吃饱，早餐一碗咖啡，午晚两餐都有肉吃，或烧土豆，或烧卷心菜。晚饭后大家就天南地北地聊天，也有时间看看书。邓希贤是个闲不住的人，在这新的环境中，又恢复了活跃的天性，总是蹦蹦跳跳，同人说笑话，有时还调皮捣蛋来点善意的恶作剧。也就是在这个工棚，邓希贤认识了蔡和森、周恩来等革命者，开始了解共产主义。

早在1920年2月27日，张申府、刘清扬、周恩来、赵世炎、陈公培等第一代中国共产党人，高举共产主义旗帜，在旅欧的中国勤工俭学学生和华工中，创建了共产主义组织——旅法共产主义小组，又称旅欧共产主义小组。1921年春，张申府到法国后，成立了巴黎共产党小组。其成员是张申府、刘清扬、赵世炎、陈公培和周恩来5人。

1922年6月18日早晨，来自法国、德国和比利时三国的中国勤工俭学学生代表赵世炎、周恩来、陈延年、陈乔年、郑超麟、尹宽、刘伯坚、王若飞、李维汉、李富春、袁庆云、王凌汉、任卓宣、佘立亚、肖子暲、熊锐、萧朴生、薛世农共18人，相约来到巴黎西郊的布罗尼森林公园。他们每人租借了一把铁折椅，围坐在一起，举行了“中国少年共产党”（简称“少共”）第一次代表大会。赵世炎主持会议，会议讨论了组织的名称，蔡和森最早提出叫“少年共产党”，周恩来提出叫“少年共产团”，最后决定叫“旅欧中国少年共产党”。会议选举赵世炎为书记，周恩来为宣传部长，张伯简为组织部长。张伯简未到职时，由李维汉任代理组织部长。

1923年2月，“旅欧中国少年共产党”改为“旅欧中国共产主义青年团”，并改选中央执行委员会。赵世炎、王若飞、周恩来、尹宽、陈延年5人当选。他们都脱产从事中央执行委员会委员工作。赵世炎、周恩来、陈延年等人写信给国内的中国社会主义青年团中央，要求“附属于国内青年团为其旅欧之部”，并委派少年共产党组织部长李维汉为代表携信回国接洽。

从这时起，受周恩来、赵世炎和王若飞等人的影响，18 岁的邓希贤开始接触马克思主义，开始阅读一些进步书籍，并积极参加各种政治宣传活动，从而走上了革命道路。

邓希贤在蒙塔尼七个月时间，快到 1922 年底时，他又要走。这次是去巴黎近郊塞纳河畔的夏狄戎。在那儿他进入中学学习，想捡回丢掉的文化课程，学习了大约三个多月。之后，邓希贤又陆陆续续做过机车的司炉工，到餐馆里做过厨房帮手，还当过清洁工。有两个星期，他和他的同学在巴黎城中找到一种扎花标签的工作。后来他又回到了蒙塔尼哈金森工厂，在制鞋车间工作。留法期间，他前后共做了十几种辛苦而报酬很低的工作。

“旅欧中国少年共产党”成立后不久，“旅欧中国少年共产党”总书记赵世炎经常到蒙达尔纪等地的华工和勤工俭学学生中进行活动，物色发展少共新成员，并在蒙达尔纪建立了第一个“少共”支部。

“旅欧中国少年共产党”成员王若飞等一批中国先进青年都来到哈金森橡胶厂做工，与邓希贤一同工作了两个多月。做工之余，他们经常在一起散步交谈，赵世炎、王若飞等较年长的旅欧中国少年共产党成员给邓希贤以极大的影响和帮助，使他耳濡目染地逐渐接受了革命思想。

1923 年 6 月，邓希贤加入了旅欧中国少年共产党（后改为中国社会主义青年团旅欧支部），成为最早的也是最年轻的成员之一。邓希贤曾这样回忆那段生活：

我在法国的 5 年两个月期间，先后做工约 4 年左右。从自己的劳动生活中，在先进同学的影响和帮助下，在法国工人运动的影响下，我的思想也开始变化，开始接触一些马克思主义的书籍，参加一些中国人和法国人宣传共产主义的集会，有了参加革命组织的要求和愿望。

劳累、贫穷、动荡的生活，在少年邓希贤的思想深处打下了深深的烙印，他真的给穷怕了、饿怕了！几十年后，邓小平向杨尚昆说起他在法国的生活时说：“每当我能买得起一块羊角面包和一杯牛奶时，我总是感到很高兴。”

《赤光》杂志“油印博士”

1984年4月，邓小平在会见美国联合汽车工人工会代表团，谈到他在法国的艰苦生活时说：“我也是一个工人，那时才16岁。当时是勤工俭学。勤工就是劳动，想挣一点钱上学。但这个目标没有实现。我在法国呆了5年多，其中在工厂劳动了4年，干重体力劳动。当时工资很低。但也有个好处，这样的生活，使我接受了马克思主义。”

屡遭苦难的邓希贤放弃了幻想，接手周恩来等人的部分秘密工作，成为旅欧支部的核心成员，义无反顾地走上了职业革命者的道路。

1922年8月，“旅欧中国少年共产党”机关刊物《少年》月刊创刊，没多久后，邓希贤就被调入该刊，担负起传播共产主义思想、团结旅欧青年的重任。

邓希贤来到位于巴黎意大利广场附近的戈德鲁瓦大街17号的《少年》编辑部，成为其中最年轻的一员。这是邓希贤第一次直接参加革命工作，是他一生革命生涯的开端。

邓希贤最初从事蜡版刻写和印刷、装订方面的工作。他每天离开工厂后，来不及换下工装就匆忙赶到编辑部，在昏暗的灯光下紧张地伏案工作。

当时担任刊物领导和主要撰稿人的是周恩来，邓希贤得到了周恩来的直接帮助和指点。这段时间，邓希贤和长他 6 岁的周恩来十分亲近，经常是深夜工作完成后，邓希贤就在小房间里打地铺和周恩来住在一起。

邓希贤非常敬重这位兄长式的同志和领导，周恩来也十分喜欢邓希贤，对这位总是一副精神抖擞的样子、工作起来一丝不苟的年轻伙伴，给了很多关心和爱护。

邓希贤在周恩来的直接领导下工作，成为一名职业革命家。1924 年下半年，邓希贤成为青年团旅欧总支部的领导成员。

在周恩来的帮助和指点下，邓希贤严谨认真的工作态度和出色的工作成绩给同志们留下深刻的印象，受到大家的信赖和尊重。

1924 年 2 月，《少年》改办为《赤光》半月刊，邓希贤在《赤光》编辑部继续刻写和油印的“老本行”。其间，他曾以“希贤”等化名发表了许多充满激情、笔触尖锐的文章。

邓希贤编辑刻印的《赤光》刊物封面

几十年后，当年曾和邓希贤共事的战友们还清楚地记得：“当时，邓希贤同志负责《赤光》的编辑出版工作，几乎每次到编辑部去，都亲眼看见他正在搞刻蜡版、油印、《赤光》刊物封面装订工作，他的字既工整又美观，印刷清晰。”久而久之，大家都称邓希贤为“油印博士”。

邓小平这段编辑工作的经历，不仅使他增长了才干，也写下了人生履历的重要一页，坚定了他一生的革命追求和所选择的道路，为日后成长为一名职业革命家奠定了基础。

1922年底，陈独秀到莫斯科出席共产国际第四次代表大会期间，给赵世炎写信表示，不宜叫“少年共产党”，应改称社会主义青年团，并指示旅欧中国少年共产党和国内青年团中央尽快联系上，解决归属问题。陈独秀还提议，旅欧少年共产党派一部分同志到莫斯科留学，并帮助他们与苏联接洽，解决签证问题。

1923年1月下旬，赵世炎、周恩来、陈延年等收到陈独秀的来信后，立即致函陈独秀，表示接受中国共产党领导，同时酝酿第一批赴苏留学人员名单。

1923年2月17日，在巴黎西郊塞纳河畔比扬古镇警察分局内一个会议厅里，举行了旅欧中国少年共产党第二次代表大会，42人代表了72人参加。大会由赵世炎主持，周恩来、陈延年、任卓宣、薛世纶、赵光宸、穆青等出席。大会通过了周恩来起草的《旅欧中国共产主义青年团章程》，“旅欧中国少年共产党”改名为“中国社会主义青年团旅欧支部”，改选了“中国共产主义青年团旅欧支部”领导成员。考虑到赵世炎、陈延年等即将到莫斯科去留学，大会选举了周恩来、任卓宣、尹宽、汪泽楷、萧朴生5人为委员，刘伯坚、王凌汉、袁子贞为候补委员，并推选周恩来接替赵世炎，任“中国共产主义青年团旅欧支部”书记，尹宽任共产主义研究会主任，接替了张申府的工作。

1923年1月下旬，陈独秀从莫斯科回国后，召开中央局会议，批准了李维汉带回来的旅欧中国少年共产党关于愿意归属团中央的报告。3月中旬，周恩来在巴黎给国内团中央书记施存统写了一份长篇报告，详细汇报旅欧共产主义青年团改选会议的情况。报告写到一半，收到1月29日中共中央答复李维汉带回国内的报告，批准“少共”归属国内中国共产主义青年团。

1923 年 3 月的一天，李富春和蔡畅携手走进巴黎市区一个半地下的咖啡馆，想单独庆祝这个大喜日子。没有想到邓希贤提前得到消息，早早地躲在咖啡馆里。当新郎新娘才坐下，邓希贤突然笑着出现在他们跟前，一边道喜，一边嚷着要为大哥、大姐证婚。天性活泼的邓希贤操着一口浓重的四川口音，当着二人快言快语说："怎么样，该请我吃喜酒喽！"

1924 年 7 月，在旅欧中国共产主义青年团第五次代表大会上，20 岁的邓希贤当选为执行委员，并进入执行委员会的书记局，担任青年团旅欧支部的领导成员。

1925 年，邓希贤被委派为特派员，前往里昂地区领导党团工作和华工运动。这年 6 月，邓希贤参加组织了为支援国内五卅运动而举行的法国华人示威活动，此时他的公开身份是雷诺汽车制造厂的一名钳工。

从事革命活动的邓希贤和他的伙伴们很快便引起了法国警方的注意，受到法国警方的监控和搜捕。警察局的档案中便开始出现了邓希贤的名字，正是警察局的档案资料才给后人提供了邓希贤当年住过的旅馆的地址。长期研究四川青年留法勤工俭学运动史的鲜于浩教授访问巴黎时发现，邓希贤曾在巴黎比杨古特拉维夫街上有三处住址，这说明当时的形势是很严峻的，在法国从事革命活动极其危险，需要随时转移。

1926 年 1 月 3 日，为声援国内五卅惨案，旅法华人援助上海反帝国主义行动委员会在巴黎补瓦涅大街 23 号召开了旨在反对国际帝国主义的会议。根据法国的外交部档案显示，法国警察得到密报称，邓希贤号召同苏俄政府友善以反对国际帝国主义。

1 月 7 日晚，就在法国警察搜查旅欧党团组织领导机关的前一天，受中国共产党的指示，邓希贤、邓绍圣等 20 人由巴黎启程赴苏联。

1926 年 1 月 8 日，法国警方发出了搜捕邓希贤等人的命令，但执行命令的人扑了空，邓希贤等人早得到消息后，已于前一天登上了前往莫斯科的列车。

邓希贤走了，他结束了在法兰西5年两个月的勤工俭学生活，奔向了更加远大的目标。这一年，他22岁。

第三章　留学莫斯科

在人类思想史上，就科学性、真理性、影响力、传播面而言，没有一种思想理论能达到马克思主义的高度，也没有一种学说能像马克思主义那样对世界产生了如此巨大的影响。这体现了马克思主义的巨大真理威力和强大生命力，表明马克思主义对人类认识世界、改造世界、推动社会进步仍然具有不可替代的作用。

时代在变化，社会在发展，但马克思主义基本原理依然是科学真理。尽管我们所处的时代同马克思所处的时代相比发生了巨大而深刻的变化，但从世界社会主义500年的大视野来看，我们依然处在马克思主义所指明的历史时代。

——2017年9月29日习近平在中共中央政治局第四十三次集体学习时的讲话

1926年初，邓希贤第一次踏上了苏联的土地。他按照中国共产党欧洲支部的决定从法国来到莫斯科，迫切地前来学习马克思主义原理，研究布尔什维克的经验。

1926年至1927年，邓希贤在莫斯科中国劳动者孙逸仙大学（莫斯科中山大学）学习。他怀着满腔热情，克服语言困难，专心研读马克思、列宁等人的经典著作，学习苏联的革命经验。在他年轻的心灵里，马克思主义思想深深地扎下了根。

从东方大学到莫斯科中山大学

1926年1月17日，星期日。邓希贤和中国共产党欧洲局党员、中国共产主义青年团团员共17位同志，途经德国、波兰，最终到达莫斯科。中国共产党莫斯科支部的代表到白俄罗斯—波罗的海火车站（原名亚历山大火车站，1922年8月改名为白俄罗斯—波罗的海火车站，1936年5月改为现名白俄罗斯火车站）迎接他们，并把他们带到苦行广场（1937年改名为普希金广场）的东方劳动者共产主义大学（简称“东方大学”）。这里原是一座女子修道院，教堂改成了教室，修道小室改成了学员宿舍。

学校给大家准备好了学生证。出于保密考虑，大学人事处的工作人员头一件事就是给每一位学生起个化名。

邓希贤化名为伊万·谢尔盖耶维奇·多佐罗夫；

邓希贤的叔父邓绍圣化名为弗拉基米尔·尤利耶维奇·达尼利内姆；

傅钟化名为阿列克谢·戈奥尔吉耶维奇·基万科夫；

早到的中国学生每个人也有俄文化名。

任卓宣化名为拉斐尔·叶青；

蒋经国化名为尼古拉·弗拉基米罗维奇·叶利扎罗夫；

谷正鼎化名为卢森堡；

肖赞育化名为皮萨列夫。

在莫斯科，邓希贤遇到了许多法国时的熟人，当时中国共产党、中国共青团欧洲支部的300多人中有200多人在莫斯科学习。中国共产党和中国共青团欧洲支部的领导人任卓宣被选为中共莫斯科支部书记。

也许是当时严峻形势的需要，当地的共产党员、共青团员都处于军事化管理状态。1 月 19 日，按照“莫斯科式”的军事纪律，任卓宣给所有人办理了重新加入这一组织的手续，要求每个人必须做自我批评，递交书面声明，接受思想改造。邓希贤与任卓宣虽然早就相识，但作为一名纪律性强的党员，邓希贤同样严格地执行了组织程序。他递交的书面声明写道：“我来此虽不久，团体对我已有很正确的批评，使我知道自己的缺点，向着自新的路上走去，向着使我成就一个真正共产党员的路上走去。我已有在我的错误中去改我的错误的决心，使自己得到进步。”

在东方大学停留了 12 天后，邓希贤、邓绍圣和傅钟等人即转到了莫斯科中山大学。在东方大学的年轻人甚至还没来得及适应新环境，该校校长格利高力·伊萨克维奇·布莱托已经把他们的档案交给了他的同事——莫斯科中山大学校长卡尔·别加尔多维奇·拉狄克。

莫斯科中山大学成立于 1925 年 10 月，邓希贤到达莫斯科两个月前才开办，地点在莫斯科沃尔洪卡大街 16 号，中国共产党莫斯科支部也在此地。这里以前是首都最古老的中学——莫斯科省立第一中学。

莫斯科中山大学是中国现代史上影响最大的“洋学府”。这所由俄国人出资创办，并冠以中华民国“国父”孙中山之名的异国学校，在 20 世纪 20 年代后期聚集了一大批中国青年之精英，从这里走出的骄子，陆续成为国共两大政党的风云人物，曾任国共两党要职的王明、博古、张闻天、邓小平和蒋经国等人都是从这个学校里走出来的。

1924 年 1 月，在广州召开的国民党“一大”上，孙中山提出了“联俄、联共、扶助农工”三大政策。不久，他给派往苏联考察的蒋介石手札中写道：“我党今后之革命，非以俄为师，断无成就。”1925 年 10 月，苏联驻广州国民政府总顾问鲍罗廷在国民党中央政治会议第 66 次会议上正式宣布，在莫斯科建立孙中山劳动大学，帮助中国国民革命培养干部，建议国民党选派学生去莫斯科中大学习，这个提议很快获得通过，并成立了招生委员会。消息一传开，上万名中国青年踊跃报考，报考中大一时成为热门。在苏联顾问鲍罗廷的参与下，国共双方挑选了310名学生前往莫斯科中山大学学习，当时在德国学习军事的国民党学员都转入莫斯科中山大学。不久，中共旅欧支部的20名党团员在法国受到巴黎警察当局的迫害，根据党的指示，也转道来到莫斯科中山大学学习，这批学员中有邓希贤、傅钟、李卓然等。

此时的苏联，国内战争和帝国主义武装干涉的创伤尚未完全恢复，各项经济建设还没有走向正轨，但年轻的苏维埃共和国为莫斯科中山大学花费了大量的人力、财力。据苏联档案记载：莫斯科中山大学预算为一千多万卢布，还动用了当时十分紧缺的外汇供学生回国探亲用，苏联政府尽一切努力来保证学校的教学需要和学生生活。中国学生享有优于苏联教师的待遇，学校给学生发西服、大衣、皮鞋、冬装，寒暑假还组织学生进行夏令营或参观考察。

“能做宣传及组织工作”

1926年1月29日，邓希贤拿到了莫斯科中山大学的学生证，学号233。学校又给每位新来的同学发放了全套的生活用品：衣服、肥皂、牙膏和牙刷，分配了宿舍。第二天，1月30日，星期六，邓希贤终于坐到了课桌前。学校一共分十三个班，每班25至40人。

在莫斯科中山大学的学生中，既有著名的共产主义运动活动家、著名的学者，也有在国内上过高中、大学的青年，还有来自基层的仅有小学文化程度的工农干部。针对这一情况，学校根据学生知识水平的差异和具体情况分班。邓希贤的文化程度属于中上水平，又有革命斗争的经历，被分到了七班。七班是个很特殊的班级，无论是共产党员还是国民党员，这个班的学生都被认为是将来会有远大政治前途的学生。其中中共方面有邓希贤、傅钟、李卓然、邓绍圣等，国民党方面有黄埔军校校长蒋介石的儿子蒋经国，汪精卫的外侄陈春圃（陈璧君的远房侄子），国民党中央执行委员于右任的女婿屈武，后来担任国民党中央执行委员、组织部部长的谷正鼎，后来担任国民党行政院内政部政务次长的邓文仪，后来担任国民党南京市党部主任委员肖赞育。这个班私下里被称为"理论家小组"，而邓希贤则很快被选为七班的党小组组长。

新的学习环境给邓希贤带来了愉悦的心情。1926 年的莫斯科以至整个苏联都在实行新经济政策，旨在布尔什维克的监督下发展市场经济。新经济政策的成果随处可见，新的商场、饭店、咖啡馆纷纷开张。国家经济蒸蒸日上，国家和个体生产使市场更加繁荣。邓希贤的一位同学回忆："我们这从没缺过鸡鸭鱼肉。我们一日三餐营养丰富……比如早餐，会给我们鸡蛋、夹着奶油的面包、牛奶、肠、茶，有时甚至还有鱼子酱。此外，学校的服务人员为给学生们留下美好印象，在我们吃厌了俄餐时，他们很快给我们请来中国厨师。从此我们有了吃俄餐或是中餐的选择"。课余时间，学校组织学生参观博物馆、看各种展览，去剧院看演出。1926 年夏天还去了列宁格勒游览。

在莫斯科中山大学就读期间，党务工作占用了邓希贤大量的时间。开学后不久，邓希贤就在中山大学全体团员会议上被选入学校的中国共产主义青年团组织局，还担任第七党小组组长。

莫斯科中山大学党支部定期给邓希贤做出积极的评价。1926 年 6 月 16 日中山大学中共党支部的一份"党员批评计划案"中记载：

一切行动合于党员的身份，无非党的倾向；

守纪律，对党中的纪律问题甚为注意，对一般政治问题亦很关心且有相当的认识，在组会中亦能积极参加讨论各种问题，且能激发同志讨论各种问题；

党的大会和小组会从无缺席；

党指定的工作能切实执行；

与同志们关系密切；

对功课很有兴趣，努力学习可以影响他人；

对党的认识很有进步，能在团员中树植党的影响；能做宣传及组织工作。

在另一份莫斯科中山大学党支部1926年11月5日的鉴定中记载：

多佐罗夫是一个十分积极、精力充沛的共产党员和共青团员〔联共（布）候补党员〕。是校团委的优秀组织工作者。遵守纪律，自制力强，善于学习。多佐罗夫同志在校团委的组织工作中积累了丰富经验，进步很快。积极参加社会工作，同他人保持同志关系。学习优秀、党性强（单独开展工作，单独做国民党党员的工作，被指派做这项工作的都是最优秀的党员）。该同志最适合做组织工作。

由于邓希贤自觉而积极的工作表现，1926年10月9日，在他担任党小组组长的第七党小组全体会上，邓希贤由联共（布）候补党员转为正式党员。

系统学习马克思主义

从环境到组织，从观念到方式，莫斯科中山大学的一切都是全新的。邓希贤得到了系统学习马克思主义理论的机会，如饥似渴地吮吸着新的知识营养。用他自己的话说，他来莫斯科就是为了“弄清楚什么是共产主义”。在填写莫斯科中山大学入学履历时他写道：

我过去在西欧团体工作时，每每感觉到能力的不足，以至往往发生错误。因此我便早有来俄学习的决心。不过因为经济的困难，使我不能如愿以偿；

我更感觉到而且大家都感觉到我对于共产主义的研究太粗浅。

能留俄一天，我便要努力研究一天，务使自己对于共产主义有一个相当的认识。我还觉得我们东方的青年，自由意志颇觉浓厚，而且思想行动也很难系统化，这实对我们将来的工作大有妨碍。所以，我来俄的志愿，尤其是要来受铁的纪律的训练，共产主义的洗礼，把我的思想行动都成为一贯的共产主义化。我来莫的时候，便已打定主意，更坚决地把我的身子交给我们的党，交给本阶级。从此以后，我愿意绝对的受党的训练，听党的指挥，始终为无产阶级利益而奋斗。

莫斯科中山大学学制二年，中国学生来到这里，首先要学习俄语，其他课程为：马克思主义哲学，列宁主义原理，政治经济学，世界通史，现代世界观，俄国革命理论与实践，民族与殖民地问题，中国革命运动史，经济地理等。莫斯科中山大学还有一门重要课程就是军事训练，该课程每周一天，主要内容为步兵操典、射击、武器维修等。

莫斯科中山大学的教学内容丰富多彩。除了必修的课程外，当时共产国际、苏联共产党、中国共产党驻共产国际代表团的负责人，都经常来学校就国际共产主义和中国革命的一些重大问题进行讲演，使学生们受到了深刻的马克思主义教育，加深了对书本知识的理解。开设的课程，注重对革命基本理论的讲授，注重对国际共产主义运动经验教训的总结。考虑到学生们回国后从事革命斗争的实际需要，不仅讲授军事理论，还要进行军事训练。学生们每天都要学习训练八小时。

学校用俄语授课，上课一半时间用于口译。邓希贤的俄语不算好，但他努力克服语言障碍，全身贯注地投入学习，在图书馆一坐就是几个小时，潜心钻研，孜孜不倦。公共课程中，邓希贤的联共（布）历史、社会发展史、马克思主义经济学都取得了优秀的成绩。

在莫斯科中山大学，马克思、恩格斯、列宁、斯大林、布哈林的著作、文章和讲话，都是学生们的必读学说。学校图书馆有很多马克思、恩格斯、列宁、斯大林、布哈林著作的中文译本，邓希贤经常废寝忘食地去读。

马克思的话使他茅塞顿开——

“权力永远也不会高于经济建设和以经济为基础的社会文化发展。”

他在列宁著作中读到新鲜的理论——

“试图完全禁止、封锁一切依赖几百万小生产者实现的私人的、非国家的交换，即贸易，即资本主义的发展的政策是愚蠢的，因为这种政策对于尝试它的政党来说等于自杀。其愚蠢，在于这种政策从经济角度来说是不可能的；说其等于自杀，因为尝试类似政策的政党会慢慢崩溃。”

他思考着斯大林的论断——

“新经济政策是无产阶级国家在最高指挥权掌握在无产阶级手中的前提下，允许资本主义进入的一种特殊政策……要削弱资本主义要素培育社会主义要素，要使社会主义要素战胜资本主义要素，要消灭阶级，建设社会主义经济基础”。

他分析着布哈林讲话的含义——

“新经济政策的思想包含我们利用农民、小生产者甚至是资产阶级对国民经济的首创精神，允许私人积累，最为重要的意义是使其客观上服务于社会主义国家工业，以至整个国民经济。总之，要对所有农民和他的所有阶层说：要丰富、积累、发展自己的经济。只有白痴才会说，我们应该一直贫穷。现在我们应该实行的是使我们的贫穷消失的政策。”

如同干涸的土壤得到了雨露，马克思主义的理论滋润着邓希贤这位东方青年的心田。

结识张锡瑗

莫斯科中山大学有几百名男生，二三十名女生。青年的世界里，青春的萌动自然而然。

到莫斯科中山大学不久，一位俄文名叫“多加多娃”的中国姑娘吸引了邓希贤的目光。她留着短发，细而黑的双眉，微微丰润的嘴唇，苗条，可爱。邓希贤从心底里喜欢这个文静的姑娘，他知道这个姑娘的中文名字叫张锡瑗。那一年，邓希贤 22 岁，张锡瑗 19 岁。

1907 年 10 月 28 日，张锡瑗出生在河北省房山县良乡火车站的一个铁路工人家庭。其父张镜海是铁路职员，曾任良乡火车站站长，参加过“二七”大罢工。张锡瑗在直隶省第二女子师范学校读书，1924 年是该校学潮中的骨干分子，参加了共产主义青年团。1925 年到北京，认识了李大钊、赵世炎等党的领导人，同年加入中国共产党，1925 年下半年，她和妹妹张锡瑞一同被党组织送往莫斯科中山大学学习。

张锡瑗在另一个小组学习，也同邓希贤一样进入校团委组织局。张锡瑗性情温和、活泼、爽快，待人很好。他们相识了，然而，邓希贤在表达感情方面表现得比较保守，并未做出任何表示，两人只是同学、同志、战友，并没有发展到恋人的程度。在莫斯科中山大学，积极追求进步两位青年都把全部时间用来学习知识和做党的工作，然而，同窗共读的经历打下了相互信任的厚实基础。

美国哈佛大学教授傅高义在《邓小平时代》一书中记载："据苏联的上级说，邓小平喜欢一个叫张锡瑗的女孩子，但是跟很多纠缠着女同学不放的同学不同，邓小平举止适度，仍以学业和党的工作为重。"

邓榕在《我的父亲邓小平》一书中写道："父亲和张锡瑗在莫斯科中山大学时只是同学，只是战友，还未发展到恋爱的程度。但是，他们两个人之间的关系，毕竟是起于斯时，始于斯地。"

1927 年春，邓希贤离开苏联回国，受中共派遣，到冯玉祥的国民联军所属西安中山军事学校工作，任政治处处长、学校中共组织的书记。

这一年，张锡瑗也和妹妹张锡瑞应召回国，她们到保定探望了父母双亲，期间姐妹俩又协助父亲成功地参与领导了保定的铁路工人罢工运动，反抗铁路当局迫害工会干部和家属的斗争。从此，在铁路工人中长时间流传着"姐妹闹革命"的佳话。

1927 年 6 月，邓希贤改名为邓小平，由西安前往当时中共中央所在地汉口工作，后又筹备并参加"八七"会议。张锡瑗也来到武汉，在武汉中央秘书处工作。

缘分自有它的安排。老同学相遇，既惊且喜，他们这回真是并肩战斗在一起了。

不久，中共中央迁往上海，邓小平担任中共中央秘书长，张锡瑗也到了上海，而且就在邓小平下属的秘书处工作。

共同的革命理想、共同的情趣和缘分，使他们相爱了。

1928 年，邓小平和张锡瑗在上海结婚。

和张锡瑗一起工作过的朱月倩、朱端绶老人，参加过邓小平和张锡瑗婚礼的郑超麟老人回忆说：张锡瑗个子 160 厘米，人长得很漂亮，白净的脸，很秀气、很温柔，性格开朗、活泼、温和，讲话轻声轻气，待人热情、诚恳、很友好。因为那时做的是地下工作，装扮的是有钱人，所以张锡瑗是穿旗袍、短头发、穿高跟鞋。邓小平也是穿长袍，戴博士帽。两人十分相配。

邓小平女儿邓榕曾问起张锡瑗，邓小平沉思良久，对女儿只说了一句："张锡瑗是少有的漂亮"。这也许正是邓小平内心深处对张锡瑗永不磨灭的印象。

同学蒋经国

历史上有许多场景，是偶然，还是必然？是巧合，还是有因？探究起来，耐人寻味。

邓小平与蒋经国的故事，传奇般的五光十色。

1926 年，邓小平与蒋经国是莫斯科中山大学同班同学，一起攻读马克思列宁主义。半个多世纪后，邓小平与蒋经国分别执掌中国大陆与中国台湾的政权。

1924 年，当莫斯科中山大学在中国开始招生的时候，蒋经国还是个 15 岁的热血青年，在上海浦东中学就读。1925 年，上海发生了震惊中外的"五卅"惨案。蒋经国与其他爱国青年一样，坚决地站在反帝一边，参加了反英、反日的游行大示威。事后，学校当局以"行为出轨"而将其开除。6 月间，其父蒋介石介绍他去北京"海外补习学校"学习俄文。不久，蒋经国又因参加反对北洋军阀政府的示威游行，被警察关了两个星期。后来，他受"五四"以来革命思潮的影响，产生了追求社会主义的思想，迫切要求去莫斯科中山大学读书。蒋经国满腔报国热忱，说服了父亲蒋介石以及吴稚晖等人，让他去莫斯科学习。

当年国民党从元老子女中选拔出 50 人赴苏留学。这些人和从全国选拔出来的300人，先后渡海经海参崴乘火车前往莫斯科。其中两个最年轻的学生，一个是冯玉祥的长女14岁的冯弗能，一个是15岁的蒋经国。

1925年10月19日，蒋经国和第一批90名学生从广州搭一艘苏联轮船赴苏留学。和蒋经国同船的学生中，还有一位18岁的安徽青年是原名陈绍禹的王明，有一位18岁的北京姑娘是张锡瑗。

到了苏联，苏方为中国学生取俄文名字，此后，蒋经国就是尼古拉同志，王明则叫古路经夫。

就在蒋经国到达中山大学一个月后，邓希贤也从千里之外的法国巴黎来到莫斯科中山大学。他被插入蒋经国所在的班上，并担任党小组组长。到中山大学不久就加入共青团的蒋经国和邓希贤在一起学习。

邓希贤比蒋经国大6岁，因为个子不高，排队时常与当时个头只长到1.55米、体重55公斤的蒋经国挨着站在一起。

邓希贤在巴黎时刻印周刊《赤光》，有“油印博士”的雅号。蒋经国是学校墙报《红墙》的编辑委员，邓希贤经常给墙报写稿，回忆他在法国的留学经验和心得体会。

邓希贤的文章一般都是短小精悍的，观点鲜明。蒋经国很是欣赏，常放在头条刊发。邓希贤性格开朗、活泼，说话幽默，富于组织才能和表达能力，蒋经国特别喜欢这个与自己个子一样矮的年轻人。莫斯科中山大学位于莫斯科河西岸的瓦尔芬柯街，蒋经国饭后总是与邓希贤等共产党人一起冒着严寒到学校对面的广场、公园和莫斯科河畔去散步，边走边聊天，津津有味地听邓希贤讲在法国勤工俭学和参加中共旅欧支部的那些惊心动魄的传奇故事。

邓希贤经常围一条蓝白相间的大围巾。有一次，蒋经国问邓希贤，你干嘛老围着一条大围巾呢？邓希贤回答说：“在法国留学的中国学生常去当清洁工，而捡马粪挣钱最多，干一天能挣够一个星期的花销。法国的清洁工都围这么一条围巾……”他以干过清洁工而自豪。

莫斯科中山大学第一任校长拉狄克喜欢晨练，而邓希贤、蒋经国喜欢晨读。拉狄克校长每天早上锻炼身体，总是看到这两个年轻人在树林里读俄语。

有一次，拉狄克校长走过来问：“年轻人，你们俄语学得如何？”

蒋经国说：“俄语很难学，也学得很累。”

邓希贤说：“俄语是很难学，但我要下决心把它学好。”

听了两人的回答，拉狄克校长笑着说：“俄语确是很难学，但唯一没有困难的是上帝，我和你们都一样。我非常喜欢多佐罗夫（邓希贤的俄文名字）的话，要下决心把它学好。你们中国不是有这样的寓言，叫铁杵磨成针吗？这个故事很有意思，年轻人，把铁杵磨成针吧。”

在拉狄克校长的鼓励下，邓希贤、蒋经国的俄语进步很快，成为全校同学中的佼佼者。

在莫斯科留学时，蒋经国把邓希贤看成“大哥”“学长”，邓希贤对蒋经国也留下了较好的印象，他曾回忆说，蒋经国在这所大学里“学得不错”。当邓希贤与国民党右派同学谷正鼎、谷正纲、邓文仪辩论时，蒋经国往往站在邓希贤一边。国民党右派同学为此十分恼怒，常常责问蒋经国：“经国，你吃的是国民党的饭，还是共产党的饭？”蒋经国说：“我吃的是苏联的饭！”

1926 年 3 月 20 日，“中山舰事件”的消息传到莫斯科，引起了中山大学学生的无比愤怒。学生们对蒋介石口诛笔伐，蒋经国也成为众矢之的。他感到很委屈，就去找邓希贤。邓希贤对蒋经国严肃地说：“第一，广州‘三·二〇’事件，说明你父亲是站在反共、反人民立场上的，是破坏国共合作的严重的政治事件，同学们对他的遣责和声讨是理所当然的；第二，我们中国人的家庭观念很重，由于你父亲的缘故，有这个家庭背景，同学们对你有看法也是可以理解的；第三，一个人的出身和家庭是不能选择的，但每个人的路是靠自己走的。今天你向组织上汇报，说明你是相信组织的，组织上也就认真地告诉你，要和你父亲的错误划清界线，真诚地站在无产阶级一边，用自己的行动向组织和人民作一个满意的回答。”

邓希贤的这番谈话推心置腹，蒋经国感到，邓希贤不但原则性很强，并且很有人情味，是个值得信赖的人。从此，他对邓希贤肃然起敬。

由于国内革命形势的迅猛发展，党内需要大批德才兼备的干部回国工作。邓希贤在 1926 年底，便奉命回国参加国内革命斗争。

一个星期之后，蒋经国才得悉邓希贤已回国。根据当时的组织纪律，他没能给邓希贤送行。为此，他感到很惋惜。

1927 年，就在蒋经国即将毕业之际，蒋介石发动了“四·一二”政变，以残酷手段清除党内的赤色势力，中国革命阵营瞬间天地变色。消息传到莫斯科，中山大学的学生们举行了抗议集会，很多学生都发表了激情洋溢的演说，义愤填膺地谴责“四·一二”政变和蒋介石的错误行径。

蒋经国当时是中国社会主义青年团团员，也是登台演讲的学生之一。他在会上说：“我在这里不是作为蒋介石的儿子，而是作为中国社会主义青年团的儿子来讲话的。”蒋经国还公开发表一篇措辞激烈的声明：“革命是我所知唯一的任务，我愿意为革命赴汤蹈火……”并声明要和他父亲蒋介石划清界线。

1927 年后，蒋经国被选入培训红军干部的列宁格勒中央军政学院深造，1930 年以全班第一名的优异成绩毕业，他的毕业论文探讨游击战争。不久，蒋经国被接纳为联共（布）预备党员。1936 年 11 月，蒋经国被批准为正式党员。

1936 年 12 月“西安事变”后，国共两党开始了第二次合作。1937 年初，经斯大林同意，周恩来安排蒋经国携苏联妻子安娜回到了中国。

四十多年后的1973年，邓小平回到中共中央，周恩来把大部分涉外事务交给了他。已经掌握台湾大权的蒋经国，密切注视着和他一起在苏联留学的这位老同学。

关于台湾问题，邓小平宣布：北京已经准备好，可以跟台北直接谈判统一的问题。他说，在现阶段，“优先考虑用和平方式”。

1978年3月11日，蒋经国被选举为“总统”。两个月后，他在盛大典礼中正式就职。

海峡对岸，他的老同学邓小平开始主政大陆。

1978年邓小平复出时，蒋经国召开了一次紧急高级情报首长会议，会场上的人都认为，邓小平比毛泽东温和，两岸关系将会比较缓和。蒋经国在听完大家的评估后表示：“你们的评估，我认为都太乐观，因为你们不了解邓小平，但我了解他，因为我们在苏联一起学习过。他其实比毛泽东更厉害，未来两岸的情势将比你们想象的更为复杂。”

1978年12月16日，中美两国发表联合公报，商定从1979年1月1日起互相承认并建立外交关系。1979年1月1日，人民解放军停止对大金门、小金门、大担、二担等岛屿的炮击。至此，从1958年开始的对上述地区的炮击结束。

1979年元旦，全国人大发表《告台湾同胞书》，提议两岸开放经贸、旅行和通邮。廖承志也发表了致蒋经国的一封公开信，提议国共第三次合作，并表示愿意访问台湾。

蒋经国对邓小平的这一波“和平攻势”，反应相当敏锐。他一方面谢绝廖承志的来访，但另一方面又认为：北京现在热切鼓励两岸之间扩大经济、社会、文化交流，长此以往，对台湾必然是利大于弊。

邓小平和蒋经国不约而同地开始联手搭建两岸修好的舞台。

然而，到了1988年1月13日，蒋经国感到身体不舒服。长子蒋孝文见过父亲后，告诉母亲蒋方良（白俄罗斯人，俄语姓名：菲伊娜·伊巴杰夫娜·瓦赫列娃，）说，父亲病容满面。当日下午1时50分左右，蒋经国在午睡中，突然发生胃肠道严重大出血，血液阻碍呼吸，还没来得及送到医院施救，就撒手人寰。

中国共产党给了蒋经国一些肯定的评价。1988年1月13日晚，中央电视台《新闻联播》中，播音员张宏民身着黑色中山装，表情凝重地播报了第一条新闻：蒋经国在台北逝世。第二天，国家领导人发表谈话，肯定了蒋经国先生坚持一个中国、反对“台湾独立”、主张国家统一、表示要向历史作出交待、并为两岸关系的缓和作出了一定的努力。中共中央以及有关人士和蒋经国在大陆的亲属都向台北发去了唁电。

邓小平在此前就担忧蒋经国的健康，深恐他这位老同学一旦撒手人寰，台湾局势可能变得更加复杂。听到蒋经国逝世的消息，他立刻召集中共中央政治局举行扩大会议，在听取了台湾事务办公室和对台工作小组的报告后，邓小平表示，蒋经国健在时，“中国的统一就不会像现在这样困难和复杂。国民党和共产党过去有过两次合作的经验，我不相信国共之间不会有第三次的合作。可惜，经国死得太早了。”

邓小平又说，蒋经国恪遵他父亲“一个中国”的立场，可是中国共产党多年来丧失了许多和国民党领导人和平解决若干问题的机会。他感叹说，直到最近，北京才找到正确的路子——即“一国两制”。

蒋经国与中国共产党的关系微妙而复杂。第一次国共合作期间，他在苏联接受了共产主义教育；蒋介石反共后，他公然与父亲决裂；“西安事变”后，他带着斯大林交给他的“促进国共合作”的使命回国；抗战结束后，他放弃共产主义理想全力支持父亲；初到台湾时，他牵头成立“中国青年反共救国团”，积极“反共”；晚年，他又坚决反对台湾独立，开放台湾同胞回大陆探亲。

20世纪80年代中期，邓小平和蒋经国都把眼光投向未来，他们站在维护中华民族共同利益的高度，以现代的爱国人士与务实眼光看待历史分歧。两人都盼望本身的历史地位得到认可，希望给后人稳定、和平与繁荣，又能维持中国大一统的原则。天若假年，邓小平与蒋经国两人有可能携手，为中国的和平统一事业做出更大的贡献。

启程回国

20世纪20年代，中国形势在急剧变化。1926年春，蒋介石成为国民革命军总司令，1926年7月开始了最早由国民党创始人孙中山设想的意在结束当时中国各省军阀割据的北伐。在中国西北的蒋介石的联盟军被称为国民军，其总司令冯玉祥在1924年10月起义反抗本派军阀吴佩孚，占领北京之时即已声明支持国民党。冯玉祥向苏联求援，苏联很快派来了几十名军事顾问，随后又提供了600万卢布的武器装备。但就在北伐开始前三个半月，冯玉祥遭到来自北方军阀的沉重打击。此时，蒋介石的北伐成功开始，7月11日打了第一个胜仗，占领了湖南省会长沙。

与此同时，在莫斯科的冯玉祥也与联共（布）领导人签署了苏联方面向中国提供超过430万卢布补充物资援助的协定。此外，苏联的军事顾问团也加强了力量，派列宁格勒军区第一步兵团团长米哈伊尔·弗拉基米罗维奇·桑古尔斯基（别名：乌斯曼诺夫）为顾问团的军政领导人。冯玉祥在莫斯科停留了三个多月（从1926年5月9日到8月16日）后回国，此时中国革命运动正如火如荼。8月17日，蒋介石重启北伐——自长沙向武汉发起进攻。

1926年9月17日，冯玉祥回国。他随即声明，全部军队加入国民党，并再次向莫斯科求援。这次莫斯科给他派来了补充顾问组，共产国际向冯玉祥全面地推荐了中山大学和东方大学的学生，从中选拔了 20 人，其中就包括邓希贤。此时，他还没有完成两年的学业。

1927 年 1 月 12 日，邓希贤离开了中山大学启程回国。他经过南西伯利亚、蒙古，到达早在 1926 年 11 月就被冯玉祥占领的西安。邓希贤的旅苏学习经历也随之结束。

莫斯科中山大学党委在邓希贤的总结鉴定中写道：“非常积极且精力充沛。一名优秀的党务工作者，沉着守纪，学业名列前茅，训练有素。”

等待这位富有才干的年轻共产党员的是中国革命的历史重任，风起云涌的革命进程。

邓希贤在苏联的一年，是他在青年时代系统学习马克思主义的宝贵时光，为他树立马克思主义世界观奠定了坚实的基础。在这期间，邓希贤看到、读到和学到的一切，都影响着他的一生。

第四章　百色举义旗

在中华传统文化中，“义”是一个内涵深刻的行为哲学范畴。“义”谓天下合宜之理，从道义、正义、理义出发，到仁义、忠义、孝义、贤义、贞义、义务，再到天经地义、忠孝节义、至仁至义、义薄云天，要求人们深明大义、含仁怀义、修仁行义、匡扶正义、穷不失义、舍生取义、行侠仗义，坚守义行天下、大义凛然、见义勇为、义不屈节、义不容辞、义无反顾的准则，而不能见利忘义、寡恩薄义，更不能背信弃义、贪生舍义、忘本负义。合乎正义或公益的公正、合理的思想或举动都可称之为“义”，而将“义”用在武装斗争领域，进步的、革命的公开武装行动就是起义。起义有两种不同的形式，一种是革命人民为反抗反动统治而举行的武装暴动；另一种是反动集团中的部分武装力量或个别军人反叛所属的反动集团、投奔革命队伍。百色起义则是两种起义形式有机的结合，是中国革命史上成功的斗争实践。

——题记

中国西南边陲广西壮族自治区西部，有一座秀丽的山城，这就是百色。东与南宁紧连，西与云南相接，北与贵州毗邻，南与越南接壤，边境线长达365公里，既是交通枢纽，又是中国大西南通往太平洋地区出海通道的黄金走廊。

百色，由壮语中的原始村落“博涩寨”的名称转化而来，原意是洗衣服的好地方。公元 1729 年（清雍正七年），清朝设置百色厅，百色这个名字第一次出现在世人面前，1730 年建城。

百色是兵家重地，是一座英雄的城市。1929 年 12 月 11 日，邓小平、贺昌、陈豪人、张云逸、韦拔群等同志在这里组织领导了震惊全国的武装起义——百色起义，这是在南昌起义、秋收起义、广州起义的影响和鼓舞下，中国共产党在广西少数民族地区实行工农武装割据的一次光辉实践。因百色在右江上游，所以这次起义又叫右江暴动。邓小平抓住有利时机，领导和发动了百色起义和龙州起义，取得了伟大的胜利，创建了中国工农红军第七军、第八军，开辟了左、右江革命根据地，在祖国南疆燃起了革命的火焰。这是他革命生涯中第一次领导武装斗争和建立政权的实践，在中国革命史上写下了光辉的一页。

这一年，邓小平才 25 岁，风华正茂的青年已经表现出运筹帷幄、纵横捭阖的非凡气质。

发展武装力量

1927 年，轰轰烈烈的大革命失败后，中国共产党开始寻找中国革命新道路。到 1929 年底，先后发动了南昌起义、秋收起义、广州起义、平江起义、百色起义等 100 多次武装起义。1927 年底，广州起义后，一些参加起义的工人转入广西右江地区，与农民结合进行游击战争。

1929 年 5 月蒋桂战争结束后，广西左派军人俞作柏、李明瑞分别担任了广西省政府主席和军事特派员兼绥靖公署主任。中共中央先派龚楚（当时名龚鹤村）、陈豪人、张云逸、李谦等一批共产党员到广西工作，同俞作柏、李明瑞建立了较密切的合作关系。6月，主政广西的国民党广西省政府主席俞作柏和广西省绥靖公署主任兼军事特派员李明瑞，酝酿反对蒋介石，要求与中国共产党合作，以巩固其地位。中共中央便利用这一机会，派邓小平、陈豪人、张云逸、龚鹤村、李谦等一批共产党员到广西，以邓小平为中央代表，负责广西地区共产党的工作。邓小平为总负责人，陈豪人具体负责组织工作。根据中共中央的指示，陈豪人、张云逸等为加强统一战线，争取对军队的领导权，创造武装起义的条件，遂通过与俞作柏、李明瑞已建立的密切合作的关系，将一批共产党员安排在政府和军队中担任重要职务：张云逸任广西省警备第四大队大队长兼教导总队副主任，俞作豫任广西省警备第五大队大队长，陈豪人任省政府机要秘书，龚鹤村任省会南宁公安局局长等。

1929年夏，邓小平化名邓斌，在中央特派员龚饮冰的陪同下，以中央代表的身份，从上海到香港转道广西。他详细地了解了广西地区党组织的情况和广西的政治局势，并听取了广东省委军委书记聂荣臻关于广西的情况介绍，于同年7月辗转到达南宁。他此行的主要任务，是与俞作柏、李明瑞接洽，开展统一战线工作；同时，领导广西中共组织的全盘工作，准备发动武装起义。这是邓小平首次独当一面，独立地领导一个大的战略区域全盘工作的开始。

邓小平到广西后，公开的身份是在陈豪人的领导下任广西省政府秘书，实际则以中共中央代表的身份负责领导广西的工作。经中共广西特委负责人雷经天介绍，邓小平与陈豪人接上关系，由陈豪人掩护和协助邓小平领导广西党的全面工作。当时，中共虽然可在南宁半公开活动，但中共组织是秘密的，党员之间只能单线联系。邓小平的党内身份只有少数几个人知道，他对工作的指示，是通过陈豪人等几个同志去传达的，其他党员干部受陈豪人的单线领导。

在南宁，邓小平了解到，俞作伯、李明瑞虽倾向共产党，但他们政权基础薄弱，而李宗仁、白崇禧等桂系军阀的势力比较雄厚，所以俞作伯、李明瑞最迫切的是要防止桂系军阀卷土重来，同时对蒋介石集团也存有戒心，希望借助中国共产党的力量发动工农来支撑他们的“天下”。

得知这些情况后，邓小平即通过关系向俞作伯、李明瑞提议，释放在“四·一二”反革命政变中被捕后还关押在狱中的一批中共干部。俞作柏经过考虑，决定释放全部在押“政治犯”。中共南宁区负责人罗少彦、工人运动领导人何健南、共产党员吴西等一大批共产党人和进步人士被从狱中释放出来。这些人，特别是一批党团员干部，后来都成为建立广西红军的骨干。

这时候，中国共产党最紧迫的任务，就是要尽快掌握军队，邓小平清醒地认识到这一点。他通过俞作柏之胞弟俞作豫（共产党员）和其他各种社会关系，向俞作柏和李明瑞建议，开办一个广西教导总队，把各师中的一些青年军官调来南宁学习。这一建议通过俞作豫提出后，立即得到同意。教导总队有三个营九个连，共有学员 1000 多人。学员大多是从部队里抽调出来的班长和老兵，中共党组织也推荐了一批党、团员和进步青年、工人来到教导总队学习和工作。教导总队名义上是训练军官，为广西的部队服务，实际上是邓小平领导的广西党组织改造旧军队、培养革命骨干、为建立革命武装做准备的一个基地。教导总队各连队都建立了中国共产党的秘密组织，加强对学员革命的政治宣传教育，加强党的秘密组织工作，两个月就发展了 300 多名新党员，使教导总队增加了党的血液，提高了政治素质，后来为警备四大队输送了 100 多名党员，保证了党对四大队的改造。

广西警备第四大队是李明瑞回广西后收编各地民团和散兵游勇新编起来的，成分复杂，纪律也差。为了把这支部队改造成具有较强战斗力的军队，李明瑞任命张云逸兼任大队长。张云逸根据邓小平的指示，对这支队伍进行了彻底改造。他任命共产党员李廉担任副大队长，将三个政治上反动的营长调到训练处，剥夺了他们对部队的指挥权，又从教导总队调来100多名党员和干部担任第四大队的营、连、排级干部，在连队建立了党支部，并从社会上招收工人、农民和进步学生1000多人充实部队，迅速增加了部队中工农成分的比重。只一个多月，第四大队就从1000多人增加到2000多人，而且面貌焕然一新，成为中共掌握下的一支重要力量。

除了极为重视掌握武装力量外，邓小平还很重视农运、工运及政权建设方面的工作。在邓小平和中共组织的推动下，俞作伯、李明瑞开展了工农运动，支持恢复工会，成立农会，武装左、右江的农民自卫军，给韦拔群的东兰农民武装革命军以“右江护商大队”的正式名义，并调拨300多支枪以示支持。中共组织，也可以以公开和半公开的方式，在广西得到恢复和发展。

邓小平既卓有成效地开展与俞作柏、李明瑞等上层人物的统战工作，又坚持中共独立自主的方针，趁机发展革命力量。在他的主持下，仅仅几个月，广西恢复和建立了20多个支部，全省已有共产党员420人，团员130人。一个新的革命高潮迅速发展了起来。

兵变南宁

1929年六七月间，中共六届二中全会在上海举行。会议总结了六大以来的工作，确定继续深入土地革命，开展游击战争，扩大苏区，建立红军，加强公开工作和秘密工作等多项任务。

为了全面传达贯彻中共六大和六届二中全会精神，总结广西党组织过

去斗争的经验教训，确立新形势下的政治任务和斗争策略，1929 年 9 月 10 日至 14 日，邓小平主持召开了中共广西第一次代表大会。大会通过了政治决议案，提出了“土地革命”“建立工农武装”“准备武装暴动夺取政权”等方针、任务。会后，广西全省的革命形势在稳步地向前发展。

不料，会后不久，广西政局发生急剧变化。国民党改组派头子汪精卫策动在湖北的张发奎反蒋，企图南下进攻广东军阀陈济棠，夺取广东地盘作为反蒋基地。汪精卫派薛岳到南宁游说俞作柏、李明瑞共同反蒋。另外，当时蒋介石发觉俞作伯、李明瑞与中共的关系，欲要解决俞作伯、李明瑞。俞作伯、李明瑞乃决定与张发奎联合，共同反蒋。

面对突变的形势，应该采取何种应对措施，当时广西的中共党组织内意见不一。有的主张随俞作伯、李明瑞去打陈济棠；有的主张把队伍拉到梧州、桂平一带另图发展；有的主张在南宁立即举行武装暴动。

正当大家各执己见、莫衷一是时，中央代表邓小平通过陈豪人向大家传达了他的意见：根据目前情况，我们应当劝俞作伯、李明瑞不要匆忙反蒋，以便继续在南宁开展兵运，准备武装暴动。如俞作伯、李明瑞不听，我们即把部队拉出去，但不是到蒋介石和桂系军阀驻有重兵的柳州、梧州方向，也不能在南宁举行暴动，因为我们的力量还很弱；而是到韦拔群等已经工作多年、群众基础较好、蒋桂力量难以控制的左、右江山区去，同农军结合起来，做好准备，以便举行暴动，建立革命根据地。邓小平的意见，既客观周密又符合实际情况，明显棋高一筹，大家纷纷表示接受。

根据邓小平的指示，广西特委召开专门会议，部署左、右江地方党组织的工作，决定派雷经天到恩隆县平马镇建立广西农协右江办事处和筹建中共右江特委；派严敏、陈洪涛、张震球等分别到东兰、凤山、恩隆、奉议、思林等县建立中共县委机构；派何健南、麦锦汉、吴西、甘湛泽、苏松甲等到龙州地区领导工农运动。这些措施，进一步加强了共产党对左、右江地区农民运动的领导，使左、右江地区党组织和农民运动得到迅速发展。

与此同时，邓小平找到俞作柏，诚心劝告他们不要急于行动。

为了保存革命实力，以防不测，邓小平及时向俞作伯、李明瑞提出：出兵广东，南宁不能空虚，警备第四、第五大队和教导总队还没有训练好，不能配合作战，应留守南宁，担任保护后方的任务。经邓小平等人的一再说服与坚持，俞作伯、李明瑞终于同意了这一方案，但条件是从教导总队抽调一批干部回各师去充实领导，邓小平表示同意。俞作伯、李明瑞任命张云逸为南宁警备司令，并从教导总队抽调出 300 多名非党干部回各师。

1929 年 9 月 27 日，俞作伯、李明瑞通电反蒋。

10 月 1 日，俞作伯、李明瑞命所部进攻广东的陈济棠部队。邓小平马上部署应变准备：通知警备第四大队派一个营先去右江地区，警备第五大队派一个营去左江地区；指示张云逸以南宁警备司令的名义接管省军械库，并征集船舶，以备一旦有变，立即把军械库中几千支枪和大量弹药、山炮、迫击炮、机枪、电台等装船外运；命令在南宁受训的韦拔群领导的农军营赶回东兰，准备起义；派龚饮冰去上海向中央汇报行动计划。

俞作伯、李明瑞出兵反蒋，由于其部下 3 个师叛变投蒋，很快宣告失败，前后只有 10 多天。陈济棠派 3 个师入桂逼近南宁。

俞作伯、李明瑞兵败的消息传到南宁，立即引起骚动，一些反动分子捣毁、破坏省农协机关。在教导总队，部分学兵闻知部队倒戈反俞作伯、李明瑞，即闹着要回去，教育大队长许廷杰趁机拉人投靠蒋介石一边。共产党员李朴、袁任远、冯达飞等决定逮捕许廷杰。许廷杰发觉后，半夜起来集合学兵，企图拉队伍逃跑。李朴当众揭露许廷杰的阴谋，并向许廷杰开了枪，一时枪声大作，许廷杰在混乱中逃走。

得知在教导总队发生的情况，邓小平即通过联络员指示张云逸立即赶去稳定局势，尽量争取愿革命者，争取不了的送走。张云逸连夜赶往教导总队召集党组织会议，传达了邓小平的指示。党员则连夜分头工作，第二天上午，500多人被拉到郊区整顿，准备开往右江。这是南宁兵变的开始。

10月8日，中共中央来信指示广西特委，在当时军阀混战形势下，“以群众的革命暴动来消灭军阀战争”，“发动到农民群众中去，实行游击战争，发展土地革命”。这些指示是正确的。但指示信中仍要广西特委坚持以南宁、梧州、柳州三大城市为中心工作。

中共广西党组织在邓小平等人的领导下，在执行中央指示的时候，没有机械地盲目服从，而是根据广西形势的变化，实事求是地决定广西的工作方针。在得知俞作柏、李明瑞仓皇逃回南宁并准备再向左江逃去的关键时刻，邓小平当机立断，决定即刻举行兵变，把队伍拉出南宁，转移到敌人统治力量薄弱的左、右江地区去，建立农村革命根据地，重点放在农民运动基础较好的右江地区。

根据邓小平的指示，10月中旬的一天，入夜时分，南宁市区内枪声四起。兵变部队突然行动，打开了军械库，搬取了所有的枪炮和弹药。第四大队、第五大队和教导总队在宣布行动后迅速撤离南宁。俞作豫率第五大队进驻左江地区，张云逸率领教导总队一部分和警备第四大队由陆路向右江地区挺进，邓小平、陈豪人等和部分干部带着警卫部队，指挥装满军械的船队溯右江驶百色。邓小平与张云逸在恩隆县（今田东县）平马镇会合后，10月22日率部进驻右江百色。

让旧军队走上革命道路

百色、龙州起义前夕，邓小平做的一件非常重要的事，就是争取李明瑞。

1929年10月俞作伯、李明瑞反蒋失败后，俞作柏出走香港，李明瑞则滞留龙州。当时，各种政治势力都出于各自的政治目的而极力拉拢李明瑞，中国共产党也在继续团结和争取他。李明瑞一方面倾向进步，一方面仍抱着东山再起的幻想，继续筹集军饷，整顿部队。这时广西政局又发生变化，李宗仁等重掌广西军政大权后，联合张发奎，发动第二次军事行动，不久粤军反攻，双方在贵县、桂平间激战。李明瑞欲乘粤桂两军对峙、广西政局混乱、南宁空虚之际，发动攻势反攻南宁，重建自己的统治。为此，他命令广西警备第五大队开到崇善（现崇左）待命，自己亲往右江策动第四大队联合行动。他在去右江的途中，遇到了正前往龙州的邓小平。

邓小平和李明瑞，相互都已闻名已久，而这次路遇，却是他们第一次相见。邓小平得知李明瑞的来意后，便和他坐下来，耐心地分析形势，指出目前南宁虽空虚，但两个大队的人马也不易打进去，即使打进去也守不住。邓小平劝李明瑞不要打南宁，而是参加革命，一同起义，建立革命根据地。李明瑞表示还要考虑考虑。为做好李明瑞的转变工作，邓小平决定与李明瑞一道返回百色。

在百色，邓小平和张云逸一起再次做李明瑞的工作，介绍《共产党宣言》等革命书籍给他看，宣传革命道路，指出军阀混战的危害，启发他举起红旗，参加革命。邓小平明确告诉李明瑞，党的计划是建立左、右江革命根据地，准备百色、龙州起义，成立红七军、红八军，到时请他任红七军、红八军总指挥，希望他跟共产党走革命的道路。在邓小平等人的启发帮助下，李明瑞亲眼看到右江红军力量日益扩大，各族人民群众热情拥护党和红军，逐渐认识到，只有跟着共产党走，参加革命队伍，才是唯一的出路。

李明瑞表示愿意参加革命，立即返回龙州布置起义前的各项工作。12月上旬，邓小平也来到龙州，除了检查布置起义工作外，还与李明瑞又作了一次长谈，同他分析了全国政治形势，坚定地指出，共产党目前虽然困难，但主义正确，革命是人心所向，一定会胜利的。邓小平的谈话进一步坚定了李明瑞革命的决心，他在给官兵作动员报告时，旗帜鲜明地说："革命，跟共产党走，这是我们唯一要走的道路。"他还以本人抛弃国民党高官厚禄、决心闹革命的事实作现身说法，使广大的官兵和群众受到教育和鼓舞。在此期间，蒋介石曾多次派心腹特务带着广西省政府主席、第十五军军长的委任状和巨款到龙州等地，向李明瑞及其亲属进行拉拢、引诱，但李明瑞不为所诱，断然拒绝。

李明瑞的转变，重要因素是邓小平耐心、细致的思想工作。25岁的邓小平，能够说服地位比他高、年龄比他大（李明瑞33岁）的李明瑞走共产主义道路，由此可见邓小平的诚意与能力。

1930年2月1日，李明瑞和俞作豫、邓小平等一起领导了龙州起义。李明瑞任红七军、红八军总指挥。同年2月初，李明瑞加入了中国共产党。此后，他率红七军出右江根据地，千里转战，于1931年7月与中央红军会师。他在党组织的教育下，在革命的熔炉中，成为一名英勇的红军指挥员。

缜密筹划武装起义

广西的主要革命力量撤向百色后，右江的革命形势随之发生了根本性的变化。在南宁时无论是发展党组织，发动群众，或是掌握军队的活动，都是利用俞作伯、李明瑞政权的合法地位去做，党的活动是秘密的。到百色后，中共党组织处于公开的领导地位，而且面对强大的敌人——蒋介石集团和卷土重来的桂系军队，当务之急就是与右江地区农民运动相结合，缜密地筹划武装起义，做好建立红军和革命根据地的准备工作。

在新的形势下，邓小平果断采取了一系列措施。他到达百色的第二天，就主持召开了部队中党的委员会议（后来改为前敌委员会）。经过反复讨论，会议决定："第一，公开在部队和群众中宣传我党的主张，发动群众；第二，整顿、补充部队，实行官兵平等，建立士兵委员会，发扬民主，反对军阀制度，反对贪污，反对虐待士兵；第三，组织武装群众，以便进行反霸斗争；第四，继续清洗部队中的反革命分子。"

按照邓小平等领导的指示，整顿工作分步骤有秩序地进行。为把右江各级政权引导到革命方面来，并取得税收为起义筹措经费，邓小平决定根据广西旧例，宣布张云逸为右江督办，并以右江督办公署的名义，名正言顺地命令各县县长和警察局局长，把地方上的枪支弹药上交到百色；还命令各县税务局局长将已收到的各项税款全数解送百色。命令发出后几天，各县解到百色的现款就有几万银元，还交了部分枪支。这期间，邓小平还与张云逸一道，智歼反动的广西警备第三大队。这支部队原由广西、云南边界的土匪收编而成，有1000多人，大队长熊镐听命于新桂系军阀，与当地豪绅地主相勾结。不消灭这股反动势力，将严重影响武装起义的进行。陈豪人与张云逸交换意见，一是主张强攻，一是主张智取。邓小平则主张智取与强攻并用。具体办法是，以商谈接防为名，请熊镐到百色来，一举擒下；同时命令雷经天指挥在恩隆的部队和农军将熊镐驻平马的一个营包围缴械；命令驻那坡的第四大队二营包围熊镐驻那坡营。

1929 年 10 月 28 日，邓小平按照预定计划，在右江农协办事处统一指挥消灭第三大队的战斗。这次战斗，共歼敌 1000 多人，缴枪 700 多支，扫清了武装起义的障碍，从而拉开了百色起义的序幕。

11 月 5 日，邓小平派去上海向党中央汇报工作的龚饮冰秘密回到百色，传达了中共中央同意在左、右江地区举行武装起义，创建红军和革命根据地的指示精神。中央批准建立中共广西前敌委员会，统一党和军队的指挥。前委委员 7 人，邓小平为书记。中央还颁发了红七军、红八军的番号，任命了两军的领导干部，同时要求龚饮冰回到广西后，在 10 天之内举行起义。

11 月 7 日，红七军第一次党代会在河池召开，选举前委，邓小平为前委书记，陈豪人当选为前委常委和士兵行动委员会书记。

邓小平拥护中央决定。但他认为，中央要求在 10 天之内举行起义，比较仓促；应该首先做好发动群众的工作，改造好旧军队，发展党的组织，摧毁旧的政权；做好这个工作后，再举行起义。他将起义的时间推迟到 12 月 11 日。后来他解释推迟的原因时说："关于暴动的问题，我们很早就注意到了，但是得到中央的指示以后使我们更坚决，不过必要有准备工作。因此时间上并不能机械地确定，直到以后军队中我们已有强固的组织才决定广暴纪念日期。但这次发动并不是上级的命令，还是经过士兵们及大会来决定的。"这里显露了邓小平在执行中央任务时不机械地照搬，而是既有原则性，又有灵活性。

这次起义的形式是开大会，而不是武装暴动。起义前夕，邓小平召开了前委会议，对起义工作进行了进一步的检查布置。会议决定：按红军建制改编部队为 3 个纵队；拟定政纲，印刷宣传品，向群众开展宣传；掌握动态，控制局势；军队在广州起义两周年即 12 月 11 日举行百色起义。

会后不久，中央电召邓小平回上海。邓小平于 12 月上旬先到达龙州，检查部署龙州起义的准备工作。之后离开龙州赴香港转道上海。

11 月上旬，广西前委在百色创办《右江日报》和《士兵之友》刊物，公开宣传共产党的主张，揭露国民党的罪行，大造革命舆论。《右江日报》为八开两版一张，是前委的机关报，1930 年 2 月因敌人占领百色被迫停刊，1929 年 12 月 18 日出版的第 44 期仍保存至今。

遵照邓小平的意见，李明瑞等人抓紧在起义前进行部队的整顿改造和地方政权建立的筹备工作，撤销了一批反动旧军官的职务，派袁振武等共产党员充实了各级岗位。左江的革命空气高涨起来了。秩序迅速恢复，地方政权的建立，工农赤卫队的成立，组织群众和宣传教育等工作，都在积极进行。特别是接受邓小平同志对改造部队的重要指示和吸取过去的教训，加紧整顿改造第五大队，使之成为可靠的革命力量。

按照邓小平和前委的部署，1929 年 12 月 11 日和 1930 年 2 月 1 日，中共领导驻百色和龙州的部队顺利地宣布起义。

12 月 10 日，前委在百色分别召开了工人、士兵和农民代表大会，进行革命动员工作，撤换军中的反动军官，采取措施，有效控制了百色县长等危险分子，迅速收缴了百色公安局、禁烟局和那坡、平马、果化等城镇大商团的枪支。12 月 11 日，正值广州起义两周年纪念日，一面镶有斧头镰刀的红旗在百色城冉冉升起。这一天，秀丽的百色山城红旗漫卷，锣鼓喧天，鞭炮齐鸣，万众欢腾。大街小巷贴满纸写的革命标语，家家户户悬挂鲜艳的红旗或五色纸旗。数千各族工人、农民、红军战士及市民集会，在东门广场庆祝百色起义胜利和中国工农红军第七军的正式诞生。与此同时，成立了右江苏维埃政府和百色县临时苏维埃政府。百色起义的胜利，标志着右江革命进入了新的阶段。

12月12日，右江苏维埃政府成立。东兰、百色、恩阳、奉议、恩隆、思林、果德、隆安、向都、镇结、凤山、凌云、那马、都安、那地15个县相继成立了县和区乡苏维埃政权，各县农军亦改编为赤卫军。初步形成了右江革命根据地。

开展土地革命

百色、龙州起义胜利后，邓小平被任命为红七军、红八军总政委兼任前敌委员会书记。

百色的部队成立红七军，龙州的部队成立红八军，同时产生红色政权右江苏维埃政府和左江革命委员会。左、右江有20多个县，100多万人口，成为当时全国瞩目的红色革命根据地之一。

1930年1月，红七军乘粤桂军阀混战之机，决定联络红八军进攻南宁。桂系新军阀调集大批军队向左、右江地区猖狂进攻。张云逸和李明瑞带领部队在隆安、宁泗予敌以重创后，于四五月间，又率领红七军一、二纵队到广西、贵州边境进行游击战争，攻占贵州榕江城。5月中旬，辗转进入河池。

邓小平回上海向中央汇报工作，此时正值妻子张锡媛临产，住进了上海宝隆医院。邓小平忙完公务，赶到医院看望妻子。他激动地期待着小生命的降临，不料偏偏遇到孩子难产。孩子好不容易生下来，张锡媛却得了产褥热，由于当时医院医疗条件差，几天之后，张锡媛就在丈夫怀中去世了，孩子没过几天也夭折了。

突然降临的巨大不幸，令邓小平痛苦万分又不知所措。他又接到通知要立即离开上海，来不及亲自掩埋妻子，只得把丧事委托给特工科的李强同志。

邓小平向中央汇报完工作后，于1930年2月7日经香港取道越南，回到广西龙州，传达了中央指示，并确定了红八军的行动方针。

3月，中共中央在给红七军前委的指示中，首次提出“军应设军政治委员”，命邓小平重返广西任此职。邓小平从红八军驻地经东兰到河池，与陈豪人会合，出任军委书记和红七军、红八军总政委，在左右江根据地的发展中负全责。

5月中旬，邓小平在河池与李明瑞、张云逸率领的红七军会合。据中央指示和红七军面临的形势，红七军能否立即向湘粤边发展并与朱德、毛泽东率领的红军会合呢？这是一个亟待解决的问题。邓小平指出，总的大方向仍应是向外发展，但湖南现在驻有国民党重兵，不易通过；且右江自红军离开后，群众有情绪低落，红七军需要回去巩固一个时期；回百色还可补充兵员、解决服装经济问题。所以，他主张红七军应回右江，主要任务是深入右江支持土地革命，发展、改造红军。大家赞同邓小平的分析，决定回师右江，收复百色和右江沿岸各县。

不久，邓小平与李明瑞、张云逸率领第一、二纵队收复了百色。接着回师东进，连续收复了右江沿岸的奉议、恩隆、思林、果德、向都、恩阳等县城，与东兰、凤山、凌云等县连成一片。

邓小平到平马后，根据他从左江到右江途中在部队和农村的调查了解，认为右江形势总的是好的，当前的任务是迅速全面地开展土地革命，广泛发动群众和组织群众，用群众的力量来保卫和建设右江根据地；在军队方面，必须扩大红军队伍，加强全军干部、战士的马克思主义教育，提高部队的政治素质与指挥水平。前委讨论了邓小平的意见，决定深入开展土地革命，全军集中一段时间在平马进行整训。

邓小平一直关注土地革命的开展。早在东兰武篆时，他就与韦拔群一起，创办了东里共耕社和中亭乡土地革命的试点。这是右江土地革命的第一次尝试，是一项从未做过的新工作。邓小平对此项工作持十分慎重的态度，坚持试点，为以后全面展开土地革命积累了经验。邓小平与韦拔群、雷经天等共同讨论制定了《土地法暂行条例》和《共耕条例》，两个条例颁布后，右江根据地的土地革命轰轰烈烈地开展起来了。

邓小平在前委会上也多次提到要使右江地区的土地革命深入开展下去。之后，他还派出干部到地方帮助农民进行土地革命。他每到一地都向干部强调要发动群众进行土地革命。他明确指出："当前农村的土地集中在地主阶级手中，而广大贫苦农民没有土地，或只有很少土地，这是农民一切痛苦的根源。目前革命的主要内容是深入土地革命，实现耕者有其田，铲除封建基础，进一步调动广大农民的革命积极性。"

在邓小平等的推动下，红七军进一步开展土地革命，颁发了《土地革命宣传大纲》及《土地问题决议案大纲》等指导性文件。到这年 9 月底，右江的土地革命除向都、思林、果德等部分边沿地区没有来得及开展外，大部分地区都胜利完成。

红七军成立后，编印《土地革命》小册子，宣传土地革命。红七军颁布的《实施政纲》、创办的《右江日报》和散发的传单，都大力宣传土地革命。邓小平与韦拔群、雷经天一起，在东兰县武篆进行土地革命的试点工作，开办以土地革命为主要内容的党员干部训练班，选择韦拔群的家乡东里屯试办共耕社。

在进行土地革命试点工作取得经验的基础上，1930 年 5 月，右江苏维埃政府颁布《土地法暂行条例》和《共耕条例》，随后在东兰、凤山、奉议、恩隆、思林、果德等县开展土地革命，没收地主、反革命的土地分给贫苦农民。在土地革命过程中，右江革命根据地采用"分耕"（即没收土地分配给农民耕种）、“共耕”（即没收土地后由农户合作共同耕种）两种形式，“共耕”只搞试点，“分耕”普遍推广。

在经济建设中，红七军前委实行正确的工商政策，恢复发展工商业，恢复发展手工业，开辟市场促进物资流通，取消苛捐杂税，实行累进税。在根据地建立爱桑兵工厂和板勉兵工厂，开办平马被服厂和铸银厂，造枪弹、制被服、炼银锭，以解决部队的供给。同时，发动群众为红军制衣做鞋。

右江革命根据地还实行平民教育的方针，在苏维埃政府中设立文化委员管理教育工作，许多县、区、乡都办起了劳动小学，有的县办起了劳动中学，不少乡村举办农民文化夜校或平民夜校，聘请教员进行免费教育。同时，出版《工农兵识字课本》作为农民文化夜校的学习课本。

右江革命根据地党组织还运用群众喜闻乐见的山歌、戏剧等形式，采用文告、传单、标语、漫画等手段大力开展社会宣传，举办从东兰到恩隆的山歌宣传活动。一些脍炙人口的山歌流传至今，一些红军标语保存至今。

红七军前委和各级苏维埃政府在右江革命根据地努力改变陋习，树立新风尚，采取禁烟策略，严禁嫖娼、赌博行为，实行男女平等、婚姻自由。

右江革命根据地提倡各民族一律平等，维护民族团结，维护少数民族权利，培养选拔少数民族干部，各族人民团结在党的旗帜下共同奋斗。右江苏维埃政府第一届委员 11 人中，有 5 人是壮族，1 人是瑶族，右江地区各县县委和县苏维埃政府的首任主要领导人几乎全是少数民族干部。

邓小平在右江主持的土地革命运动，是右江各族人民有史以来的一件天翻地覆的大事。广大贫苦农民欢欣鼓舞，一批又一批的青年农民踊跃参军。

根据邓小平的建议，1930 年 7 月至 9 月，红七军前委决定部队集中到恩隆县平马镇整训：一是学习马克思列宁主义和中国革命常识，以提高全军党员、干部的政治素质；二是总结起义以来的斗争经验和教训，以提高部队的军事技术水平；三是讨论在新形势下红七军和右江根据地的斗争策略等问题。

为了配合整训，邓小平亲自在平马西街办了两期党政干部训练班，培训右江苏维埃政府干部 100 多人。整训开始后，邓小平等前委负责人深入各地，检查指导地方工作。为了提高军队的政治素质，红七军军部举办了一期为时 3 个月的教导队，以培养连、排基层干部。邓小平亲自主持开学典礼，亲自作形势报告，亲自给学员讲课。他几乎每隔几天就给学员们上一次政治课，他讲课能够照顾到学员的不同文化程度，深入浅出，讲得形象、生动、通俗易懂，并且密切联系中国革命的具体实际。

经过 3 个月的整训，红七军干部战士的政治觉悟和军事技术水平都提高了，党的工作也加强了。红七军补充了 3000 多名新战士，由三个纵队扩大为四个纵队，全军达到 7000 多人。红军队伍的状大，为迎接新的战斗，开辟新的局面，做好了充分的准备。

转战桂湘粤赣

平马整训以后，红七军计划向湘粤边进军。这时，中共中央南方局代表邓岗（邓拔奇）来到右江，传达中央政治局 6 月 11 日的决议精神，并下达对红七军的任务。几个月前，国民党新军阀爆发中原大战，客观形势出现了有利于革命的变化。在这样的情况下，6 月 11 日，中央政治局常委李立三主持中共中央政治局会议，通过了《新的革命高潮与一省或几省的首先胜利》的决议，以冒险主义为特征的“左”倾思想统治了中共中央机关。不久，李立三等人又作出以武汉为中心的全国总暴动和集中红军进攻中心城市的计划，幻想实现所谓“会师武汉，饮马长江”的计划。

10月2日，红七军在平马召开前委会议，邓岗传达了6月11日中央政治局决议精神：中央命令红七军离开右江根据地去攻打柳州、桂林等中心城市，在广东小北江地区建立革命根据地；阻止两广军阀不得有一兵一卒向北增援，保证以武汉为中心的一省和几省的首先胜利；最后打下广州，完成南中国的革命。执行任务的战术是集中攻坚，沿途发动地方暴动。这显然是李立三“左”倾冒险主义的主张。

红七军前委成员听了邓岗的传达，展开了激烈的争论。邓小平、张云逸等认为，红七军不过7000多人，当时打百色都已十分艰难，要远离根据地去攻打桂林、柳州等中心城市，前有强敌，后无增援，没有群众基础，孤军深入敌人心脏地区，非常不利；从而主张首先团结内部，壮大力量。邓岗等人则认为右江地区地瘠民贫，发展前途不大，应当坚决执行中央命令，去攻打中心城市，并声称：“谁不执行中央交给的任务，谁就是反对中央。”

邓小平、张云逸等为顾全大局，从组织上服从中央命令，同意采取适当步骤，为红七军主力离开广西做准备。红七军在经过北上动员、部署根据地的各项工作后，10月初，分三路向河池转移，先后到达河池集结。

11月7日，红七军第一次党代表大会在河池召开。会议的中心议题是怎样执行中央关于北上攻打柳州、桂林等中心城市和到广东小北江去建立革命根据地等问题，目的是解决红七军中一部分人不愿离开右江根据地的“思想问题”。邓小平对集中兵力打蒋桂驻有重兵的柳州、桂林、广州忧虑重重。他认为，去打数倍于己的敌人，取胜的希望很小，于是在会上首先提出建议，希望不去打柳州，缓缓再看。李明瑞、张云逸等也同意邓小平的这一看法。但会议在邓岗、陈豪人等主持下，强调必须执行中央命令，强行通过全军攻击柳州、桂林的冒险计划。

12 月 15 日，红七军主力攻打长安镇（今融安）。由于敌人工事坚固，火力密集，红七军连攻 5 天，付出伤亡几百人的代价，仍未攻下。

攻长安受挫，红七军放弃攻打柳州的计划。但邓岗决定红七军北上，从湖南迂回广西，继续攻打桂林。

12 月 22 日，红七军为解决部队给养问题，攻打湖南武岗县城，未克，即向广西全州撤退。

此时，部队由七千多人锐减到三四千人，北有湘军虎视眈眈，南有桂军严阵以待，再要打柳州、桂林，事实上已经力不从心。

在这危急的情况下，1931 年 1 月 3 日，邓小平主持召开了中共红七军前委扩大会议，讨论两个月来的部队得失和经验教训，以确定今后的行动计划。会议在邓小平、张云逸、李明瑞的努力下，通过总结离开根据地以来艰苦转战的教训，决定放弃攻打大城市的计划，改变硬打攻坚战略，拟将部队开往湘粤边，到江西会合中央红军。在前委会上，邓小平提出：部队在全州休整 3 天；改变硬打攻坚战略；改变单纯军事行动为沿途发动群众。前委了同意邓小平的意见。

这以后，红七军在邓小平、张云逸、李明瑞领导下，转战湘、粤、赣，沿途历尽艰辛。1931 年 2 月，邓小平从江西崇义赴上海向党中央汇报工作。红七军 2000 多人在张云逸、李明瑞率领下，同年 7 月到达中央革命根据地。此后，红七军与中央红军会合，编入红三军团，成为中央红军的一部分。

25 岁的邓小平，在百色起义中成功实践了毛泽东“工农武装割据”的思想，探索了适合中国实际的武装斗争道路，显露出了革命家的胸襟和领袖气魄。

第五章　支持毛泽东

在中国革命史上，毛泽东和邓小平无疑是最响亮的两个名字。

1927年，毛泽东和邓小平相识；1976年，毛泽东逝世，邓小平执政。毛泽东与邓小平的交往，整整50年。

毛泽东年长邓小平11岁，是树起中国革命大旗的旗手。邓小平追随毛泽东，支持毛泽东，是毛泽东战略的实践者、执行者，也是毛泽东思想的倡导者、宣传者。在艰难曲折的革命斗争中，无论面对红色风暴还是白色恐怖，无论遭遇顺境还是逆境，始终如一，忠诚而坚定。

——题记

邓小平波澜壮阔的一生中，最富有传奇色彩的莫过于他政治生涯的"三落三起"。他的每一次起落都与毛泽东有关，而无论遇到什么波折，他自始至终都是毛泽东的坚定支持者。

毛泽东与邓小平，都是一代天骄，盖世伟人，分别开创了毛泽东时代和邓小平时代。他们既有彪炳千秋的丰功伟绩，又有大落大起的坎坷经历；他们既共过患难，亲密无间，充满深情厚谊，又有过分歧，存有恩恩怨怨；他们既有伟人高风惊世之举，又有令人扼腕而叹之事。两个伟人之间，有着千丝万缕、错综复杂的关系，充满了奇特而又微妙的传奇色彩。

八七会议相识

20 世纪 20 年代是一个风云激荡、英雄辈出的年代。怀着坚定的信念，肩负神圣的使命，两个年轻的职业革命家毛泽东与邓小平，从大山中走出来了！

毛泽东从湖南到北京，然后又辗转湖南等地；邓小平从四川到上海，赴法国勤工俭学之后，又到莫斯科中山大学学习，1927 年回国。他们审时度势，殊途同归，1927 年的夏天，他们都来到了江西，从此登上了中国革命的红色舞台。他们从汉口初识到苏区重聚，共同战斗在火热的中央苏区。

1927 年，由于国民党右派的叛变，轰轰烈烈的大革命失败了。蒋介石背叛了革命，大肆屠杀共产党人。6 月，在西安中山军事学校政治处任处长、中共组织书记兼政治教官的邓希贤等共产党员，被冯玉祥“礼送出境”。按照中共中央的指示，邓希贤到武汉工作，为了安全，改名为邓小平。

1927 年 8 月 7 日，中共中央在湖北汉口秘密召开紧急会议，这就是在中国共产党历史上有着重大转折意义的“八七会议”。毛泽东作为中央候补委员，邓小平作为党中央的政治秘书，参加了这次会议。在这次会议上，两人第一次相见。

这次会议的主要目的是总结大革命失败的经验教训，确定今后革命斗争的方针。参加会议的中央委员有瞿秋白、李维汉、张太雷、邓中夏、任弼时、苏兆征、顾顺章、罗亦农、陈乔年、蔡和森，候补中央委员有李震瀛、陆沉、毛泽东，中央监察委员有杨匏安、王荷波，共青团代表有李子芬、杨善南、陆定一，湖南省委代表彭公达，湖北省委代表郑超麟，中央军委代表王一飞，中央秘书邓小平等22人。共产国际代表罗米那兹也参加了会议。会议由瞿秋白、李维汉主持。由于白色恐怖，当时环境极其险恶，会议只开了一天。会议共有三项议程：共产国际代表作报告；中央常委代表瞿秋白作报告；改选临时中央政治局。

共产国际代表罗米纳兹作关于《党过去的错误及新的路线》的报告。他在报告中指出了召开中央紧急会议的重要性和迫切性，以及这次会议所要解决的问题。然后，他就《中国共产党中央执行委员会告全党党员书》草案的主要内容作了发言。他分析了中国各阶级的情况，说明只有无产阶级才能领导中国革命。中国农民只有在无产阶级领导下才能求得自身解放。如果过去党对农民有正确的领导，不在农民问题上对国民党让步，不阻止农民运动，坚持党的独立性，就不会使革命失败。他还批评了中国共产党领导人在联合战线中放弃党的领导权的错误。同时又认为现在还不应退出国民党。

讨论国际代表的报告时，毛泽东、邓中夏、蔡和森、彭公达、罗亦农、任弼时、李子芬、瞿秋白都作了发言。

关于统一战线中的机会主义路线问题。毛泽东、蔡和森、任弼时认为，过去党在统一战线问题上，只重视上层几个领袖人物，而忽视了广大工农群众，这就使党失掉了群众基础。蔡和森、邓中夏和任弼时等，还批评了陈独秀的封建家长作风，要求撤换陈独秀的领导职务。

关于农民和土地问题。毛泽东以自己的亲身经历，批评了过去中央反对农民运动的错误。他说：农民要革命，接近农民的党也要革命，但上层的党部则不同了。我曾将我的意见在湖南作了一个报告，同时向中央也作了一个报告，但此报告在湖南发生了影响，对中央则毫无影响。广大党内外的群众要革命，党的指导者却不革命。

关于军事工作和武装斗争问题。毛泽东在发言中批评了陈独秀不做军事工作的错误，第一次提出了“枪杆子里面出政权”的思想。他说：蒋介石、唐生智都是拿枪杆子起家的，我们独不管，现在已被注意，但仍没有坚决的概念。比如秋收起义，非依靠军队不可，这次会议应重视这个问题，新政治局的常委要更加注意这个问题。湖南这次失败，完全由于主观上的错误，以后要非常注意军事，“须知政权是枪杆子中取得的”。会议表决通过了《中国共产党中央执行委员会告全党党员书》，强调指出：“工人阶级的革命党，要纠正自己的错误，只有公开的批评这些错误，而且要使全党党员都参加这种批评。无产阶级政党不怕公开承认自己的错误。如果共产主义者不能无所畏惧无所忌讳的批评党的错误、疏忽和缺点，那么，共产主义者也就完了。我们的党公开承认并纠正错误，不含混不隐瞒，这并不是示弱，而正是证明中国共产主义运动的力量……我们是最先进的阶级，无产阶级之先锋队能够在自己错误经验里学习出来，绝无畏惧的披露自己的错误并且有力量来坚决的纠正。”会议还讨论并通过了《最近农民斗争的议决案》《最近职工运动议决案》《党的组织问题议决案》等文件。会议通过的《最近农民斗争的议决案》指出：“共产党现时最主要的任务是有系统的有计划的尽可能的在广大区域中准备农民的总暴动，利用今年秋收时期农村中阶级斗争剧烈的关键”，来发动和组织农民举行秋收暴动。会议要求中央党、团机关“应当在极短期间调最积极的、坚强的、革命性稳定的、有斗争经验的同志尽量分配到各主要的省份做农民暴动的组织者。”会议通过的《最近职工运动议决案》指出：要“注意于武装工人及其暴动巷战等军事训练，即刻准备能响应乡村农民的暴动，而推翻反革命的政权”。“工人阶级应时刻的准备能领导并参加武装暴动。以乡村农民之胜利为依据，推翻反革命政权，而建立革命平民的民权的城市政府”。

会议选举临时中央政治局正式委员 9 人：苏兆征、向忠发、瞿秋白、罗亦农、顾顺章、王荷波、李维汉、彭湃、任弼时。候补委员 7 人：邓中夏、周恩来、毛泽东、彭公达、张太雷、张国焘、李立三。

由于会期短暂，毛泽东和邓小平之间没有太多的交流。但毛泽东的发言，特别是“枪杆子里出政权”的著名思想，给邓小平的影响非常深刻。毛泽东关于农民和土地问题、关于军事工作和武装斗争的观点，给正处于思想混乱和组织涣散的中国共产党指明了新的出路，邓小平深有同感，坚信不疑。

德国作家乌利·弗兰茨在《邓小平传》中指出：“1927 年 8 月 7 日，对邓来说，是一个终生难忘的日子。在汉口这个火炉般的夏日里，他第一次结识了未来的朋友毛泽东。”“八七会议”的历史，留给邓小平一段解不开的情结。

53 年后的 1980 年 5 月 20 日，邓小平为“八七会议会址”题写了牌匾；同年 7 月 15 日，邓小平又参观了“八七会议会址”纪念馆。他清楚地记得当年开会的情景：“会议代表有二十几个人，我是中央秘书。陈独秀原先要搞正规大中央、搞八大秘书，我就算是一个，以后没有到齐。我是政治秘书。”望着会议参与者的画像，邓小平感慨地说：“当时都是年轻人。毛泽东 34 岁，瞿秋白 29 岁，李维汉 31 岁，任弼时 23 岁，我 23 岁，陆定一比我小两岁……”

命运休戚相关

1927 年 10 月初，邓小平随中共中央迁到上海。12 月，被任命为中共中央秘书长。1984 年，邓小平在回忆这段历史时说：“我 1927 年从苏联回国，年底就当上了中共中央秘书长。23 岁，谈不上能力，但也可以干下去。”

正当毛泽东、邓小平雄姿英发，为巩固和发展中央革命根据地尽心竭力的时候，“左”倾路线的阴霾笼罩中央苏区上空。一股恶浪汹涌袭来，两人竟双双“落难宁都”——

1932 年 10 月，在宁都小源村，毛泽东被撤去红一方面军总政委的职务，此后在汀州赋闲三个月；

1933 年 5 月，在宁都七里村，邓小平因积极贯彻毛泽东关于诱敌深入、积极防御的反“围剿”作战方针，被罢免了江西省委宣传部长之职，并遭批判。

“自古雄才多磨难”，毛泽东和邓小平都不是不堪一击的脆弱者，凭借坚定的信念和意志，他们坦然面对种种坎坷和曲折，顾全大局，相忍为党。

1928 年党的六大以后，由于贯彻了大会的正确路线，各地党组织在领导农民的斗争中，逐步形成了开展游击战争、土地革命和建立农村革命根据地等一整套办法，使红军和农村革命根据地不断巩固和扩大。随着局势的好转，共产党内“左”的急性病又逐渐发展起来。以李立三为代表的“左”倾冒险主义占据上风，紧接着又是在党中央领导机关内取得了统治地位。他们混淆民主革命与社会主义革命的界限，企图一举夺取社会主义革命的胜利；他们否认中间力量的存在，认为国民党各派和中间派都是“最危险的敌人”，要一切斗争，整个地反对；他们推行“城市中心论”，要求红军去占领城市，反对毛泽东倡导的在农村积蓄力量，以农村包围城市，最后夺取全国胜利的正确道路；他们打着“反右倾”的旗号，对不同意他们错误主张的同志进行残酷斗争，无情打击。

王明和博古一味地照搬苏联的经验，而中国不是苏联，中国有中国的情况，要取得中国革命的胜利，就必须走自己的路。

正因为如此，许多杰出的中国共产党人，冷静地思考，积极地探索，他们之中表现最突出的是毛泽东。他根据马克思列宁主义的基本原理，创立了关于中国红色政权的理论。到 1930 年时，开始探索一条农村包围城市，武装夺取政权的具有中国特色的革命道路。这时的毛泽东，大声疾呼要反对本本主义，并写出了对中国革命产生深远影响的《反对本本主义》的文章，言辞之锋利，直指教条主义的病根。在这篇文章中，毛泽东一针见血地提出了一个著名的观点——没有调查就没有发言权。他大声疾呼："离开实际调查，就要产生唯心的阶级估量和唯心的工作指导"，结果"不是机会主义，便是盲动主义"，"中国革命斗争的胜利要靠中国同志了解中国情况"。

毛泽东有如此见解，是认真吸取流血牺牲的惨痛失败的教训而得来的。他领导的秋收暴动受挫，使他比别人更早地清醒过来，于是他作出了"天才的选择"，带着秋收暴动的队伍上了井冈山，开始走自己的路，经过革命斗争的实践，他更坚定了自己的选择。他深深地感受到教条主义对中国革命的危害，一针见血地表达了自己的主张。

毛泽东的这番高见，触到了王明、博古"左"倾教条主义的痛处。毛泽东想纠正他们的教条主义，而王明、博古则采取排挤和打击的办法来对付毛泽东。

1931 年 11 月，中央苏区召开第一次党代会，王明、博古派来了中央代表团，这就是著名的"三人团"。

在大会前开了一次苏区中央局的小会，按中央代表团的要求，毛泽东报告了一、二、三次反"围剿"作战胜利的经过，并谈了他对于目前局势的看法，以及一方面军的方针路线。可是，没等毛泽东讲完，这些代表就对他发起了攻击，给他扣上好几顶帽子：富农路线，狭隘的经验主义，极严重的右倾机会主义……毛泽东发怒了，他不接受这些所谓的"布尔什维克"们给他戴上的帽子。

事实是，毛泽东坚持从实际出发，反对本本主义，却被指责为“狭隘的经验主义”。王明、博古主张“地主不分田，富农分坏田”，毛泽东则主张“分配土地给一切人”，并采取“抽多补少”、“抽肥补瘦”的办法进行调剂，无论是地主还是富农，只要不是罪大恶极，都要给他一点土地，让他们生活下去。就这样一个符合情理的主张，被定论为“富农路线”。毛泽东坚持红军积极开展游击战争，寻机灭敌，指出进攻中心城市必然招致失败，这更不能被王明、博古所容忍，被指责为“极严重的右倾机会主义”。王明派的代表质问毛泽东：“你懂什么马列理论？”随即解除了毛泽东主持会议的权力。

会议散了，那些咄咄逼人的中央代表虽然离去，但那种令人压抑的气氛仍弥漫在屋子里，久久不散。毛泽东一直坐在那里闷着头抽烟，他想不通啊！胜利者得到称颂是一条公理。毛泽东领导的红一方面军打退了蒋介石的三次“围剿”，胜利的成果众人皆知。这样对待毛泽东，公理何在？

在人类社会发展史上，杰出人物在起步阶段往往是孤独的，因为他的思想与众不同，“燕雀安知鸿鹄之志”？政治上的杰出人物尤其如此。

1930 年 10 月，中共中央决定，由周恩来、项英、毛泽东、余飞、袁炳辉、朱德和当地一人组成苏区中央局，周恩来为书记。因为周恩来一时难以离开中央，由项英代理书记，后由毛泽东代理苏区中央局书记。

1931 年 11 月 1 日至 5 日的苏区第一次党代会，开始排挤毛泽东在中央苏区对红军的领导。但是，毛泽东在中央苏区的影响毕竟还很大，怕惹出什么麻烦，临时中央便作出了明升暗降的安排。

11 月 7 日至 20 日，中华工农兵苏维埃第一次全国代表大会在瑞金召开。会议选举毛泽东等 63 人为中央政府执委，接着在 27 日举行的执委第一次全会上，毛泽东当选为中华苏维埃共和国临时中央政府主席。

于是，在中国这块土地上，出现了第一个人民选举的政府，与蒋介石的国民党政府分庭抗礼。然而为了自然而体面地剥夺毛泽东对红军的领导权，又于11月25日成立了中华苏维埃共和国中央革命军事委员会，由朱德、彭德怀、王稼祥、林彪、谭震林、叶剑英、周恩来、张国焘、毛泽东等15人组成。朱德为主席，王稼祥、彭德怀为副主席，不设总政委。这样就自然解除了毛泽东红一方面军总政委的领导职务。

1933年3月，邓小平任中共江西省委宣传部长。不久，公开支持毛泽东主张的邓小平、毛泽覃、谢唯俊、古柏被指责为“江西罗明路线的创造者”，受到撤职等处分，下放农村劳动改造。所谓“罗明路线”是指1933年初，中共福建省委代理书记罗明认为，红军应向敌人力量薄弱的地方发展，扩大红军要有计划有步骤地进行，不能削弱地方武装“猛烈扩大”红军。闽西根据地边缘地区条件困难，党的政策应不同于根据地巩固地区。当时党内“左”倾错误领导人把这说成是“机会主义的、取消主义的逃跑退却路线”，因而发生了反“罗明路线”事件。

毛泽东被解除了军队领导职务，邓小平这位支持毛泽东主张的“毛派头头”就必然要受到严肃处理。

红都瑞金的首任“京官”

第二次国内革命战争时期，中国共产党在赣西南、闽西革命根据地的基础上建立了中央革命根据地，称中央苏区。这是全国最大的革命根据地，既是全国苏维埃运动的中心区域，也是中华苏维埃共和国党、政、军领导机关所在地。中央苏区主要由以瑞金为中心的赣南、闽西两块苏维埃区域组成。然而，一场肃反运动将大好形势破坏殆尽。

1931年初，闽西苏区新红十二军召开纪念国际共产主义运动领袖李克内西、卢森堡、列宁的大会，而李、卢两人都是德国社会民主党和第二国际的左派领袖，后来第二国际与李卢列等人产生了分歧后，他们又与堕落后的社会民主党进行了坚决的斗争。但在纪念大会上，当介绍李、卢两人是第二国际的领导人与社会民主党党员后，会上有几个不了解真相的青年突然喊起了“拥护第二国际、社会民主党万岁”的口号。此时，斯大林正在苏俄整肃“社会民主党”，有人就认为喊口号的这些青年是“社会民主党分子”。这个情况反映到闽西苏维埃肃反委员会，遂将此事小题大做，把喊口号的几个人都抓了起来。在闽西肃反委员会的严刑拷打下，又供出了 60 多个人，其中大部分是闽西地方和红军的领导骨干。由此，闽西苏区开始了大规模的肃反运动，愈演愈烈。到 1931 年 11 月中央政府成立前，闽西新十二军连以上干部半数遭到杀害；闽西苏维埃政府 35 名执行委员中，半数以上遭到错杀。闽西苏维埃主席张鼎丞、中共闽粤赣特委组织部长罗明也被当作社会民主党险遭错杀。中央政府直属县瑞金，600 多名县委、区委以及县乡苏维埃干部中，435 人遭到错杀，给瑞金革命事业带来了极大的破坏。

1931 年 2 月，作为红七军政委的邓小平赴上海向党中央汇报工作。王明等“左”倾中央领导人对邓小平不予理睬，不听他汇报，邓小平就申请到中央苏区去工作。

1931 年 8 月初，邓小平与妻子金维映到达江西瑞金。此时的瑞金让他们大感意外，中央苏区的所在地，没有笑语，没有歌声，看不到放哨的赤卫队员，墙壁上到处贴满了肃反标语。原来，时任瑞金县委书记的李添富极力推行“左”的肃反扩大化，主观臆断瑞金有个“社会民主党”组织，将原县委书记邓希平等大批领导干部和积极分子杀害，致使各级干部被迫纷纷离乡外逃，全县处于一片血腥恐怖之中。

正在这时，由上海党中央派到中央苏区工作的余泽鸿和赣东特委书记谢唯俊，也来到瑞金进行调查。邓小平、余泽鸿和谢唯俊三人研究，一致认为，必须改变县委领导，恢复苏维埃的正常工作。因交通和通讯不便，来不及与中央取得联系，他们商议，推举邓小平担任瑞金县委书记，主持瑞金全盘工作，先做调查，后正式宣布。

1931 年 8 月至 1932 年 5 月，邓小平任瑞金县委书记。邓小平指派六名得力干部组成调查组，由金维映带队深入到各区乡了解情况。事实让人触目惊心：从 5 月到 7 月，几乎天天有人被枪决，有时一天枪决多达五六十人。人们见到县里来人，就扛着红旗上山，躲藏起来。经过二十多天的紧张调查，邓小平了解到这一严重局面后脸色铁青。他回到县城后立即召开县委扩大会议，揭发、控诉极“左”肃反路线滥杀无辜的滔天罪行。

9 月初，邓小平召开县、区、乡三级主要干部会议，公开亮出了自己新任瑞金县委书记的身份，要求大家认真讨论如何纠正肃反的偏差，如何拨乱反正。会议结束时，邓小平果断地命令：拘捕民愤极大的李添富和谢在汉，立即释放 300 多名在押的无辜干部群众。瑞金人民闻之拍手称快，全县形势立刻由人心惶恐转到欢歌笑语，整个局面很快大为改观。

中共中央政治局根据共产国际提议，为统一全国苏维埃运动和对红军的领导，决定召开中华苏维埃第一次全国代表大会。然而，由于反“围剿”战争频繁，这次大会几度延期。直至红军第三次反“围剿”全面胜利结束后，苏区中央局才决定于 1931 年 11 月 7 日在瑞金召开中华苏维埃第一次全国代表大会，成立中华苏维埃共和国，并把瑞金定为首都。

邓小平受命筹备中华苏维埃第一次全国代表大会的准备工作。他带着县里几位领导人，在叶坪找到一片茂密林地，组织人员将开阔地扩充平整，修成一个万人“红军广场”，用竹木、石头在西端筑成一个检阅台。为了防止敌人飞机轰炸，邓小平找到王稼祥，请他向福建长汀县委提出要求，在长汀布置一个假的中华苏维埃第一次全国代表大会会场。

1931 年 11 月 7 日，中华苏维埃第一次全国代表大会在瑞金叶坪谢氏宗祠隆重开幕，选举产生了以毛泽东为主席的中华苏维埃共和国中央执行委员会，宣告临时中央政府成立。瑞金更名为“瑞京”，直属中央领导。瑞金成为党政军群的中央首脑机关所在地。邓小平时任瑞金县委书记，成了红都瑞金的首任“京官”。

由于肃反扩大化，瑞金干部奇缺，邓小平就举办了多期干部培训班，亲自讲课，很快培养出一大批优秀干部。

当时，苏区经过几次反“围剿”，粮食极为紧张。邓小平一面号召全县干部节省口粮，支援前方，一面带头节衣缩食，与群众同甘共苦。有一次，妻子金维映因病吃不下饭，便去南门岗买了一碗粉干吃。邓小平知道后，严厉批评她：“人人都像你这样，还怎么去支援前方？你不能因为我是县委书记，就可以搞特殊化。”

1932 年 5 月，邓小平根据群众举报，查清了瑞金县委组织部部长陈景魁结交黑势力，滥用职权压迫群众，索要财物，打牌酗酒，调戏并强奸多名妇女等恶行。上报中央最高法院批准，迅速捉拿公审，执行枪决。瑞金的反腐倡廉工作出现了良好的风貌。

邓小平在果断、迅速地纠正瑞金肃反错误的同时，又以很大的精力投入地方政权建设工作，深入开展土地革命，彻底纠正地主不分田、富农分坏田的“左”倾土地政策，制定给富农以经济出路、给地主以生活出路的政策，从而在一定程度上纠正了“左”的分田政策。

由于邓小平卓有成效的努力，苏维埃红色首都的面貌大为改观，成为中央苏区的一面耀眼旗帜。

为了加强我党对苏区南线的领导，中共江西省委根据中央的指示，于 1932 年 6 月在筠门岭建立了会寻安中心县委，领导会（昌）、寻

（乌）、安（远）三县军民进行革命斗争。中央派邓小平同志担任中心县委书记。

“毛派头子”

尽管邓小平主政瑞金期间做出了显著的成绩，但后来却被“左”倾领导者指责为“瑞金各地苏维埃对于土地政纲执行右倾的代表者”。

1933年，博古、洛甫一进中央苏区，就掀起了反“罗明路线”的“二月旋风”。博古在找江西省委书记李富春谈话时，将毛泽覃、谢唯俊也打进来，后来又加上古柏，定为“江西罗明路线”的代表，通称“邓、毛、谢、古”。三月间，又将这股极左风潮升级刮到整个江西，认为在江西坚持毛泽东正确主张的邓小平、毛泽覃、谢唯俊、古柏“是罗明路线在江西的创造者”，开展了反“江西罗明路线”的斗争。罗明和“邓、毛、谢、古四个罪人”先后被撤换职务或派往农村，后又进行批判斗争并关押劳动三个月。邓小平被认为是所谓“毛派的头子”（毛泽东语），批判改造就更加严酷。

邓小平到瑞金后，经过实地观察，执行了毛泽东的主张和政策，并没有执行王明中央的“进攻路线”。邓小平和毛泽覃、谢唯俊、古柏都是党内的务实派，都对“左”倾教条主义者动辄对苏区工作指手画脚、批判指责很反感，为毛泽东遭受的批评感到不公。他们讥刺那些从上海派来的脱离苏区实际的“左”倾领导者是“洋房子先生”，说他们专门到苏区来“找岔子”。有人批评毛泽东是“狭隘经验论”，说什么“马列主义是大城市里产生的，山沟里产生不了马列主义”；邓小平针锋相对地反驳说：“大城市里产生了立三路线，我们苏区的山上，却全是马克思主义。”特别在赣南会议上，邓小平公开表示不同意会议决议中对中央苏区实际是对毛泽东的批评和指责。这一切都更加引起“左”倾教条主义者对邓小平的反感。

然而，中共江西省委迫于博古等人的压力，不得不采取两条措施：一是邓小平不再担任会昌、寻乌、安远中心县委书记职务，调任省委宣传部长；二是严厉批评会、寻、安中心县委的“纯粹防御路线”错误。邓小平奉调到省委后，受到江西省委书记李富春的礼遇，派邓小平前往万泰、公略、永丰苏区巡视工作，代表省委解决那里的问题。邓小平在万、公、永的工作得到江西省委的肯定。然而博古等人对江西省委的做法十分不满。

三月下旬，邓小平回到省委刚汇报完工作，就被博古等人叫到瑞金，名义是参加中共中央局会议，全面汇报会、寻、安三县的工作，实际是接受博古等人面对面的“审判”。会后，邓小平被迫向中央局递交了一份题为《会寻安工作检查》的检讨书。紧接着，中共临时中央撇开江西省委，以中央局名义，直接在会昌筠门岭召开会、寻、安三县党的积极分子会议，集中“布尔什维克的火力”，对邓小平的所谓“错误”进行揭发和批判。3 月 31 日，会议作出《会寻安三县党积极分子会议决议》，给邓小平正式扣上“江西罗明路线”的帽子。邓小平没有参加会、寻、安三县党积极分子大会，他受到的是“缺席审判”。

事情到此远未结束。在博古、洛甫等人的高压下，1933 年 4 月 16 日至 22 日，中共江西省委不得不在宁都七里村省委机关驻地，召开“江西党三个月工作总结会议”。博古带着刚刚来到中央苏区的李维汉（时任中共中央局组织部长），参加会议的有江西省委委员、各县县委书记、中心县委书记、省直机关负责人和军队中党的负责人，共二百多人。会议开了七天，对邓小平等进行了一次又一次的批判，强迫他们承认犯了“纯粹防御”“退却逃跑”“取消苏维埃革命”等错误，承认是“反党小组织派别的领袖”。会上宣布撤消邓、毛、谢、古四人党内外一切职务，当众下了他们的枪。

邓小平和毛、谢、古等人，遭受“无情打击”后，并未屈服，他们坚持马克思主义的原则立场，在“左”倾领导者强迫他们写的“书面检讨”中，都表现了一个真正共产党人坚强不屈的态度。他们在“书面检讨”中承认在工作中存在的缺点和错误，而对于强加在他们头上的“反党的派别和小组织”的活动，则一概否认。

“左”倾领导者又责令他们写第二次书面检讨，并以“开除党籍”相威胁。邓小平等人坚持第一次书面检讨的态度。邓小平更是明白而干脆地写道：“我觉得：第一是我感觉没有什么问题；第二是自己感觉到不会走到小组织的行动，不成严重问题。”

博古等人对这样的检讨大为恼火，指责他们是“以外交方式来接受”批评。中共江西省委又作出《对邓小平、毛泽覃、谢唯俊、古柏四同志二次申明书的决议》(1933 年 5 月 5 日)，还特别要求：“邓小平同志，必须无保留的揭发他由第七军工作时起经过党大会，经过会、寻、安工作直到第二次申明书止，一贯的机会主义错误和派别观念，以至派别活动，再不容许有任何掩藏。”

对于要他写第三次“申明书”，邓小平坚决拒绝。他给“左”倾领导者的答复是：“我再没有别的可说了。我说的都是实话。”说罢，他把腰板一挺，直直地站在那里，不愿为此再费口舌了。

“左”倾领导者拿邓小平没办法，只好采取高压的组织措施：撤销他省委宣传部长的职务，给他以“最后严重警告”处分，然后派他到乐安县属的南村区委去当巡视员。

不怕婚变

邓小平接受“批斗”时，被关押在瑞金红军总政治部驻地一间阴暗潮湿的拘留室。

政治上受到打击的邓小平，希望心灵的创伤能得到妻子金维映的抚慰。当然，他也知道，妻子作为于都县委书记，必须执行中央局和江西省委的决定，在反“罗明路线”这样的“大是大非”面前不能含糊，否则也将难以过关。邓小平完全理解妻子的处境，他同情妻子，也为自己让妻子受累而难过。他不苛求妻子在政治上也站在自己一边，只希望能得到妻子的理解和信任。

对任何人来说，含冤之时，亲人的抚慰比什么都重要。然而让邓小平万万没想到的是，突然有一天，他的妻子金维映拿着离婚报告到拘留室来找他签字！

在所谓“路线斗争”中，“左”倾机会主义者的要求是：凡“革命者”必须“划清界限”“爱憎分明”。妻子金维映与他分手，也许是出于无奈。但无论如何，金维映此举，无异于落井下石，在邓小平受伤的心灵深处又狠狠捅了一刀。

为了不让金维映受到牵连，邓小平强忍痛苦，毅然在离婚报告上签了字。

金维映走了，邓小平彻夜难眠。往事历历，在他的眼前不断地浮现——

金维映，原名金爱卿，浙江岱山人，与邓小平同岁。党内同志沿用上海人的称谓，称她阿金。阿金 16 岁那年就在县女子中学参加声援北京五四运动的宣传，毕业之后成为一名教师。大革命失败前夕，她加入了中国共产党，从事工运，成为舟山总工会的执行委员。阿金风风火火，口齿伶俐，有鼓动能力，还有叛逆世俗的革命激情，所以见到她的人常常会被她感染。

两年前的1931年7月，邓小平被批准到江西中央苏区去，结伴而行的正是阿金。从当时革命秘密工作的习惯来看，也许是一次“假伴而行”。在他俩一同赶往苏区的旅途中，邓小平讲述了自己的革命经历，也诉说了妻子张锡媛逝去的悲伤。阿金也介绍了自己在“四一二”反革命政变后被捕入狱，后被同志营救，再到上海全国总工会秘密从事工人运动，直至担任江苏妇女运动会书记、上海纺织业工会中共党团书记等传奇经历。革命事业把一对青年变成斗士，在相知中又唤起男女的情愫，结成了一对夫妻。在苏区，邓小平担任会昌中心县委书记，阿金先后在于都和胜利任县委书记。两人相隔很远，鸿雁传书，遇到开会和办事时才能相聚在一起。

然而，正在邓小平处境艰难的时候，阿金却弃他而去！

深深的伤痛考验着邓小平的意志。他是革命者，肩上担负着为中华民族求解放的历史重任，他必须抛弃个人的一切荣辱得失。邓小平默默地告诫自己，鼓励自己，不管遇到什么困难，绝不能倒下！

邓小平在苏区挨整，毛泽东是知道的。毛泽东心里明白，什么福建的“罗明路线”，江西的“罗明路线”，统统都是冲着他来的！唉，真难为罗明、邓小平了。毛泽东也听说了邓小平老婆离婚的事，“左”倾路线棒打鸳鸯，太可恶了！

中华人民共和国成立以后，毛泽东曾经说过，坚持正确路线，要有“五不怕精神”：不怕杀头，不怕坐牢，不怕罢官，不怕开除党籍，不怕老婆离婚。毛泽东说这些话的时候，也许在脑海里闪现过邓小平老婆离婚的往事。

刚毅执着，坚忍不拔，顾全大局，相忍为党，是邓小平在遭受坎坷、身处逆境时所表现出来的高风亮节。他非常达观，善于用乐观主义对待一切，在工作中调整心态。他几次向党表明：“感觉自己没有什么问题，只是想尽快到实际工作中去。”这是一个真正共产党人难能可贵的品质和气度。

在这一点上，毛泽东与邓小平是相同、相通的。在邓小平身处逆境时，毛泽东也处在困境之中。自从在宁都会议上被解除军权以后，毛泽东过了一段赋闲的日子。他从来没有受过这样的窝囊气，有些事想起来又好笑又好气。中央苏区三次反“围剿”，他指挥若定，得心应手，连获三次大捷！如今，苏维埃中央政府成立了，“洋房子先生”们又想把红色首府从瑞金迁到赣州，一再坚持打赣州。他竭力反对攻坚城，结果打赣州打输了，反认为是对的；他率部打漳州打胜了，反倒是错的，都来批毛泽东，这是什么理！世间还有公理吗？

无奈之下，毛泽东退避三舍，在汀州卧龙山一呆就是三个月。在这些日子里，乳儿的笑脸，子珍的深情，院长的照料，罗明的笑谈……这些都给毛泽东带来了慰藉与喜悦。没想到，他在福音医院与罗明的一席谈话，又招来了个什么“罗明路线”！紧接着，又有什么“邓、毛、谢、古”的“江西罗明路线”！听说博古还说什么要批“比罗明更高级的领导干部”……毛泽东困惑了，恼怒了！前方在打仗，后方却在整人！他多想重上前线，同恩来、朱德、王稼祥一起参加第四次反“围剿”啊，可是他没有得到中央局的召唤！

他的心在滴血！

三个月过去了，毛泽东于 1933 年 2 月回到红都瑞金。不几日，中央领导人博古找毛泽东谈话，责成毛泽东在苏维埃政权系统领导“查田运动”，而且要按照国际和中央的“地主不分田，富农分坏田”的原则来搞。真是强人所难！这不是明摆着要否定他毛泽东领导的中央苏区几年来土地革命的成果嘛！毛泽东心中充满了苦涩，但既然中央局作了决定，按照党的组织原则和纪律要求，他又相忍为党，义无反顾地投入工作。

在查田运动开展后，毛泽东领导中央苏区开展了轰轰烈烈的经济建设运动。他同林伯渠、吴亮平、邓子恢等人一起，狠抓工农业生产，发展国营经济，兴起合作社运动，开展对外贸易，保护私人企业，开办国家银行，稳定财政金融，创办中央医院，发展文教事业……如火如荼、红红火火的经济建设运动，不仅维系红色政权、支持革命战争数年之久，而且培养和造就了一大批既懂政治又懂经济的治国之才。作为中央苏区领导经济建设运动主帅的毛泽东，简直要累垮了！

然而，毛泽东没有想到，在瑞金沙洲坝召开的中共中央六届五中全会，竟然没有让毛泽东参加，而且又把毛泽东批了一通！几天后，即 1934 年 1 月 22 日，又要毛泽东出面主持召开第二次全国苏维埃代表大会。会议落下帷幕后，在人事安排上，又免去了毛泽东的中央政府人民委员会主席的职务！

毛泽东被架空了，成了博古所嘲弄、戏称的“中国的加里宁”！

毛泽东仍然顾全大局，服从组织，遵守纪律，相忍为党！

邓小平在逆境中，又何尝不是这样！

患难见真情

中国有句老话：患难见真情。中国老百姓说：若要知人心，害病遭年成（灾荒）。雪中送炭真君子，锦上添花是小人。

1933 年 5 月是 29 岁的邓小平难忘的凄凉日子。乐安县南村就是中央苏区的“西伯利亚”，到这里当巡视员，这是名副其实的“流放”。从宁都到乐安的南村，路程 300 多里，中途隔有几座大山，山势绵延，林深草密，多有岔道，此时又是毒蛇活动的季节，没有一匹马或骡子，连向导都没有派一个！不用说一个外乡人，就是本地农民也不会单人独身地走这段路的。只身一人的邓小平，硬是走过了这段象征着人生命运曲折多变的艰难路程。

邓小平来到南村区后，对南村区的同志说：在会上我两次据理申辩自己的观点，不管他们怎样残酷斗争，采取什么措施，我坚信我执行的是马克思主义的正确路线，正确的就要坚持。

在短短的时间里，邓小平以务实的精神积极帮助南村区委同志开展工作，给南村区人留下了深刻的印象。

邓小平自己也没料到，正要安下心来到基层考察研究，帮助下面工作，但不到10天，又被命令返回宁都省委机关。当时，第四次反“围剿”胜利不久，红军第一、三、五军团都驻屯乐安、宜黄一带，因乐安城还未解放，正组织围攻乐安县城。乐安特别是南村区属前线边区地带，那里离前线很近，中央有人怕邓小平跑到敌人那边去。于是，邓小平又返回宁都。来回六百多里的崎岖山道，他不辞辛苦地背着背包徒步跋涉。

邓小平回到宁都，等待他的是更大的磨难。他被指派到距七里村7里路的山上挖山开荒，接受劳动改造。不但行动上不给自由，饮食上也加以限量。

夏日炎炎，邓小平独自一人在山上挥锄开荒，身上出力，肚里饥饿，心中愤慨，邓小平经受着常人难以忍受的折磨！

5月的一天，受中共江西省委妇女部长兼组织部长蔡畅的指派，江西省委妇女部干事危秀英去宁都调查研究，遇见了正在劳动的邓小平。

60年后的1997年，中央电视台拍摄大型电视文献纪录片《邓小平》时，采访已经84岁的危秀英老人，她回忆当时的情景说：

“我不知道邓小平在那里劳动，我戴个草帽，背一个包，他就用手点，点我。我不知道那个人是谁，什么人在点。我以为在点我后面那些人。结果走到前头就听到：秀英，秀英！我一看，是邓小平。我问他：你怎么在这里啊？他说：我到农村，下农村劳动嘛，劳动了几个月，我不知道省委的情况。你快到省委，给蔡大姐（蔡畅）说，我在劳动，我在这里吃不饱饭，肚子好饿，送点饭给我吃。哎呀，好可怜的呀，真是。”

危秀英回去一说，蔡畅便想起他们在法国一起勤工俭学的那些艰难岁月，急忙让危秀英去她抽屉里看看还有没有钱。

当时，他们每人每月发二分钱的伙食尾子，一分钱用来交党费，一分钱零用。危秀英一共找出二分，李富春也找出二分。蔡畅让危秀英上街买二分钱的猪油，其余买大蒜、辣椒。东西买回来，蔡畅炒菜，煮了一脸盆米饭，用禾草捂着藏在厨房里，叫危秀英去找邓小平来，并叮嘱他们从厨房后门进。

这天中午将近 1 点钟，省委机关食堂开过饭之后，邓小平与危秀英一前一后相隔几十米，从后门走进来。蔡畅拿出饭菜，危秀英到门口去望风。邓小平狼吞虎咽，没几分钟就把满满的一盆饭吃光了。

又有一次，邓小平在被卫兵押回禁闭室的路上，遇上了陆定一的妻子唐义贞。

“我饿坏了，”邓小平对唐义贞说，“肚子根本吃不饱。”唐义贞可怜他，花一块银元买了两只鸡，做好后，她给卫兵捎个信，要他们把邓小平带到她的住所吃饭。邓小平吃了一只，把另外一只拿到禁闭室留着吃。

蔡畅、危秀英、唐义贞可谓侠肝义胆，因为在那个“路线斗争”激烈的年代，这样做很有可能被划进“同情”“右倾机会主义者”的圈子而受到牵连。

邓小平在苏区第一次被打倒，毛泽东总是念念不忘，之后还对邓小平夸耀不止。

邓小平遭受冤屈的事情，时任中共江西省委书记的李富春向当时的中央军委副主席兼红军总政治部主任王稼祥作了详细汇报。早在莫斯科留学时，王稼祥就知道邓小平精明能干，了解这个情况后，就和总政治部副主任贺昌商量，决定把邓小平调到总政治部来担任代理秘书长。

1933 年 6 月，红军总政治部秘书长杨尚昆调任红三军团政委，协助彭德怀组成东方军入闽作战。总政治部缺秘书长，许多综合性的工作没人做。王稼祥和总政治部组织部长罗荣桓商量，取得一致意见后，由王稼祥直接给博古打电话，指名要邓小平来总政治部担任秘书长。

可是当时临时中央的负责人博古说：“不行，邓小平犯了错误，不能分配工作。”

王稼祥和博古在莫斯科留学时是同窗好友，又同为中央领导人。王稼祥就打电话给博古说：“你如果不同意邓小平来，那你来兼任总政主任，我不干了。”

博古也知邓小平是难得的人才，见王稼祥如此坚决，也就不再坚持己见，同意了王稼祥的提议。

1933 年 6 月，赣南正是酷暑。正在宁都县郊“劳动改造”的邓小平意外地接到通知，要他立即赶回瑞金，到红军总政治部报到，代替杨尚昆担任总政治部秘书长职务。《邓小平自述》中写道：在宁都劳动“不久，即调到总政治部当秘书长。当时总政治部主任是王稼祥，副主任是贺昌”。

这就是邓小平在第一次被打倒后的第一次“复出”。

1933 年 6 月，邓小平到红军总政治部报到，干了两三个月，觉得没有什么实事可做，“要求另调工作”到《红星》报去当主编。为了人民的事业，邓小平不顾个人的荣辱得失，他能够叱咤风云地指挥千军万马，也能在一个平凡的岗位上做好一点一滴的工作。

江西“罗明路线”代表者中，毛、谢、古三人都为革命献出了年轻的生命。红军长征后，毛泽覃留在江西参加游击斗争，1935 年 4 月 25 日，

29 岁的毛泽覃在江西瑞金红林山区为掩护游击队员脱险而牺牲。1935 年 2 月，29 岁的古柏在广东龙川县鸳鸯坑激战时英勇牺牲。谢唯俊参加长征到达陕北后，1935 年也在一次战斗中壮烈牺牲，年仅 27 岁。

邓小平是幸运的，江西“罗明路线”中邓、毛、谢、古，唯他幸存。

抗日战争时期，曾与邓、毛、谢、古一起在中央苏区工作过的林伯渠，回忆起江西反“罗明路线”的斗争情况，感慨万千，曾悲痛地赋诗一首：

偶忆往事便心惊，邓毛谢古剩小平。割裁无情读八股，江西路线有罗明。

邓小平对这几位患难战友十分怀念。1985 年，中共瑞金县委和寻乌县委分别为毛泽覃、古柏烈士建造铜像，勒碑纪念。邓小平欣然命笔，为两位烈士铜像题写了碑名。

1934 年 10 月，中央主力红军实行战略转移。王稼祥批准邓小平随中央红军长征。毛泽东带着“马背上的共和国”，邓小平带着《红星》报编辑部，默默地迈步长征了。

1934 年 12 月，中共中央政治局在黎平举行会议。这时，毛泽东等人的正确意见占了主导地位，得到了王稼祥、张闻天和周恩来等人的支持。

黎平会议还提议邓小平担任中共中央秘书长，也得到了多数人的赞同，邓小平接替邓颖超任中共中央秘书长。从此，邓小平经常参加中央重要会议，并兼管中央军委纵队警卫人员的政治思想工作。

1935 年 1 月，邓小平参加中共中央政治局扩大会议（即遵义会议），会议确定了以毛泽东为代表的新的中央领导，邓小平任红一军团政治部宣传部长、政治部副主任、主任。

坚定不移，坚强不屈，坚持不懈，坚忍不拔，这就是邓小平的性格，一个真正的共产党人的特殊品格。

第六章　主编《红星》报

"壁上红旗飘落照，西风漫卷孤城。""纤笔一枝谁与似？三千毛瑟精兵。"

——毛泽东《临江仙·给丁玲同志》(1936 年)

在中国共产党的新闻宣传史上，邓小平是身体力行的先驱。

1929 年 12 月，毛泽东在《中国共产党红军第四军第九次代表大会决议案》中指出："红军的宣传工作是红军第一个重大工作。若忽视了这个工作，就是放弃了红军的主要任务，实际上就等于帮助统治阶级削弱红军的势力。"

1936 年 12 月毛泽东写下《临江仙·给丁玲同志》的诗句："纤笔一支谁与似，三千毛瑟精兵"，艺术地概括了新闻宣传工作的极大威力。

新闻宣传，是邓小平作为革命家的起步之业。1922 年，他在巴黎勤工俭学时，就协助周恩来编辑旅欧中国共产主义青年团的机关刊物《赤光》。20 世纪 30 年代，邓小平在遭受排斥和打击的日子，依然把政治上的失意和生活上的挫折，当做锤炼品格、砥砺意志的难得机会，把自己的全部热情倾注到了《红星》报的编辑工作上。

“油印博士”重操旧业

邓小平是以办报刊开始职业革命家生涯的，办报对他来说是轻车熟路。

1922 年，他在巴黎协助周恩来编辑旅欧中国共产主义青年团的机关刊物《赤光》，不仅负责刊物的编辑、刻板和油印，还为《赤光》撰写了不少文章。《赤光》以字体美观、印刷清晰、装订简雅而深得同志们的喜爱，大家亲切地称邓小平为“油印博士”。

1929 年领导百色起义时，邓小平在红七军中领导创办了《右江日报》，任瑞金县委书记时还领导创办了《瑞金红旗》。

如今，又到了这位“油印博士”一显身手的时候了。邓小平任总政治部代理秘书长只有短短一两个月，他渴望做一些实际工作，于是向王稼祥提出了自己的愿望。王稼祥安排他到总政治部下属的宣传部担任干事，负责主编《红星》报。

《红星》报是第二次国内革命战争时期中国工农红军军事委员会的报纸，是面向全军的红军总政治部机关报，是中共中央、中革军委的唯一报纸，是迄今为止发现的当时唯一以公开文字记录红军长征的原始资料。《红星》报由中国工农红军总政治部出版，1931 年 12 月 11 日创刊于江西瑞金中央革命根据地，其宗旨是：“加强红军里的一切政治工作（党的、战斗员群众的、地方工农的），提高红军的政治水平线、文化水平线，实现中国共产党苏区代表大会的决议，完成使红军成为铁军的任务。”

《红星》报共发行 160 多期，它把揭示真理，宣传主张，动员民众，推动革命和指导工作当作自己最重要的任务。1933 年 8 月至 1935 年 1 月，遵义会议前的70余期，由邓小平担任主编；遵义会议后，改由陆定一负责。初期用毛边纸铅印，4开4版，不定期，发行量17,300多份；1934年10月，编辑部跟随红军主力部队长征，因条件艰苦改为油印，每期印七八百份，发至连队。

《红星》报的一切宣传工作都是围绕如何完成党和革命的中心任务来进行的，为党和红军在面对强敌的生死存亡、命运转折关头，完成“争取群众，扩大红军，瓦解敌军”的艰巨任务发挥了重要作用。

遭遇了种种磨难与变故的邓小平，没有流露出半点的消沉与颓唐，照样充满热情和活力，表现了一个革命家豁达宽阔的襟怀。

邓小平到任前，《红星》报已经出版了35期。接任主编后，邓小平把原来32开本的油印报纸，改为与创刊初期相同的4开铅印报纸，五天出一期，并开辟了许多新的栏目。版面的编排有社论、要闻、专电、消息、前线通讯、战绩、捷报、国际时事等栏目。在邓小平的努力下，《红星》报以崭新的形象出现在红军指战员的面前，生动活泼，深受红军指战员与人民群众的欢迎。在艰苦的战争年代，广大军民亲切地称《红星》报为“大无线电台”。

《红星》报代表着中共中央的声音，大部分社论出自中央党政军领导人之手。中央军委负责人周恩来、红军总政治部负责人王稼祥、副主任贺昌等审定重要社论和理论文章。毛泽东、周恩来、王稼祥、贺昌、博古、洛甫、罗迈、朱德、聂荣臻、陈云、李富春、陈毅、彭德怀等人都发表署名文章。通讯员有包括党和军队的各级领导者罗荣桓、袁国平、彭加伦、罗瑞卿、肖华、张爱萍、向仲华、张际春、舒同等以及连队干部和战士500余人。

《红星》报编辑部三五个人，邓小平任主编，实际上只有一个助手。

邓小平的女儿邓榕在《我的父亲邓小平》一书中说，邓小平曾亲口告诉他们：他那时编《红星》报手下只有几个人，很长时间只有两个人，所以从选稿、编辑、印刷到各种文章的撰写，都要他自己亲力亲为。五天一期的报纸，每期近万字，各个环节的工作几乎都要他一个人去做，工作之繁重可想而知。看到邓小平实在辛苦，王稼祥曾把自己身边的同志派去帮忙。

邓小平到编辑部后，既要采访、组织稿件，又要编排版面，负责校对。尽管编务繁忙，条件限制，他还是竭尽全力把《红星》报办成了红军一流的报纸。为使报纸适应部队建设的需要，加大信息量，及时反映红军的战斗生活，努力体现《红星》报的办报宗旨——“加强红军里的一切政治工作，包括党的、战斗员，群众的、地方工农的工作，提高红军的政治水平线、文化水平线，实现中国共产党苏区代表大会的决议，完成使红军成为铁军的任务。”从 1933 年 8 月至 1934 年 9 月，在邓小平担任《红星》报主编期间，报纸一共出版了 70 多期。

《红星》报的编辑部在白屋子，军委印刷厂在乌石垅，相距三四里路。每期稿子编好后，先要送到印刷厂；工人们排好版后，再把小样拿回来校对。校对时，邓小平一丝不苟，极为认真。由于印刷厂的设备陈旧简陋，铅字不够用。邓小平出了个主意，在用大号铅字印标题时，遇到缺字就用四个小号铅字拼在一起，使其大致相当一个大字。像“战争”的“战”字，“故事”的“故”字，“烈士”的“烈”字等，很多都是这样印上去的，保证了版面的统一美观。

《红星》报许多遒劲有力的手写标题，都是邓小平挥笔写就，由别的同志在木头上精心刻下字模，再印到报纸上去。这些标题端庄工整，非常醒目，具有鲜明的特点，一般读者能很容易地辨识出来。它们开始出现在 1933 年 8 月以后的《红星》报上，到 1935 年 1 月以后便消失了。这是邓小平留给《红星》报的一个明显标记。

邓小平努力把《红星》报办出自己的特色。他用长期在党和军队搞政治工作的丰富经验，以其敏锐的观察思考能力和生动朴素的文字风格，对《红星》报从形式到内容进行了改革。他在《红星》报上先后开设了“列宁室”“军事常识”“军事测验”“卫生常识”“俱乐部”和“红板”“铁锤”“法厅”等专栏和文艺副刊17个。其中的“列宁室”是指导革命理论学习的，还开展过“战争问题”和“巴黎公社问题”讨论。“法厅”副刊是宣传革命的法律知识，报道受军法处罚的案件，这是我党我军最早的法制宣传。文艺副刊“俱乐部”则有“客家山歌”“红军歌曲”“猜迷语”等。《红星》报由于栏目众多，内容丰富，生动活泼，深受红军指战员和人民群众的欢迎。1933年10月《红星》报第9期，就刊登了后方群众写给前线红军的客家山歌：

一双草鞋一片心，
难为后方姐妹们；
穿上草鞋跑得快，
红军哥，赶快冲上南昌城。

《红星》报第15期接着发表了前线红军战士写给后方姐妹的山歌：

多谢姐妹一片心，
百万草鞋送我们；
穿上草鞋打胜仗，
同志妹，缴枪十万谢你们。

在艰苦的革命战争年代，人们称《红星》报是“一面大镜子”“一架大无线电台”“党和红军工作的指导员”和“红军俱乐部”。该报在当时红军队伍中的影响之大，受欢迎之深，由此可见一斑。

在邓小平的努力下，《红星》报内容丰富，形式活泼，在中央苏区为数不多的报刊中独树一帜，深受广大红军指战员和苏区群众的喜爱，仅在中央苏区的发行量就达到 17,000 多份，“红星报”成为一个家喻户晓的名字。

1934 年 2 月初，毛泽东、朱德、周恩来等来到瑞金的叶坪，为红军烈士纪念塔举行揭幕典礼仪式。典礼结束后，周恩来和前来参加典礼的邓小平谈话。临别时，周恩来送了一盏马灯给邓小平，以便他晚上写文章编报纸之用。对于周恩来的赠物，邓小平十分地珍惜，特地找来红洋漆，用笔在马灯油壶的底部写下了“1934 年邓小平用”几个字。这盏 67 年前邓小平使用的马灯，经历了战火纷飞的革命年代，如今已成为邓小平创办《红星》报的历史见证和珍贵的革命文物。

向毛泽东约稿

《红星》报是中央军委的喉舌，必须让红军指战员和苏区群众及时通过《红星》报，了解红军统帅部的精神和意图，这是办好《红星》报的关键所在。因此，邓小平特别注意争取党中央和军委领导人的重视和支持。

当然，作为主编的邓小平为报纸写的文章是最多的。《红星》报许多没有署名的消息、新闻、报道乃至许许多多重要的文章、社论，都出自他的笔下。几十年之后，邓小平女儿毛毛曾把中央档案馆汇集的《红星》报拿给邓小平看，请他辨认哪些文章是他写的，邓小平一挥手，说：“多着呢！谁还分得清楚！”

邓小平从内心深处敬佩毛泽东的军事谋略和战争指挥艺术。当时，毛泽东被撤销了在红军中的领导职务，许多人对毛泽东避犹不及，用毛泽东的话说，那时候是“鬼都不上门”。然而，邓小平不是那种明哲保身的人，那不符合他的个性和为人。他钦佩毛泽东的雄才大略，要通过报纸，让红军指战员们听到他们热爱的总政委毛泽东的声音。

编完改版后的《红星》报第1期之后，邓小平就去向毛泽东约稿。邓小平办公的白屋子和毛泽东居住的沙洲坝隔岗相望。一天晚饭后，忙碌了一天的邓小平沿着逶迤曲折的田间小路，来到几里外的中央人民政府所在地——元太屋毛泽东的住处。

毛泽东正坐在大樟树下的石板凳上专心致志地看书，见到邓小平来访，他笑吟吟地起身让座，关切地询问邓小平的近况。邓小平简单地作了回答，告诉毛泽东，自己正在主编《红星》报，希望他为报纸写一篇有关红军攻城作战的文章。

邓小平对毛泽东说："主席，今天我来这里，就是想请您为我们的《红星》报写一篇关于红军战斗事例的文章，不知主席有没有时间？"毛泽东故意问道："我写的东西与有些人的想法不一致，你这个主编就不怕？"

邓小平知道毛泽东话中的意思，便坚定地说："您敢写，我就敢用，有什么可怕的！"

毛泽东沉思了一会说，井冈山的几次主要战斗，已用红四军前委的名义向中央作了报告，几次反"围剿"的经验，你们也早熟悉了，全军指战员也已经运用成功了。不过，1930年吉安一仗的战例倒可以说说。

"好，你明天就来取稿！"毛泽东慨然应诺。

1933年8月13日，《红星》报第2期第4版"红军故事"栏目里，邓小平用了一个整版的篇幅，发表了毛泽东以"子任"为笔名撰写的《吉安的占领》一文。

《吉安的占领》

子　任

事情是打吉安。打了八次了，现在是第九次。时间是一九三〇年十月四日。这一天月亮儿还没有落尽的时候，我们的队伍已经开进了。真君山方面打响了，这是城的西北角上，接着城的北部螺子山打响了，我们的四军就开展在这两个方面。神冈山方面也接触了，这是城的南部与西南部，部队是我们的第三军。我们包围了吉安。晚上看不见的红旗一到东方的红日涌出来的时候，一齐都看见了。剧烈的步枪声、机关枪声、迫击炮声比过年打鞭炮还要热闹。很多的红旗发现在第二线，这就是无数万的赤卫军与少先队，人都伏在地上，因为敌人炮子的射击超过了我们赤少队的头上。天上有什么东西响动了，没有一分钟，就发现了敌人的红尾巴飞机，我们总司令部的阵地附近落下了几个大炸弹，人却没有伤一个。为了争夺真君山的阵地，剧烈的战斗在那里开展了。螺子山的队伍的一部分，从敌人的薄弱点打进城去了，可惜又退了回来，这是因为敌人在西南部阵地调动了一部力量，向我们举行反攻。打了整个的一天。我们的十二军赶到了，加强了城西的阵地。天黑了，战斗有一时间的休息，我们准备着夜战解决敌人，打进城去。

敌人的头子，叫做邓英，当我们红三军第八次攻吉不成的时候，南京狗政府曾下了一道褒奖他的命令，说他得到了“剿匪”的第一功，他也就趾高气扬起来，以为我邓大哥不但是高超过杨池生杨如轩李文彬以至朱培德那些头子，并且比起当今“剿匪”总指挥张辉瓒，坐镇南昌的鲁胖子也要威风得一二倍，喝酒呀！调堂呀！在土豪劣绅资本家以及牧师神父面前拍胸膛，称好汉呀！这些土豪劣绅资本家牧师神父们，居然信以为真，以为一面有了邓军阀的壮胆的演说，一面又确实看到了吉安城防的巩固——堡垒、壕沟、铁丝网，这些限制红军铁拳的宝贝，大概一定可以多活几天了。不料红军忽然来了这么一个大规模的包围与猛攻，四号这一天，确实把一切军阀资本家土豪劣绅牧师神父们的狗胆都骇破了，街上乱钻的都是人，一时说南门来了，往北门奔，一时说北门来了，又往南门奔，当着螺子山一部分红军真的打进来了的时候，全城更加作起反来。城内的工人群众在这一天却另有一种特别的兴奋，许多都抓紧了拳头，只等一个时候，就好打反动派。邓军阀的命令下来了，说的是不准一个人到河边去，连资本家土豪劣绅牧师神父都在内。河边上站立了拿枪的军队，河内一切的船只集拢在码头旁边的一块，任何一个土豪跪向邓军阀面前，要求坐个船逃命也不能，真的小军阀邓英大有与吉安城共存亡的样子。

乌黑的晚上，红军举行新的攻击了，从真君山打了进去。那邓军阀自己带领他的队伍的一部分，都从河里溜掉了，一部跑不脱缴了枪。一个土豪劣绅资本家牧师神父都没有跑掉。吉安城就从这一刻起，落到了红军与苏维埃的手里了。底下就是第二天红旗子的群众大队伍进城，共产党机关与地方苏维埃机关也进城了，城内的工人及无数的贫苦群众都跑到街上热烈地来欢迎红军。这时候大捉土豪劣绅牧师神父与反动的资本家，就像捉猪捉羊一样，这里牵了一路，那里锁了一串，接着就是以后许多日子不断的群众大会呀！扩大红军呀！工人的代表大会呀！苏维埃大会呀！共产党大会呀！各县群众来看红色的吉安呀！轰轰烈烈，把个吉安城成了新世界。

根据红军负责同志的意见，此次占领吉安的教训是在：

（一）反对了立三路线的主张（反对打吉安，主张打九江，他们说先打吉安，后打九江，是断送中国革命高潮），才把吉安占领的，这次的占领吉安，是有极大的政治上意义，他不但在全国有极大的影响，并且与后来克服ＡＢ团，暴动的富田事变，与争取第一次革命战争胜利有直接意义。因为吉安的占领，给了ＡＢ团首先一个政治上的打击，同时吉安四十天的占领，给予进攻的敌人以精神上与物质上的极大损失。

（二）此次攻吉战役军事上是有缺点的，如兵力没有完全集中就进行攻击，那时集中了的只有四军与二十军，三军还没有完全赶上，十二军还差一天路，都是陆续地进入吉安城的阵地。如果迟一天攻击，整个一军团的部队都集中，就可以举行同时包围，同时攻击，不至于当着四军的一部打进城去了，敌人还能从城西调动队伍举行反攻，把我们入城的部队打了出来，使我们不能在四号的白天把邓英全部俘虏，这是一。再则，三号晚的夜间攻击计划，也是不适当的，因为这是阵地战，敌人有坚固的工事，红军地形不熟识，应该经过开进与侦察的阶段，才能适当地布置兵力，选择攻击点，不至于把部队摆上了阵地，发觉不适当，也无法改变，要到四号晚才能从新来一个配备，这也是白天未打进去，不能把邓英全部消灭的一个原因。还有三军团的使用不放在吉水、峡江，而放在离吉安很远的清江，以致邓英能够坐船逃跑。这些军事上的缺点与错误，都是从轻视敌人这个观点来的，以为敌人只有四团，费不了我们许多力量，由于这个错误观点，所以给敌人大都跑掉了，这是一个好的教训。

毛泽东在《吉安的占领》一文里，详细地回顾了红一方面军1930年10月4日成功地占领江西吉安的全过程，深刻地总结了攻吉战役的重要经验。文章通篇贯穿了“集中兵力歼灭弱敌”等运动战、游击战的军事思想，与当时“左”倾领导人硬拼蛮打的错误军事指挥形成了鲜明的对照。《吉安的占领》一文，以轻松活泼的笔调，绘声绘色地叙述了红一方面军攻打吉安的战斗场面，赞扬了红军指战员勇猛作战的精神。毛泽东在总结吉安战斗的经验时，特别提到，这次作战之所以成功，第一条就是反对了立三路线的主张。那时立三路线统治下的中央是要红一方面军去攻打中心城市南昌、九江的。如果照他们的话去做，就不会有攻吉作战的胜利。

毛泽东撰写此文时，这位红军和中央苏区的主要创始人，已被“左”倾领导人完全排挤出党和红军的领导岗位，只保留中央人民政府主席一职；但是，毛泽东仍然关心党和军队的工作，关注《红星》报的出版。身处逆境的毛泽东，只能用这种方式表达对“左”倾中央极力推行进攻路线、与敌人硬拼的不满。

毛泽东的文章一发表，立刻在红军广大指战员中引起了强烈反响。打所谓“正规战”吃了很多苦头的广大红军指战员，纷纷怀念起“游击专家”毛泽东，盼望他早日回到党和红军队伍的领导岗位上来。尤其是那些从井冈山上走下来的老战士，更加怀念在毛泽东指挥下屡战屡胜的岁月。

不久，邓小平又特意编发了一个红军团长写给毛泽东的信。信中这位害了痨病、生命垂危的红军团长说：“人人都有一死，总要死得光荣，我由南昌暴动参加红军数年来，不能光荣地死在战场上，反而病死在后方的床上，这是我当红军以来最不幸的一件事。”他向毛泽东请示，自己不能去前方为苏维埃流最后一滴血，反而得到政府的优待，心中很是不安，请求从他每月的休养费中扣除一元钱，并将 1933、1934 两年政府发给的公谷费交公，用这笔钱充作战争经费。这封感人至深的信，充分说明了毛泽东在广大红军战士中的崇高威望。

1934 年 8 月 1 日，毛泽东为《红星》报亲笔题词：敌人已经向我们的基本苏区大举进攻了。我们无论如何要战胜这个敌人。我们要用一切坚定性顽强性持久性去战胜这个敌人。我们这样做一定能够最后的战胜这个敌人。最后的胜利是我们的。英勇奋斗的红军万岁！

1934 年 8 月 20 日，周恩来在《红星》报上发表文章《新的形势与新的胜利》，他在文章说：“红军必须时刻准备着全部出动，去同日本帝国主义作战”。并暗示中央红军准备撤离中央革命根据地。

红军战士的良师益友

《红星》报的主要读者群是广大红军指战员。绝大多数红军干部、战士都是出身贫苦的农家子弟，文化水平不高。要让报纸发挥应有的作用，必须首先让战士们能够读得懂，感兴趣。

为了适合不同层面读者的需要，在邓小平任主编期间，《红星》报共开辟了十多个专栏。“党的生活”“列宁室”着重反映政治思想理论建设；“扩大红军”“红军生活”“红军家信”“红军纪律”反映红军生活和工作；“群众工作”反映军民关系，介绍开展群众工作的方法；“军事常识”“军事测验”通俗地介绍战略战术方面的知识；“卫生常识”介绍常见病、多发病和战场救护等卫生医药知识；“法厅”和“铁锤”则是专门用于揭露和批评那些消极落后现象的。报纸还注重插图的运用，评论、新闻甚至理论文章也常常配有漫画或图画，图文并茂，引人入胜，增强了视觉效果。

《红星》报上发表的文章一般都短小精悍，通俗易懂，有的短讯只有寥寥数语。如在第 25 期上以《一颗子弹要了两个敌人的命》为题，刊载了一个小故事。故事说：某团一营三连战斗员张保元同志，得胜关战斗中，他在阵地上看见敌人冲来，不慌不忙，瞄准一枪打去，两个冲上来的家伙，同时呜呼哀哉，张同志真是好射手！通共才二百来个字，却极为生动传神地刻画出红军战士的高大形象。像这样的故事，几乎在每期报纸上都有。

《红星》报的第 52 期有篇《反对老婆拖尾巴》的文章。说福建补充团十一连的曾保子，是一位入伍不久的新战士。他的妻子丘二嫂对丈夫的行动不理解，跑到该连诉说家中困难，一定要他回去。但曾保子当红军的意志非常坚决，不肯回家。于是丘二嫂以离婚相要挟。连长立即召开该连军人大会，大家一起做丘二嫂的工作。在大家的耐心说服下，丘二嫂最终认识到自己的不对，表示不再拖丈夫的后腿。曾保子坚决当红军的态度，受到大家的一致称赞，决定奖励他光荣帽子和面巾各一件。

为了推动战士们学习军事知识和文化知识，邓小平常在“军事测验”和“小玩意”栏目里，刊登一些内容浅显的测验题，并向读者征求答案。

该报第31期的“小玩意”栏目中，刊出了这样一则算术游戏：某次战斗中，某连有一二两排，每三个人缴得一杆枪，第三排每个人缴得三杆枪，全连人数100人，共缴得100杆枪。问题是：第一二排合共几多人，共缴得几杆枪？第三排多少人，缴得几杆枪？在第35期上登出了答案，第一二两排共75人，缴得25杆枪，第三排25人，缴得75杆枪。

像这类看起来很简单，但贴近战士生活、切合战士的文化水平和接受能力的小题目，很能激起战士们的兴趣，提高他们的学习热情。一位在红军彭杨学校工作的读者就曾给编辑部来信说：“《红星》刊物登载的各种作品，的确引起了我们热烈研究和注意；军事测验问题更适合一般战士的要求，因此我们在课余时间，常向学生讲答，收到了相当效果。”

在丰富和活跃军营文化生活方面，《红星》报也起了很好的作用。邓小平利用“俱乐部”“猜谜语”“山歌”“红军歌曲”等栏目，刊登了大量歌谣、活报剧，以及各种游艺稿件。第30期就刊出了郭化若供稿的谜语：“一个小孩子，满身是格子。头发特别长，身体硬死死。一离人手中，能飞几十米。粉身杀敌人，声音大无比”，猜一个军用品。

第31期上登出了谜底，是麻尾手榴弹。战士们在紧张的战斗之余，读到这些生动有趣的内容，自然会感到轻松和愉快。

在文艺副刊上，邓小平还编发了许多脍炙人口的诗歌、山歌。《红星》报第9期上刊登了一个名叫秋香的兴国少女唱的山歌，歌词美丽动人：

哎呀来！一双草鞋千万针，难为后方姐妹们，穿上草鞋跑得快，红军哥！赶快冲上南昌城。

哎呀来！红军哥哥仔细听，莫负我们这片心，冲锋追击要拼命，红军哥！个个要学东方军。

哎呀来！个个都像东方军，才称后方姐妹心，暮暮朝朝望捷报，红军哥！捉几个师长送我们。

为了密切前后方的联系，激励红军将士的杀敌斗志，邓小平在报纸上发表了许多红军战士的家信。这些信既有妻子写给丈夫的，也有父亲写给儿子的，还有弟弟写给哥哥的。款款深情浓缩在短短的家信中。

邓小平还以《红星》报的名义，大力提倡前方将士多写信给家乡的亲人。他特意在《红星报》第22期（1934年1月7日出版）以“你应该写一封信回家”为题，专门刊出一则启事，号召每个红军战士，在逢年过节时每人要写一封信回家。小小《红星》报成为联系前方将士与后方亲人的纽带，架起了一座感情交流的桥梁。

在《红星》报的周围，邓小平组织起了一支阵容齐整、水平很高的通讯员队伍。在这支队伍里，既有党和军队的各级领导，也有基层连队的普通干部战士。罗荣桓、袁国平、彭加伦、罗瑞卿、肖华、张爱萍、向仲华、张际春、舒同等红军干部都是积极写稿的通讯员。大约五百多人的通讯员队伍，不仅保证了《红星》报的丰富稿源，还为红军培养了一大批宣传骨干。

长征路上的“精神食粮”

1934年秋天，前线的战事越来越吃紧。就是在瑞金，也能听见远处轰轰的炮声，前线失利的消息一个接一个地传来，压得人喘不过气来。

1934年9月下旬的一天，正在编辑《红星》报第67期稿件的邓小平突然接到通知：《红星》报停止出刊，准备战略转移。几天后，《红星》报编辑部随总政治部迁移到云石山的田心村。总政治部领导告诉邓小平，编辑部随总政机关一起，编入中央第一野战纵队第二梯队，代号为军委“红星纵队”。

10月10日晚，朦胧的夜色已经降临，凉爽的秋风已挟带着些寒意。邓小平随“红星纵队”踏上战略转移的万里征途。随身携带的只有那些没来得及编发的稿件，再就是一些必备的书籍和文房四宝。这些都是他须臾不可离的心爱之物。与他相伴左右的，是请人挑着的两只箱子，里面装的是蜡纸、油墨、纸张等。随着长征的开始，中共中央和中央政府办的《斗争》《红色中华》等刊物相继停刊，坚持出版的报纸只剩下《红星》报一家。

每天都是频繁的行军作战。一到宿营地，邓小平顾不上休息，便立刻铺开摊子忙碌起来。他和手下的两三个人，又是听取军委领导指示，又是搜集各军团的战况，既要采编稿件，又要亲自动手写社论，接着是刻版，油印，忙得不亦乐乎。10月20日，仅仅十天，开始长征后的第1期《红星》报，就带着芬芳的墨香传到广大红军指战员的手中。

在这期报纸上，占据头条位置的就是邓小平撰写的社论《突破敌人封锁线，争取进攻敌人的初步胜利》。格外有力的手写体标题，是他直接刻在蜡纸上的。邓小平在文章中指出：“红军一年多的五次反‘围剿’战斗，虽然取得了屡次部分胜利，但这些胜利未能阻止敌人向基本苏区进攻，为此，红军必须突破敌人的包围圈去开辟新的苏区。这就是说消灭南面的敌人的乌龟壳，突破敌人的封锁线，争取反攻敌人的初步胜利。”这些铿锵有力的文字，鼓舞着撤退中的红军战士重新振作起勇气和信心。

环境越艰苦，政治工作越不能放松。几天之后，邓小平编发了一期单页的《红星》报号外，以编辑部的名义号召红军指战员自觉遵守三大纪律八项注意，努力创造争取群众工作的模范连队。在通过湘黔交界的瑶族、苗族聚居区时，邓小平在《红星》报上发表了《关于瑶苗民族中工作的指示》，要求部队严格执行党的民族政策和群众纪律。

1931年至1934年，王明把持着中央的领导权，在党内推行“左”倾机会主义路线，反对毛泽东的建军思想，忽视党内干部教育和群众利益，造成党内部分同志纪律松懈，违犯群众纪律的现象，在红军队伍中时有发生。为了加强党的组织纪律性，教育党员干部和红军指战员，保护群众利益，1934 年 11 月 7 日，《红星》报在这天出版了长征途中唯一的一份号外报。这张号外报的与众不同之处，在于它不是报道重大新闻和消息，而是刊登了加强党和军队组织纪律性的内容。全文如下：

《红星》报号外

本报号召创建争取群众工作的模范连队为着保持红军的阶级纪律和与群众密切关系，取得群众的同情与拥护，实现赤化白区的任务，本报提出下列号召：

(1) 不乱打土豪，不乱拿群众一点东西；

(2) 不私打土豪，打土豪要归公；

(3) 损坏了群众的东西得赔偿，借群众的东西要送还；

(4) 不强买东西，买东西要给钱；

(5) 完全做到上门板、捆禾草，把地上打扫干净；

(6) 实行进出宣传。进入宿营地时，要向群众做宣传，出发时要向群众告别；

(7) 保持厕所清洁，不要随便屙屎，宿营时掘厕所。

我们要求各连队用革命竞赛的方式来完成上列各项工作，创造争取群众工作和红军纪律的模范连队；大家起来向破坏红军纪律的坏蛋作斗争。这是在保持红军纪律上争取群众工作上最低限度的要求，各级政治机关负责组织和领导这一竞赛，并向本报常通信。

如今，《红星》报的这份特殊号外，已成为十分珍贵的革命文物，在中国新闻史上留下了光辉的一页。

邓小平注重通过表彰英雄模范人物，来鼓舞红军士气，激励斗志。11月25日出版的《红星》报第5期，以《这样坚决勇敢的支部书记，我们应该学习他》为题，发表了一则消息：第一连支书朱锡标同志，在这次南岭战役中，表现了坚决勇敢的作风，真正为苏维埃流尽最后一滴血。当敌人冲锋到四五十米时，他第一个跑到最前面掷手榴弹，阻挡住敌人，掩护了全营安全撤退，而朱锡标同志也就光荣地牺牲在枪林弹雨之中！我们每个红色战士，都应继续朱同志这次坚决勇敢的精神，来彻底粉碎敌人的“围剿”！

红军每前进一步，都要付出血的代价。湘江一役，中央红军损失大半，元气大伤。全军上下对博古、李德的不满情绪变得越来越强烈，大家热烈地期望毛泽东能够重新领导红军。在1934年12月召开的中央政治局会议上，博古等人不得不同意毛泽东的建议，确定放弃原定与红二、六军团会合的计划，改向以遵义为中心的川黔边区前进。邓小平敏锐地注意到党中央在战略方针上的变化，在《红星》报上及时地进行了宣传。强渡乌江是中央红军进入贵州后的第一个重要战斗。邓小平在《伟大的开始》这篇前线通讯中，详细报道了强渡乌江的作战经过，热情讴歌了红军战士勇敢机智、视死如归的英雄气概。在同期报纸上，他还及时编发了黔北地区的人民群众拥护红军、欢迎红军的消息。这期报纸在红军战士中引起了巨大的反响，大家争相传阅，欢欣鼓舞，从中看到了新的希望。

长征开始后，由于险恶的军事环境和长途转战，在中央革命根据地时期由中共中央主办的机关刊物《斗争》、由中华苏维埃共和国临时中央政府主办的机关报《红色中华》，先后停办，《红星》报成为当时我党我军主办的唯一能正面宣传报道长征、记载长征历史的原始报刊。在此情况下，作为独家记载长征历史的唯一原始报纸，《红星》报从1934年10月20日至1935年8月，特意出版长征专号28期，对长征中有关重要历史，做出弥足珍贵的原始记载。

1934年，《红星》报在“长征专号”第七期第2版中，对黎平群众大会的真实情况作了专门报道。

1934年12月14日，中央红军攻占黎平城，这是中央红军长征入黔后攻占的第一座县城。听说红军要来，黎平城里的穷人们都高兴。为了迎接红军入城，由商人张一之、屠夫钟敬斋、鞋匠刘八元、穷人张月卿、小贩王华堂、艺人周花脸等人出面，分头组织群众赶制小旗，筹买鞭炮等。

随后，张一之、钟敬斋等带领群众百余人出城数里迎红军。骑在马上的周副主席等红军首长们走到欢迎人群前，立即下马，笑哈哈地与钟敬斋、王华堂等人一一握手，挥手向欢迎的人群频频致意，亲切问候。百姓们群情激奋，使劲挥旗，振臂高呼：“欢迎红军！”“欢迎共产党！”红军也高呼口号，向群众致意。顿时，鞭炮声、口号声、欢笑声汇成一片，响彻黎平城上空。留在城里的群众也没有闲着，男女老幼立于家门口，或站于东门街等主要道路两旁夹道欢迎红军，有的燃放鞭炮，有的烧茶送水，有的振臂欢呼，场面颇为热闹！

家住城关的王光文老先生说，中央红军进黎平城时，他刚进11岁。由于不太懂事而不知害怕，不仅未离城进山去躲，反而出于好奇和新鲜，几天里在街上走来走去看热闹，偶尔还会有些收获。有一天他在红军住的地方看热闹，一个红军指战员对他说：“小鬼，吃块糖吧！”然后就递给他一块2寸左右的红片糖。

中央红军入城后，为了更好地发动群众，红军总政治部宣传部会同地方工作部于17日在黎平城关荷花塘，召开群众大会。会场搭着主席台，台前铺着若干张晒簟，上面是堆积如山的土豪浮财。用棕绳隔成三部分，左边堆着十几头宰了的肥猪，几个屠户提着刀站在侧边等候吩咐以便割肉；右边堆着几大堆衣物，几个红军在那里守着；中间台子上面放着二三十个大竹篓子，里面装满谷子、大米、点心、花生、瓜子、家庭日用品、农具等。

群众大会主要做了五件事：

第一，分别由红军总政治部宣传部部长兼地方工作部部长潘汉年等有关负责同志讲演：讲红军的性质、宗旨、任务、纪律，红军西进的意义；讲消灭剥削压迫，打土豪分田地，闹翻身求解放的革命道理；号召外出的人家尽快回家，安心生产；驳斥国民党污蔑红军“共产共妻”“杀人放火”的反动宣传；号召外逃的政府职员恢复正常工作。

第二，向群众宣读或散发了《中华苏维埃共和国宪法大纲》《中华苏维埃共和国土地法》《中华苏维埃共和国劳动法》《中国共产党中央委员会告民众书》《告白军士兵兄弟书》《关于中国境内少数民族问题的决议案》《革命歌谣选集》《出路在那里》等革命文件与宣传品。

第三，斗争了官僚地主赵辅臣、张松生和地主富豪朱信昌、张凤占、赵伯广、张沛先、倪亮青、易绿山、韩青倪等二十余人；根据群众的要求，红军公审和处决了罪恶累累、民愤极大的团防局军需兼城中区区长蒋维儒等人。

第四，将上述官僚和劣绅张松生（谷商）、胡荣顺（大商人大高利贷者）、朱良臣（大木商）等人的银元、粮食、被条、衣服、布匹等浮财，按甲、乙、丙三等分给群众，救济贫苦群众。事前红军对城里群众的经济状况进行了调查，分配时先分给最困难的群众。张月卿为甲等，分得棉被 1 床、衣服 3 件、谷子 400 斤、猪肉若干斤。贫农张清也是甲等，分得 300 斤谷子、麻线和一些土布。贫农胡邹氏分得猪油几十斤。贫农陆李氏分得猪肉若干斤、衣服数件。贫农蒋维平分得棉衣1件、锅1口、箱子1只，肉和糖各若干斤。小贩晏志贵、易治大等也分得不少东西。李老奶等人在分配时，因年老体弱拿不动，红军还亲自把所分配的东西送到家里。在分配财物时，还允许群众挑选。群众分到东西后都非常高兴。易治大还跑到台上讲了话，感谢红军替穷人做主。

第五，宣传和呼喊了抗日类革命口号。如“红军是民众抗日的主力军！”“成立全国民众反日战争的民族统一战线！”“没收土豪劣绅的土地分给劳苦群众！”“打倒土豪分田地！”“农民起来实行土地革命！”“政治上经济上苗人侗人与汉人有同样的权利！”“苗人下山与汉族人民共同打倒帝国主义国民党军阀！”等。

家住黎平县城张家巷的杨胜高对红军当年分给他家的那几斤粮食、三个碗和一套衣裳，至今都印象深刻——“开会时间不长，分东西的时间可长了！”当时他只有四五岁。家住黎平县城东门外东关村的谢梦红捧着一个白色的树脂盘子，说着“红军碗”的动人故事：1934年12月，谢家在红军打土豪、分田地时分到的财物中，有一个被全家视为珍宝的树脂盘子。红军离开黎平时，谢常运怀揣这个盘子把红军送出几十里地。返回时，一个红军指挥员送给他一张写着“红军一定会帮助侗家人过上好日子”的条子。为了纪念这段难忘的往事，他给刚刚出生的儿子取名为“谢梦红”。后来，谢常运成了黎平县解放初期最早入党的农村基层干部之一。黎平人民至今还传唱着当年欢迎红军进城，以及召开群众大会情景的歌谣：

土豪劣绅怕丢命，连夜逃出黎平城；争先恐后忙不住，鸡狗无主满街奔；我们穷人胆子大，不信谣言吓唬人；一齐来到东门外，香花蜡烛迎红军；香烟飘上半天去，爆竹锣鼓响沉沉；进城三天开大会，大洋银毫分穷人；猪肉大米和衣服，各色布匹花眼睛；老老少少都分得，生活美满笑盈盈；古来只有富人好，今天穷人得翻身；朱毛恩情深似海，黎平穷人记在心。

1935 年 1 月 1 日至 3 日，红军突破乌江天险，是长征中的一次重要战役。1 月 15 日出版的《红星》报长征专号，对突破乌江天险战斗做出三个层面的纵深报道：第一个层面是在《伟大的开始——1935 年的第一个战斗》这篇“前线通讯”中，详细报道红军强渡乌江的作战经过。第二个层面是总结出这次战斗的三点成功经验：一是战斗动员充分，提高了全体战士的战斗情绪。二是干部以身作则，一营营长罗有保、三连连长毛正华等干部率先过江，首先驱逐对岸敌人。三是火力能和运动配合，轻机枪炸弹能适当使用。第三个层面是刊登《军委奖励乌江战斗中的英雄》名单，对强渡乌江战斗的英雄罗有保、王海云、钟锦文、江大标等 20 多名干部和战士登报予以表彰，以此激励全体红军官兵继续英勇作战。

红军取得抢渡大渡河胜利后，1935 年 5 月 30 日出版的《红星报》长征专号第 18 期，用《我们已经胜利的渡过了大渡河——四个团的英勇战绩》的大标题，分别报道了红一团、红三团、红四团、红五团抢渡大渡河

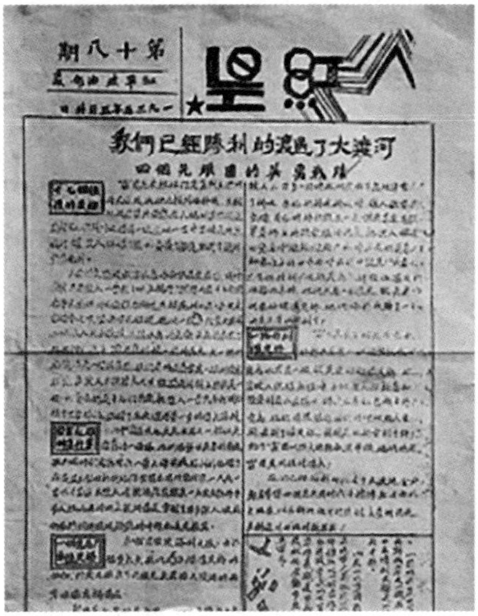
第十八期

紅星

我們已經勝利的渡過了大渡河

四個先頭團的英勇戰績

的主要战斗经过。在《十七个抢渡的英雄》的报道中写到，红一团是“此次担任经冕宁到大渡河的先遣团，他们自接到任务后，不顾任何疲劳与困难，每天总以最强的速度赶路，临到河边的前一夜，更以一百二十里的急行军，进行夜袭敌人，占领了渡口，夺取了船只，取得了渡河重要条件。”对红军其他 3 个团在抢渡大渡河战斗中，分别出色完成各自承担的军事任

务及取得的战绩,《红星》报也作出相应报道。

红一方面军与红四方面军胜利会师，是长征中具有重大政治和军事意义的事件。《红星》报从长征专号第20期到第26期，连续7期用大量篇幅，为红一、四方面军会师营造团结的舆论氛围。两支部队会师前《红星》报长征专号第20期就发出号召，要求红一方面军“各级政治机关即行准备与会合时的联欢晚会”。为加深两支部队广大指战员相互了解和团结，长征专号第22期专门同时开辟“学习红四方面军以少胜多的顽强战斗精神!”和“发扬红一方面军机动灵活猛打猛追的特长!”两个相辅相成的对等专栏，对两支红军主力部队各自辉煌历史做出介绍。该期报纸还刊登《一片阶级友爱的热忱》一文，报道了红一方面军为慰劳红四方面军慷慨解囊、积极捐款捐物的典型事例。接下来长征专号第26期，又发表《兄弟的友爱，阶级的团结》一文，报道红四方面军“热烈的慰劳”红一方面军的情况。在做出上述两方面相互对应的报道后,《红星》报发表评论指出:“这是阶级友爱的热情，这是阶级团结的精神，这是我们的力量，我们野战军（指红一方面军，引者注）和四方面军的同志将依靠着这种力量很有配合的作战，不断的取得伟大的胜利。”上述宣传报道为促进两支红军部队会师后加强团结，无疑起了很好的作用。

红军长征胜利离不开人民的支持，特别是长征途经的许多地方又是少数民族地区，因此《红星》报十分重视宣传红军的群众纪律以及民族政策，以此密切军民关系、加强军民团结。红军取得遵义战役胜利后，遵义地区仁怀县群众掀起拥护和慰劳红军的拥军热潮,《红星》报发表《仁怀工农慰劳红军》一文，就此做出如下原始记载:“我红军进到仁怀县城时，仁怀的劳苦群众派了代表五十余人，其中一半是工人，抬了肥猪三只、茅台酒一大坛，送到总政治部慰劳红军。”面对仁怀县群众主动前来慰劳红军的热情，红军“总政治部派了代表答谢了他们的慰劳，并详细说明红军的主张，随即把肥猪烧酒连同打土豪打来的东西，分给当地群众，并且抚恤被国民党飞机轰炸的人民，欢声雷动，盛极一时。”红军进入湖南及云贵川边界地区后，《红星》报及时发表红军总政治部《关于瑶苗民族工作的原则指示》。随后红军进入四川凉山彝民聚居区后，《红星》报又发表《注意争取彝民的工作》的社论，号召各部队“百倍努力争取彝民的工作，采用各种方法找寻他们的线索，与他们发生紧密的关系，抓住他们反军阀的热情，组织彝民游击队，团结他们在我们周围。”并要求每个战士送一件礼物给彝民，每个连队要主动开展与驻地彝民的联欢活动。

1935 年 1 月，具有伟大历史意义的遵义会议召开了。这次会议重新确定了毛泽东在全党和红军中的领导地位，结束了王明路线在党中央的统治。

在会议前夕被任命为党中央秘书长的邓小平，怀着极其兴奋的心情参加了遵义会议。会议刚一结束，他便在《红星》报上刊出了《中国共产党中央委员会与中央军委告全体红色指战员书》和《准备继续作战，消灭周纵队和川军阀》的社论，及时传达了党中央、中央军委的战略方针和遵义会议的重要精神。这两篇文章，有如激昂的进军号角，召唤全军指战员坚决拥护新的党中央的领导，准备迎接更加艰苦的战斗，努力争取新的胜利。

几天后，邓小平告别了他工作了一年半的《红星》报编辑部，接受党中央、毛泽东赋予的新的更加重要的任务。到这时，经邓小平主编的《红星》报已出版了 70 多期。

第七章　戎马太行山

中华民族是不屈不挠的民族，从先祖到子孙英雄辈出。

自 1868 年到 1945 年，日本帝国主义对中国进行了 77 年的侵略。在面临亡国灭种的紧急关头，中华儿女奋起抗争，“母亲叫儿打东洋，妻子送郎上战场”，舍生求死，前仆后继，热血男儿更是如此。

——题记

一腔热血的邓小平，青年时代的主题就是浴血奋战，那是中华民族处于亡国灭种的危急关头。

20 世纪，人类不会忘记发生在地球上的两次世界大战；抗日战争乃是中华民族刻骨铭心的记忆。然而，岁月的潮汐，能将完整的历史冲刷成鸿爪雪泥。英国牛津大学中国研究中心主任拉纳·米特在《中国，被遗忘的盟友：西方人眼中的抗日战争全史》中写道：“中国这个欠发达的贫困国家，抵抗住了日本 80 万高度军事化的精锐部队。此后 4 年，盟军在欧洲与亚洲两个战场同时作战，均获得胜利，其中中国的持久抗战功不可没。”“至今，外界对中国在漫长的八年抗战中所付出的高昂代价还没有一个全面的认识。”“这段中国历史不仅是被遗忘的同盟国的历史，也是同盟国中受战争影响最大的国家的血泪史。”

在很长时间内，人们对“八年抗战”的说法记忆深刻，但翻开历史就会清楚地看到，日本对中国的侵犯，绝不止是短短的 8 年。从 1931 年九一八事变到 1945 年日本投降，整整 14 年；而从 19 世纪 60 年代开始，日本对中国的侵略从谋划到入侵，长达 77 年。

时光老人告诉我们：

1868 年，日本就制定了谋图侵略中国、征服世界的“大陆政策”；

1874 年，日本侵占中国台湾；

1894 年，日本挑起“甲午战争”；

1900 年，日本出兵最多，组成八国联军侵略中国；

1906 年，日本侵占中国东北；

1914 年，日本侵占中国山东，提出灭亡中国的“二十一条”；

1927 年，日本出台《对华政策纲要》，加紧对中国东北掠夺；

1931 年，日本挑起“九一八事变”；

1937 年，日本挑起“卢沟桥事变”……

大地母亲告诉我们：在长达半个多世纪的漫长岁月中，日寇铁蹄踏遍了中国的黑龙江、吉林、辽宁、察哈尔、热河、绥远、北京、天津、内蒙古、山东、山西、河北、河南、安徽、江苏、浙江、上海、福建、台湾、海南、广东、广西、云南、贵州、四川（含重庆）、湖北、湖南、陕西、甘肃等 30 个省、市、自治区，践踏了大半个中国领土。不仅如此，日本侵略者的魔爪还伸到了苏联、朝鲜、韩国、菲律宾、马来西亚、新加坡、文莱、东帝汶、印度、印度尼西亚、泰国、越南、老挝、柬埔寨、缅甸、巴布亚新几内亚、所罗门群岛、密克罗尼西亚、马绍尔群岛、帕劳、夏威夷、关岛、塞班岛、中途岛、威克岛、澳大利亚、斯里兰卡……

父老前辈告诉我们：日本在中国使用了炸弹、刺刀，细菌、毒气等灭绝人性的武器，高压强求、威逼诱骗、阴谋诡计、明戮暗杀、操纵傀儡、赶尽杀绝、烧光杀光抢光等种种阴险毒辣的手段，无所不用其极。中国军民死伤3500多万，相当于日本全国人口的三分之一！日本侵略者反人类的罪行，惊心动魄，惊天动地，惊世骇俗，罄竹难书！

中华民族面临亡国灭种的危险，中国共产党人冲上了抗击日寇的第一线。邓小平就是勇往直前的冲锋陷阵者。

从1935年率领革命军队走上抗日前线，到1945年日本投降，整整10年，这是邓小平为中华民族的解放事业浴血奋战的10年，也是他作为无产阶级革命家、政治家走向成熟的10年。

组建战地总动员委员会

中国工农红军长征到达陕北的时候，日本侵略者的魔爪已经伸到了华北平原。

1937年8月22日，中共中央在陕北洛川召开了政治局扩大会议，通过了《关于目前形势与党的任务的决定》《抗日救国十大纲领》和毛泽东为此起草的宣传提纲《为动员一切力量争取抗战胜利而斗争》，确定了中国共产党在抗日战争中的战略方针和基本任务。

为了团结一切可以团结的力量进行抗日，在中华民族危亡的紧要关头，中国共产党和国民党第二次合作。1937年8月25日，中共中央发布了《关于红军改编为国民革命军第八路军的命令》，中共中央军委正式下达命令，中国工农红军改编为国民革命军第八路军，红军前敌指挥部改为第八路军总指挥部，朱德任总指挥，彭德怀任副总指挥，叶剑英任参谋长，左权任副参谋长，任弼时任政治部主任，邓小平任政治部副主任，下辖第一一五、一二〇、一二九三个师，开赴山西抗日前线。

毛泽东估计到华北抗战形势必将日趋恶化，他指出："整个华北战争应以游击战争为唯一方向……”并指示在日寇深入山西时，以八路军的三个师，分别深入太行山、吕梁山、五台山诸山脉建立敌后抗日根据地，作为开展华北游击战争，坚持长期抗战的战略基地。

太行山绵延700里，纵贯山西、河北、河南三省边界，西有吕梁山，北有五台山，南临黄河，东接冀鲁平原，具有重要的军事战略意义。山高林密，重峦叠嶂，地势险要，易守难攻，在华北历来是兵家必争之地。

一二九师的战略任务是深入日本侵略军占领区的后方，以太行山为中心，依托山区，并向平原发展，创建以太行山为依托的抗日根据地。

1937年8月下旬，八路军开始向华北挺进。9月初，邓小平随八路军总部出发东进，于9月23日抵达山西五台县，进入抗击日本侵略者的最前线。

根据中国共产党在抗日战争中的战略方针和《抗日救国十大纲领》，经过与阎锡山的多次谈判，中共中央军委副主席周恩来9月20日在山西大学正式宣告，成立“民族革命战争战地总动员委员会”，指派邓小平出任“民族革命战争战地总动员委员会”的八路军代表。

周恩来召见邓小平谈话，讲了北平失守、天津失守、石家庄失守的严峻形势，特别强调了日军正在步步逼近山西，太原岌岌可危，严肃地说：“党中央毛主席决定，迅速将我八路军三个师的兵力开赴山西，就是要抢在敌人之前，即使不能阻止日军进攻，也要叫日军不得安生。但光靠正规部队远远不够，还要实行山西人民、全国人民的总动员，要点燃全民族的抗日烽火。你出任动委会（民族革命战争战地总动员委员会的简称）的八路军代表，主要是为了加强中国共产党对这个组织的领导。你不需要驻会，要带领一支小分队深入下去，首先要在我军开进的地区同蒲线以东、正太线以北发动群众，从组织动委会入手，组织游击队，开展游击战争。这是关系到我军能不能在敌人强大的进攻面前站稳脚跟、打开局面的重要一步。”

中央军委的信赖和希望，使邓小平深感自己肩负的责任重大。在光荣而艰巨的任务面前，邓小平义无反顾，坚定地回答："请周副主席放心！"将这么重要的任务交给邓小平，中央军委是经过深思熟虑的。邓小平16岁参加革命，经过法国勤工俭学和莫斯科中山大学的学习，政治立场坚定，对革命富有热情；在第一次国内革命战争和红军长征期间，对军队工作和地方工作，稳健持重，脑筋灵活，办事果敢，有股百折不挠的劲头；主持八路军政治部的日常工作，积累了做艰苦细致的思想政治工作的实践经验。相信他能够把动委会的工作做得有声有色。

组织动委会，实际上就是在广大敌占区建立中国共产党领导下的拥有武装的、半政权半群众团体性质的革命组织。动委会既要发动群众、组织群众参加抗战，又要积极地开展游击战争。八路军总部立即召集会议，进行动员部署。邓小平明确了动委会的三大任务：第一，组织民众，武装民众；第二，减租减息，改善人民生活；第三，实行民主政治，扶植抗日言论出版、集会结社自由。同时对组织自卫队、筹集粮草、动员新兵、运送弹药、护理伤病员、铲除汉奸等具体工作做了细致的安排。

为了顺利地推进工作，邓小平抽调得力的干部组建了一批又一批宣传队，深入大大小小的村庄乡镇，走家串户，宣传鼓动，动员一切不愿做亡国奴的同胞，有人出人，有钱出钱，有粮出粮，有力出力，先在工农商学各界组织起工会、农会、商会、学生会、青救会、妇救会等抗日救亡团体，继而成立村镇县区的动委会。

邓小平夜以继日，呕心沥血。不到一个月时间，同蒲线以东、正太线以北的大部分县区都组织成立了动委会，不少地方还组织了几十人或者一二百人的游击队、自卫队、义勇队。当八路军一二九师开赴山西时，动委会开展扩军，组织联防，支援部队，发挥了重要作用。动委会实际上已成为战区建立抗日民主政权的雏形，在宣传抗日、组织武装群众、培养干部、开展游击战、创建根据地等方面，做了大量工作，显示了威力，为抗战胜利立下了汗马功劳。

粉碎九路围攻

1937 年 10 月 12 日，邓小平率领傅钟、陆定一等几十名干部，远离主力，到晋西南开展工作。邓小平率领的这支队伍，团结各界各阶层爱国人士，扩大统一战线，动员青年参军，发展党员，建立党的组织。他还亲自到一些村子巡视检查工作，进行新兵动员。由于工作深入细致，当地群众的抗日热情高涨，扩军工作搞得很有成效。仅孝义县，在不到两个月的时间内，就有 3000 多名青年参加了八路军。

11 月 8 日太原失守以后，八路军根据中共中央关于在晋西北、晋东北、晋东南、晋西南开辟局面的指示迅速行动。第一一五师一部在聂荣臻的率领下以阜平、五台为中心成立了晋察冀军区；一部在师长林彪的率领下南下晋西南开辟抗日根据地；第一二〇师在师长贺龙、政委关向应的率领下到晋西北开创根据地；第一二九师在师长刘伯承、政委张浩的率领下开始创建以太行、太岳山脉为依托的晋冀豫根据地。到 1937 年底，八路军在中共中央的统一指挥下，初上抗日战场便开创了抗日的新局面，成为中华民族抗击日本侵略者的一支坚强的武装力量。

朱德、刘伯承、邓小平在太行山

1938 年 1 月，刘伯承就任八路军一二九师师长，34 岁的邓小平任政治委员。一二九师根据党中央和八路军总指挥部的部署，进入山西上党，开始创建以太行山为依托的抗日根据地。从那时起，邓小平和刘伯承率一二九师深入日本侵略军占领区的后方，以太行山为中心，依托山区，并向平原发展，创建了晋冀豫抗日根据地。接着，又率部越过平汉铁路，东进冀南平原，开辟了冀南抗日根据地；还先后建立了太岳和冀鲁豫抗日根据地。

1938 年 1 月 18 日，邓小平在参加完中共中央北方局和八路军总部在洪洞县召开的中央军委华北军分区会议之后，即奔赴山西省辽县西河头村一二九师师部驻地就任，投入到了太行山的抗日烽火中，开始了和师长刘伯承长达 13 年的合作。他的军事生涯也由此进入了一个新的发展时期。

2 月初，蒋介石、阎锡山计划反攻太原。为配合友军作战，并牵制向晋南进攻的日军，刘伯承、邓小平根据八路军总部的命令，将分散活动的一二九师主力适当集中，任务是切断敌后方交通，配合友军行动。2 月 6 日，邓小平在辽县主持召开团以上干部会议。刘伯承在会上作了一二九师在太原失守以来的军事工作报告，邓小平把当时打仗的特点概括为 8 个字：秘密、迅速、坚决、干脆。

华北日军深感“该地的共军，扰乱我占领地区，其威势已不容轻视”。日军为了驱逐和消灭八路军的主力，解除对其后方的威胁，于 4 月初倾其全力分 9 路向晋东南地区大举围攻，妄图把我军主力“合击”消灭在辽县、榆社、武乡地区。日军所到之处，大肆烧杀抢掠。

为了击破日军的围攻，晋冀豫省委和一二九师师部召开了特委书记与各支队负责人联席会议，具体研究了反围攻斗争的有关事项。会议根据日军出动兵力多并处于攻势的特点，确定了动员各方面力量，开展群众性的游击战争，打退日军进攻的战略方针。会后，在各地党组织的领导下，抗日政权、群众抗日救亡团体，发挥了积极作用，组织了大批担架队、运输队，组织群众为抗日部队带路、送情报、破坏道路桥梁，提出了“清野空舍”的口号，动员群众在必要的时候搬走全部粮食，不留一粒米，赶走牛羊骡马，搬掉锅盆碗盏，拔出磨心，掩埋水井，以饿死敌人，渴死敌人。

八路军总部朱德、彭德怀针对日军围攻的企图，制定了以一部兵力牵制敌军多路，集中主力击破敌一路的反围攻作战总方针。刘伯承、邓小平奉总部命令，指挥一二九师主力，自辽县以南向东进至日军合击圈外的涉县以北地区袭击敌人，粉碎了日军合击八路军主力于辽、榆、武地区的企图。一二九师在同进犯的日军周旋时，于4月16日在长乐村一带向敌人发起猛烈攻击。长乐村之战，是粉碎9路围攻中决定性的一仗。我军重挫进攻长乐村的一路日军，其他各路日军见势不妙，纷纷回撤，我八路军乘胜追击。这是邓小平到一二九师后参与指挥的第一仗，首战告捷。随后，刘伯承、邓小平率一二九师在晋东南连续组织了响堂铺、神头岭等一系列战斗，三战三捷。

4月27日，邓小平和刘伯承率部进行了26天的反围攻作战，消灭日军4千多人，收复县城19座，最后将日军全部赶出了晋东南，从此，八路军在太行山站稳了脚跟，形成了雄踞太行的威势。邓小平组织部队发动群众，组织抗日武装，建立抗日民主政权，广泛开展游击战争，以太行山为依托的晋冀豫抗日根据地进一步巩固和扩大，并先后开辟和创建了太岳、晋冀豫和冀鲁豫抗日根据地。

1938年8月25日，邓小平从太行出发，赴延安参加中共扩大的六届六中全会。在会上，邓小平代表一二九师就抗战以来的经验作了发言。

居无定所的家

1939年，邓小平35岁。革命者也是血肉之躯，性情中人，他该有个家了。

一年前，邓小平到延安抗大作报告，邓发有意地介绍他与保安处训练班的卓琳结识。

卓琳本名浦琼英，云南姑娘，1937 年与大姐浦代英、二姐浦石英前后从北京来到延安，考上了延安陕北公学，后来又到中央保卫局保安处训练班学习。卓琳比邓小平小 12 岁，两人都属龙。

邓小平经常去前线，两人在一起的时间很少，但感情发展得很快，不久便双双坠入爱河。

1939 年 9 月初的一个傍晚，延安杨家岭。一轮明月高挂在晴朗的天空，五谷成熟的香气迷漫在山谷，漫山遍野的野菊花争鲜斗艳，延河水在不远处唱着欢快的歌。

毛泽东住的窑洞前的土坪上，一张张木板搭起了简易的桌子，长条凳围在桌子周围，桌子上摆了红枣、苹果、花生。来来往往的八路军干部战士笑语喧哗，喜气洋洋。邓小平和卓琳、孔原和许明两对新婚夫妇在这里举行婚礼晚宴。

没有花轿，没有礼服，甚至没有喜糖。两对新人穿着整洁的八路军军装，佩戴着红花，鼓掌迎接着前来祝贺婚礼的人们。

在延安的中共中央领导人都来祝贺。毛泽东和夫人江青来了，张闻天和夫人刘英来了，李富春和夫人蔡畅来了，刘少奇、博古等中央领导人来了。他们大声地说着，笑着，祝福两对新人百年好合，白头到老。

晚宴的菜品鲜艳夺目，金黄色的南瓜小米饭，碧绿的凉拌萝卜丝，灰白色的陕北土豆，还有当地酿造的米酒。参加宴会的领导、贵宾、新郎新娘，都是一身银灰色土布做的八路军军装。简朴而欢快的婚礼，显示着革命战友生死相依、乐观向上的豪情。

短暂的婚礼晚宴，既为两对新人祝福，也为即将奔赴抗日前线的邓小平和卓琳壮行。

婚礼一结束，邓小平就带着卓琳，和一支由八路军战士、记者、学生组成的队伍，奔向了太行山抗日根据地。没有新房，也没有蜜月。硝烟弥漫的战场上出生入死，几乎是天天行军打仗，邓小平和卓琳分多聚少。直到1940年12月，百团大战之后，邓小平和刘伯承南进太行山涉县，一二九师师部驻扎在涉县大山里一个叫赤岸的小山村，他们才有了一个短暂的稳定住处。

赤岸村位于龙山，前有清漳河，后有将军岭，左有凤凰山，右有鸡冠山，一二九师的师长办公室、政委办公室、参谋长办公室、司令部、作战科、秘书科、宣传科、后勤科都挤在半山腰的一座小庙里。邓小平和卓琳就住在小庙隔壁不远处的一个小院子里，算是他们的家，只有一张床、一张桌子、一些极简单的生活用品而已。

1941年9月，大女儿出生了，邓小平从他和卓琳的名字中各取一个字，给孩子起名叫“邓琳”。

邓琳还没满月，日军的扫荡又开始了，邓小平要组织部队出发，卓琳也要跟着部队转移，只好将小邓琳寄养在黎城县一户农民家中。随后，邓小平夫妻二人和部队指战员一起，在太行山里跟日军捉迷藏。

1942年秋日的一天，部队又转到了黎城县。卓琳约了一二九师政治部副主任蔡树藩的妻子陈书莲，一路小跑，来到了寄养卓琳的那家老乡家中来看女儿。一进门，就看见一周岁的女儿在土炕上爬着，又瘦又小，身上的衣服又脏又破。女儿看见卓琳，象见了生人一样，卓琳伸手去抱，孩子就往奶娘的身后躲；卓琳只能把眼泪往肚子里咽。

在女儿身边厮守了三天，给女儿洗了澡，洗了衣服，做了一床小被子，卓琳又匆匆地赶回了部队。丈夫邓小平此时担任中共中央北方局太行分局的书记，领导着太行、太岳、冀南、晋豫四个区党委的工作，正在带领一二九师机关和日军周旋。现在走到哪里了？安全吗？揪心的牵挂使她无法留在女儿身边。

1943 年初，小邓琳的奶娘又怀上了孩子，奶水少了，一岁半的小邓琳只能喝小米稀粥、玉米面糊糊、啃谷面疙瘩。邓小平和卓琳又把小邓琳送到赤岸村附近的另一个老乡家里寄养。

1944 年春天，他们又托蔡树藩把三岁的小邓琳带到延安，送进延安保育院。

1945 年 4 月 16 日，在麻田八路军总部的一间小南房里，邓小平与卓琳的第二个孩子出生了，一个胖呼呼的小子，邓小平顺口就给孩子起了个名字“胖儿”，这就是邓朴方。

“胖儿”出生的第三天，邓小平就奔赴延安参加中国共产党第七次全国代表大会。这次大会于 1945 年 4 月 23 日至 6 月 11 日召开，邓小平当选为中央委员会委员。

还没等孩子满月，卓琳就把胖儿抱给了云头底村的郭金梅代养。

邓小平、卓琳和邓林、邓朴方在太行山

6 月中旬，邓小平接到中央通知，要他到延安参加党的七届一中全会。这一走，不知道什么时候才能回来，因此临行之前，邓小平和卓琳去云头底村看儿子。

抱起儿子，卓琳再也舍不得放手。夫妻二人商量了半天，最后决定，找一个保姆，帮卓琳带一段时间。经当地干部推荐，卓琳相中了农家姑娘要玉娥。要玉娥在卓琳身边整整两年，跟着邓小平夫妇南下过了黄河，到了山东沂蒙山，后来应家人要求，邓小平派人把要玉娥送回了麻田老家。

打破囚笼

1940年春天，虽然战火弥漫，太行山上依然是春意盎然。山崖畔上的山桃花树树盛开，象一团团熊熊燃烧的烈火。返青的麦田一片翠绿，生机勃勃。

4月11日，中共中央北方局决定，成立太行军政委员会，统一部署指挥太行、太岳、冀南三个区的抗战和政权建设工作，任命邓小平为太行军政委员会书记，他身上的担子更重了。

从1939年9月起，日军华北派遣军司令多田骏上任后，在各抗日根据地推行所谓“囚笼政策”，日军增筑据点和公路，严密封锁太行、冀南间的交通，即以铁路为柱，以公路为链，以据点和碉堡为锁，在各个抗日根据地周围形成一个铁笼，妄图将太行、太岳区分割成一个个小块，然后以重兵对根据地进行“扫荡”，妄图消灭八路军，摧毁根据地。到1940年初，日军依托平汉路向东扩张，相继修成公路干线和许多支线，把冀南根据地分成若干小块。在太行、太岳山区，抢修白晋和临（汾）邯（郸）铁路，妄图将太行、太岳区分割成小块。同时，日军还增筑据点，严密封锁太行、冀南间的交通。

驻扎在桐峪镇的邓小平和刘伯承，在漳河边反复讨论着打破囚笼的战役部署。为了打破敌人的“囚笼政策”，刘伯承、邓小平决定，领导一二九师与敌人展开“交通大战”，即破坏敌人的交通线的大破袭战。

刘伯承说，打破敌人的囚笼，白晋铁路是我们的一个心腹之患，我们要破坏敌人的计划，让敌人修不成。

邓小平说，我完全同意。敌人的“囚笼政策”，是想以铁路为柱，以公路为链，以据点和碉堡为锁，对我们实施分割围剿。我们要来个抽“柱”断“链”砸“锁”，把囚笼彻底粉碎！

一二九师于4月5日部署了首次大规模的破击敌人铁路、公路的作战计划。

为了让全区军民对破击战有足够的、清醒的认识，邓小平在战前亲自草拟了《破击白晋铁路作战的政治训令》，强调和重申了全军必须遵守的政策和纪律：

（一）必须将所获胜利品，特别是军用品、铁轨等全部迅速运回后方。干部党员应以身作则，反对个人发洋财。

（二）不准摸俘虏腰包，不准剥敌尸腰包，违犯者受处罚。

（三）争取铁路员工和在维持会的人员，不准污辱，不准称俘虏，应注意安慰和物质上的招待，不得饿饭，违者受严重处罚。

（四）必须保障协同破路之民众的安全，发现敌情，应首先掩护民众安全退出战斗区，不得抛开民众不管。

白晋战役打响后，一二九师指挥所随着战斗的展开而转移，刘伯承、邓小平轮流守在指挥所的电台旁，指挥战斗。仅在一日两夜之间，就把白晋铁路彻底破坏100多华里，摧毁大小桥梁50多座，炸毁火车1列，消灭警备队长峰正荣以下日军350多人，并夺取和烧毁了敌人兵站储存的大批军用品。一二九师适时撤出战斗。

邓小平的足迹遍布太行山区。为了统一根据地的领导，巩固和扩大解放区，1940年4月，中共北方局召开的黎城会议决定，成立以邓小平为书记的太行军政委员会，统一领导太行、太岳、冀南三个区的抗日工作。根据邓小平在黎城会议上的提议，不久成立了太行、太岳、冀南行政联合办事处。作为过渡性的临时政权机构，在邓小平同志的领导下，晋冀鲁豫边区临时参议会开始运转，并最终成立了晋冀鲁豫边区政府。邓小平发表了

《党与抗日民主政权》一文，论述了“三三制”政权的实质和党对抗日民主政权的领导作用。

百团大战

在转战太行山的日子里，邓小平和刘伯承率领部队参加了八路军主动向日本侵略军发起进攻的大战役“百团大战”，沉重地打击了日军不可一世的嚣张气焰，彻底摧毁了日本侵略者灭亡中国的野心。这是邓小平戎马生涯中浓墨重彩的一笔。

1940年，日寇对敌后根据地轮番进行扫荡、蚕食，形势十分严峻。为粉碎日军对华北抗日根据地的“扫荡”，打击日军的嚣张气焰，八路军集中了105个团的兵力，向华北日军占领的交通线和据点发动了大规模的破击战役，这就是著名的“百团大战”。

1940年8月18日，百团大战临战前夜，在山西和顺县石拐镇一二九师的前线指挥部，刘伯承、邓小平、陈赓、李达、陈锡联、周希汉、赖际发、范子侠等指挥员围坐在长条桌前，指挥员会议的气氛严肃而紧张。

李达宣读了八路军总司令朱德、副总司令彭德怀和参谋长左权签发的作战命令，刘伯承根据作战命令进行了具体部署，邓小平作战前动员讲话。

邓小平浓重的四川口音，洪亮而威严——

同志们！在八路军总部的统一部署与指挥下，我华北八路军即将主动向日本侵略军发动一次规模空前的、声势浩大的进攻，这就是即将展开的以山西为主战场的大会战！

在这次会战中，我军将投入40多万兵力，在太行、太岳和山西北部地区，分多个战场，向敌人同时展开进攻。为什么要发动这次大规模的会战呢？

任何事情的发生，都是有其前因后果、历史根据的，绝非偶然。大家知道，今年是抗日战争进入第四个年头，中共中央在《为抗战三周年纪念对时局宣言》中指出，现在是中国空前投降危险与空前抗战困难的时期，我们不应当隐瞒这种危险与困难，中国共产党认为自己的责任是提醒这种危险与困难。

党中央提醒的所谓“空前投降危险”是指什么呢？这就是由于国际形势的逆转，引起我国抗日民族统一战线内部的严重变化。今年5月，德国法西斯采取“闪电式”战术，在西线战场上一举打败英法联军，进而又于6月22日突然进攻苏联，不宣而战；意大利法西斯也迅速崛起，意欲雄踞于地中海领域。德、意法西斯的猖狂进攻，严重地刺激了东线战场上的日本帝国主义，使其鲸吞华北、进而灭亡中国的狼子野心更加膨胀，于是便与希特勒的飞机大炮遥相呼应，以实现其“迅速解决中日事变”、进而南进太平洋、建立以日本帝国为中心的“大东亚共荣圈”的美梦。为了达到这一野心，日本帝国主义加紧了对蒋介石国民党的政治诱降，并施以军事讹诈的手段，扬言要兵分三路，“南取昆明，中攻重庆，北犯西安”，来迫使蒋介石之流屈膝投降。一边是强大的军事“压力”，200架飞机同时出动，轰炸国民党中央偏安的重庆；一边是“诱降”“劝和”声声悦耳，国民党中的亲日派更加肆无忌惮，大肆活动，助蒋反共。蒋介石终于锁不住心猿意马，密授亲信，连送秋波，开始了“蒋日谈判”。一时烟幕滚滚，降声窃窃，妥协降日空气弥漫国民党上下，投降危险充斥整个中国民族抗日统一战线内部。这就是中央所指的“空前投降危险”。

邓小平略加停顿，犀利的目光在会场扫视一圈，接着说——

“空前抗战困难”又指什么呢？

大家知道，武汉失守之后，日军停止了对国民党正面战场的战略进攻，转而又回攻我敌后抗日根据地，组织轮番的“大扫荡”，实行军事进攻、政治诱降、经济封锁、文化欺骗等一整套把戏，拼死推行“囚笼政策”，重整被我军一再破袭的铁路、公路、据点、碉堡和封锁沟墙等，以扩大他们“点”“线”“面”的几何占领，对我根据地形成层层分割、层层封锁、网状压缩包围，使我们的抗战形势日趋困难。

同志们！这就是国际国内形势和敌我双方的大背景。为了克服困难，克服投降危险，提高根据地和全国军民的抗战必胜信心，八路军总部毅然决定发动这次有多兵团兵力同时参加的大规模的对日作战。这是关系到我们民族生死存亡的一次大决战！

邓小平鞭辟入里的分析，激情洋溢的动员，提高了各级指挥员的战略意识和作战指导思想，让指挥员们热血沸腾！

根据当时敌强我弱的实际情况，邓小平还强调了这次战役的重点，特别强调运用灵活机动的战略战术——

面向正太路、平汉路、同蒲路、津蒲路等交通干线，进行总破击；

不为敌诱，坚持以破击交通线为主；

集中优势兵力，迅猛出击；

敌疲我打，敌进我退；

避敌锋芒，攻其薄弱；

游击作战，声东击西；

凭险固守，分而歼之；

政治家远大的战略眼光，军事家卓越的指挥才能，表现得淋漓尽致。

从 8 月 20 日开始，到 12 月 5 日战役结束，历时 3 个半月。我八路军指战员共进行大小战斗 1824 次，毙伤日、伪军 2.5 万余人，俘日军 280 多人、伪军 1.8 万人，缴获一大批枪炮和军用物资。一二九师参战的 38 个团，在刘伯承、邓小平的率领和指挥下，进行大小战斗 529 次，立下了赫赫战功。

每次战斗之前，邓小平和刘伯承都要翻山越岭，亲临作战前沿，实地观察地形；然后匆匆赶到临时构筑的前线指挥所，对着地图，把敌人的兵力部署一一审视一遍，具体分析各车站、各据点敌人的特殊情况。战斗一打响，邓小平和刘伯承就在前线指挥所分析情况变化，灵活机动地调动兵力，经常是彻夜不眠。

百团大战的胜利，充分证明了晋冀豫边区在军事上、政治上以及党和群众工作上，都有了相当基础，足使敌伪胆寒，使全体军民树立了必胜的信心。

迎来抗战胜利

1945 年 1 月 23 日，中共中央发出加强冀鲁豫根据地工作的指示。中央指出：最近冀鲁豫根据地有极大发展，人口将近两千万，超过太行、太岳数倍，为敌后最大根据地。但减租减息大半尚未进行，各种政策尚未完全正规。为此，中央提议北方局即时进至冀鲁豫根据地，并从太行、太岳抽调一批对减租减息有经验、工作作风又好的干部到冀鲁豫，普遍发动群众进行彻底的减租减息，求得根据地进一步巩固。

这一年的时间节点标志着形势的快速变化——

2 月，邓小平作为北方局代理书记，要求组织部负责抽调干部带到冀鲁豫去工作，安排秘书处进行北方局机关行动的准备工作。

3 月中旬，邓小平率中共中央北方局进入冀鲁豫地区，作关于形势问题的报告，明确地提出要学习毛泽东思想。

4月23日，中国共产党第七次全国代表大会在延安举行。毛泽东主持了这次大会，并在开幕词中指出，中国面临着两个前途和两种命运的斗争，党的任务是要用全力去争取光明的前途和光明的命运，反对另外一种黑暗的前途和黑暗的命运。大会制定了党的路线：放手发动群众，壮大人民力量，在我党的领导下，打败日本侵略者，解放全国人民，建立一个新民主主义的中国。大会选举了新的中央委员会，40岁的邓小平当选为中央委员会委员。

6月6日，冀鲁豫分局召开群众工作会议，邓小平对冀鲁豫边区前段发动群众开展民主民生运动作了总结，对今后群众工作提出明确意见。

8月9日，毛泽东发表《对日寇的最后一战》的声明，号召八路军、新四军及其他人民军队，应在一切可能条件下，对于一切不愿投降的侵略者及其走狗实行广泛的进攻。

8月10日，中共中央发出《关于日本投降后我党任务的决定》，指示全党全军立即争取和保卫抗日胜利果实。朱德发布受降及对日展开全面反攻等7项命令。要求解放区抗日武装部队，向敌占城市及交通要道进军，对日、伪军发出通牒，限期缴出全部武装，如遇抵抗，即坚决予以消灭。八路军各部奉令向日军发动全面反攻。抗日军民以席卷残云之势，取得了抗日战争的最后胜利。

此时，晋冀鲁豫根据地已连成一片，成为拥有2400万人口、30万军队的全国最大的解放区。为了适应急剧发展的革命形势，中共中央决定成立晋冀鲁豫中央局和晋冀鲁豫军区，邓小平任中央局书记和军区政治委员，刘伯承任军区司令员。

8月15日，日本天皇宣布无条件投降。中国抗日战争胜利结束。

8月20日，中共中央决定撤销北方局，成立晋冀鲁豫中央局，邓小平任书记，刘伯承、邓小平、薄一波、滕代远、王宏坤、张际春、王从吾、杨秀峰为常委；同时成立晋冀鲁豫军区（下辖太行、太岳、冀南、冀鲁豫4个军区），刘伯承任司令员，邓小平任政治委员。

在抗日战争和根据地建设的艰难日子里，邓小平不仅身先士卒，而且在实践中不断总结经验，发表了一系列重要文章。

《太行区的经济建设》，论述了对敌经济斗争和根据地经济建设的关系，成为我党有关根据地经济建设的经典文献；

《五年来对敌斗争的概略总结》，提出了对敌斗争的一系列具体的政策和策略；

《一二九师文化工作的方针任务及其努力方向》，系统阐述军队文化工作的方针；

《党与抗日民主政权》，从三三制的抗日民主政权原则说起，明确地回答了中国共产党靠什么获得领导地位，党应该怎样对政权实行领导等一系列关键性问题，在中国共产党思想建设、组织建设的历史文献中居于很重要的地位，是邓小平关于党政关系、党如何领导政权的经典之作。

太行山的革命历程丰富了邓小平的政治智慧，太行山的斗争实践锻造了他的卓越才干。邓小平作为政治家，在太行山的十年是他迅速成长、走向成熟的重要阶段。

此后不久，解放战争又打响了，邓小平挑起了更重的担子。

第八章　逐鹿在中原

“中国”一词，最早是指国家的中心——黄河中下游的中原地带。居天地之中者曰“中国”，居天地之偏者曰四夷。黄河中下游平原地势平坦，广袤无垠，土壤肥沃，气候温暖，降水丰盈，物产富饶，是人类居住的理想之地。这一地带，北枕黄河，南临长江，东起运河，西迄汉水，地跨秦、晋、冀、鲁、苏、皖、豫、鄂八省，战略地位极为重要。古语有云：得中原者得天下。历朝历代，欲问鼎天下者，必然逐鹿中原。中国共产党领导人民推翻旧社会、建立新中国，也必须逐鹿中原。

——题记

国民政府统治时期，中原是其腹心地区，驻军百万，重兵把守。共产党领导的人民军队经略中原，建立巩固的根据地，可北取北京，南扼长江，东摄南京，西逼武汉，直接威胁国民党南京政权。中原逐鹿，鹿死谁手？共产党与国民党的较量，将决定中国的命运。

出击中原，谁来担当重任？毛泽东经过深思熟虑，选择了刘伯承和邓小平。

带领共产党的队伍逐鹿中原，邓小平是最前线的指挥员。

指挥上党战役助力毛泽东重庆谈判

1945 年 8 月，日本侵略者投降，抗日战争以中国人民的胜利而宣告结束。然而化剑为犁的日子还没有真正到来，中国仍然面临着前途命运的抉择。

毛泽东对抗战胜利后将要出现的情况，洞若观火，胸有成竹。1945 年 8 月 13 日，毛泽东在为新华社写的社论中，再次明确提醒全党，“蒋介石在挑动内战”，并斩钉截铁地表明了应对的方针：“人民得到的权利，绝不允许轻易丧失，必须用战斗来保卫。我们是不要内战的。如果蒋介石一定要强迫中国人民接受内战，为了自卫，为了保卫解放区人民的生命、财产、权利和幸福，我们就只好拿起武器和他作战。”同日，毛泽东又在延安干部会议上作了题为《抗日战争胜利后的时局和我们的方针》的著名讲演，明确指出：“对于蒋介石发动内战的阴谋，我党所采取的方针是明确的和一贯的，这就是坚决反对内战…… 今后我们还要以极大的努力和耐心领导着人民来制止内战。但是，必须清醒地看到，内战危险是十分严重的，因为蒋介石的方针已经定了。”

国共两党的摩擦和争夺，首先集中在中原晋冀鲁豫地区。蒋介石向共产党领导的解放区发动进攻，也在这个地区开端。盘踞在晋西南的国民党第二战区司令长官阎锡山充当了急先锋。

就在日本宣布投降的第二天，1945 年 8 月 16 日，阎锡山根据蒋介石的密令，命第八集团军副总司令兼第十九军军长史泽波率领国民党军队 38000 余人，从临汾、浮山等地进入晋冀鲁豫腹地——上党，企图分割共产党领导的太行、太岳根据地，将北路军晋冀鲁豫军区主力逼到山区，予以消灭，恢复国民党在山西的统治。

上党，古称“上党郡”，是山西省东南部以长治城为中心的地区。它东依太行、西屏太岳，自古以来就是兵家必争之地，素有“得上党而望中原”之说。蒋介石瞄准上党的战略企图，就是为了实现其“抢占华北，争夺东北”找到一个切入点。1945 年 9 月打响的上党战役，发生于重庆谈判期间，是作为配合谈判的重要军事动作。

蒋介石在积极准备内战的同时，大耍两面派手法，施展缓兵之计，掩盖进攻部署。美国特使赫尔利向蒋介石献计：“蒋委员长可否给毛泽东发个电报，邀他来共商国是。如果他拒绝，你可以接二连三地发电报邀请他，充分显示你的诚意。如果毛泽东明确表示不来重庆，拒绝和谈，你就可以向全世界宣布，共产党不要和平。你就可以大加讨伐，而不负任何责任。”

蒋介石闻听此言，眼前一亮，觉得此计甚妙：一是顺应国内要求和平的呼声；二是符合国际社会要求；三是可以充分利用和谈时间，调兵遣将，部署兵力。真可谓“一石三鸟”。于是乎，蒋介石开始大唱和平论调。1945 年 8 月 14 日，他在政治谋臣吴鼎昌等人的策划下，给毛泽东发了第一封电报：

万急，延安毛泽东先生勋鉴：倭寇投降，世界永久和平局面，可期实现，举凡国际国内各种重要问题，亟待解决。特请先生克日惠临陪都，共同商讨，事关国家大计，幸勿吝驾，临电不胜迫切悬盼之至。

蒋中正未寒

毛泽东看完电报后，笑呵呵地对其机要秘书叶子龙说：“这是蒋介石迫于国内、国际形势，迫不得已做出的假和平、真备战的缓兵之计。抗战期间蒋介石把精锐兵力放在西南、西北大后方，现在要调到中原，心有余而力不足；再者，抗战胜利，世界需要和平，过早撕下脸皮就会失之于民，也有些天意难违呀。”

8月16日，毛泽东回电蒋介石：

重庆蒋委员长勋鉴：未寒电悉，朱德总司令日午有一电给你，陈述敝方意见，待你表示意见后，我将考虑和你会见的问题。

毛泽东未来铣

蒋介石接到电报后，一看毛泽东以“朱总司令日午电”为由，要他作出明确答复，遂于8月20日发出了第二封邀请电：

延安毛泽东先生勋鉴：来电诵悉，期待正殷，而行旌迟迟未发，不无歉然。朱总司令电称一节，似于现在受降程序未尽明了。查此次受降办法，系盟军总部所规定，分行各战区，均予依照办理，中国战区亦然，自未便以朱总司令之一电破坏我对盟军共同之信守。朱总司令对于执行命令，往往未能贯彻，然事关对内防碍犹小。今于盟军所已规定者亦倡异议，则对我国家与军人之人格将置于何地。朱总司令如为一爱民之将领，只有严守纪律，恪属守将令，完成我抗战建国之使命。抗战八年，全国同胞日在水深火热之中，一旦解放，必须有以安辑之而鼓舞之，未可蹉跎延误。大战方告终结，内争不容再有。深望足下体念国家之艰危，悯怀人民之疾苦。共同戮力，从事建设。如何以建国之功收抗战之果，甚有赖于先生之惠然一行，共定大计，则受益拜惠，岂仅个人而已哉！特再驰电奉邀，务恳惠诺为感。

蒋中正哿

在第二封电报里，蒋介石除了以盟军司令部命令为借口把责任推个一干二净，并反诬朱总司令不执行命令外，又一次邀请毛泽东赴重庆谈判。言辞之恳切，极易迷惑渴望和平的人士，还以为蒋介石真的是那么热爱和平。

毛泽东非等闲之辈。为了揭穿蒋介石利用和谈作掩护，加紧运兵的阴谋，也为了揭穿其利用和平姿态欺骗人民，寻找借口，把内战的责任强加在共产党身上，以获得进行内战的政治资本的“鬼把戏”，毛泽东于22日致电蒋介石：

重庆蒋委员长勋鉴：

从中央社新闻电中，得读先生复电，兹为大计，特先派同志前来进谒，希予接洽为恳。

毛泽东未养

此电表明，中国共产党愿意与国民党进行和平谈判，但没有就毛泽东是否赴重庆给蒋以明确答复。此前，共产党领导层内部就此问题召开过会议。会议决定，先派周恩来到重庆谈判，随后视情况再决定毛泽东是否亲赴谈判。

蒋介石看到中共领袖毛泽东两封回电均无亲来重庆之意，再联系到近期各特务机关发回的“毛泽东不敢到重庆”的情报，认准毛泽东有怯懦之意。

蒋介石深知毛泽东从秋收起义至今从未离开过根据地。如果毛泽东不来谈判，就可以把破坏和谈、引发内战的罪名扣在共产党头上；毛泽东若来，正好拖住他，争取时间做好进攻解放区的准备。这样，假和谈一着便是绝妙之策。8月23日，蒋介石又给毛泽东拍发了第三封电报：

毛泽东先生勋鉴：未养电诵悉，承派周恩来先生来渝洽商，至为欣慰。惟目前各种重要问题，均待与先生面商，时机迫切，仍盼先生能与周恩来先生惠然偕临，则重要问题，方得迅速解决，国家前途实利赖之。兹已准备飞机迎接，特再驰电速驾！

蒋中正梗

在不到10天的时间里，毛泽东接连收到蒋介石的三封邀请电报，这在其交往的历史上是绝无仅有的，而且一封比一封言辞恳切，一封比一封时间紧急，指名道姓要毛泽东亲赴重庆，甚至连飞机都预备好了。收到第三封电报的当日，中共中央政治局召开扩大会议，研究对策。当时延安的中共领导层许多人担心，重庆谈判会造成“城下之盟”的局势，重演历史上的“鸿门宴”。毛泽东却认为，重要的是头脑要清醒，斗争要坚决，要做好两手准备，以打促谈。为了争取国内和平，表明中共的诚意和决心，揭露蒋介石的阴谋，毛泽东在政治局扩大会议上明确表示：“蒋介石三次邀我，这个风险要冒。不去，不利。虽然是假戏，但要假戏真做。不然，内战的帽子就戴到了我的头上，戴到了我们共产党人的头上。这样一来，我们就会失掉一些人心。能谈则谈，谈不成，顶多是坐牢，杀头。就目前看，蒋介石这样做还有很大困难：一是我们有解放区一万万人民、一百万军队和二百万民兵做后盾；二是国统区觉悟了的人民是反对内战的；三是国民党内部也有一部分人不赞成内战。”

为了挽救和平，为了争取中间力量，孤立美蒋反动派，努力寻求避免内战，实现和平的道路，中共中央决定将计就计，由周恩来、王若飞陪同，毛泽东亲自去同国民党蒋介石进行和平谈判，并于24日回电答复：

特急，重庆蒋介石先生励鉴：梗电诵悉。甚感盛意。鄙人亟愿与先生会见，商讨和平建国大计。俟飞机到，恩来同志立即赴渝进谒，弟亦准备随即赴渝。晤教有期，特此奉复。

毛泽东敬

毛泽东在动身前，专门对前来参加政治局扩大会议，准备立即上前线的邓小平、刘伯承作出指示，一定要组织好上党反击战，拔掉刀子。毛泽东交代说：

“你们回到前方去，放手打就是了，不要担心我的安全问题。你们打得越好，我越安全。你们在上党取得胜利，我在重庆谈判就有本钱，你们打得越好，我们的本钱就越多！”

毛泽东不顾个人安危，毅然赴重庆同蒋介石进行谈判，局势非常微妙。根据毛泽东的指示，邓小平和刘伯承一起领导了著名的上党战役，有力地配合了毛泽东在重庆的谈判斗争。

8 月 25 日，邓小平、刘伯承以及滕代远、薄一波、张际春、陈赓、杨得志、陈再道、陈锡联、王近山等，乘坐当时美军驻延安观察组的一架道格拉斯式运输机，从延安飞回太行山根据地。邓小平一行一下飞机，就立即奔赴前线。

8 月 26 日，中共中央军委在关于各地军事部署的指示中，要求太行军区立即集结主力，“收复上党全区，采取一切有效手段彻底消灭伪顽，逼国民党军投降。”支持毛泽东在重庆的谈判。

8 月 28 日下午 3 时，毛泽东在美国驻华大使赫尔利和国民党要员张治中的陪同下，从延安飞抵重庆，周恩来、王若飞同行。飞机降落在重庆九龙坡机场后，在一片掌声和欢呼声中，毛泽东神采飞扬、仪态庄重地同前来迎接他的邵力子、张澜、沈钧儒、黄炎培、郭沫若、周至柔等握手、致意。当时《大公报》记者子冈报道说：

毛泽东先生，五十二岁，灰色通草帽，灰蓝色的中山服，蓄发，似乎与惯常见的肖像相似，衣服宽大得很。这个在九年前经过四川境的人，今天踏到了抗战首都的土地了。

毛泽东来到重庆，在社会上激起巨大反响。《新华日报》发表群众来信说："毛泽东先生应蒋主席的邀请，毅然来渝，使我们过去所听到的对中国共产党的一切诬词和误解，完全粉碎了。毛先生来渝，证明了中共为和平、团结与民主而奋斗的诚意和决心，这的确反映和代表了我们老百姓的要求。"

就在毛泽东到达重庆第二天——8 月 29 日，刘伯承、邓小平根据中央军委 8 月 26 日"收复上党地区，消灭心腹之患"的电令，部署进行上党战役。

部队官兵知道毛泽东赴重庆和蒋介石谈判，都为毛泽东的安全担心。邓小平在战前动员会上说："根本问题是抗战胜利果实落到谁手里的问题。蒋介石、阎锡山伸手来抢，我们决不能让他抢走。毛主席在赴重庆之前说过，只有你们打得好，我才能谈得好。我们上党战役打得越好，歼灭敌人越彻底，毛主席就越安全，毛主席在谈判桌上就越有力量。我们不要辜负党中央和毛主席的期望。"

最后，邓小平号令参战将士："打好上党战役，支援毛泽东主席在重庆的谈判！"

8 月 31 日，中共中央军委再度指示刘伯承和邓小平，"阎部一万六千占八路军长治周围六城，乃心腹之患，必须坚决彻底全部歼灭之。"

根据中央军委的命令，刘伯承、邓小平认真部署进行了战前准备，立即着手组织指挥对进占上党地区的国民党军的反击作战。为了最大限度地集中力量，采取了边打、边建、边练的办法，快速编组成太行纵队、太岳纵队、冀南纵队三个野战纵队，加上地方武装共 31000 余人。三个纵队由太行、太岳、冀南三个军区所属的主力部队组建，均采用村、区、县各级武装逐级上升的办法组建，很多地方武装直接改个番号就成了正规部队。部队兵员的补充采取了个人直接动员和民兵集体动员的方式。经过短短一个多月，太行区就扩充兵员25000人，太岳区扩充1万人。各级地方政府还动员了5万民兵支前或参战，民兵们成班成队的带枪加入军队，开赴前线作战。

9月1日，八路军向阎锡山部队占领的襄垣县城发起总攻。太行军区13团挖了100多米的地道通到城墙下，用满满一棺材炸药炸开了城墙，八路军攻城部队乘势涌人城内。经过激战，共毙国民党军350余人，俘国民党军450余人，胜利结束战斗。攻克襄垣后，太行军区立即发出战术指示，在襄垣组织实弹演习，研究攻城和巷战经验，为上党战役的胜利做了充分准备。

9月7日，刘伯承与邓小平下达了《晋冀鲁豫军区作战字第一号命令》，决定于9月10日2时30分开始对屯留、上村实施攻击。9月9日23时许，即战斗发起前三个半小时，刘伯承、邓小平指挥所推进到潞城以西的中村。9月10日6时，即战斗发起后三个半小时，刘邓指挥所又前进到故县村，刘伯承司令员和邓小平政委住在小东院孙树章家，在这里运筹帷幄，坐镇指挥，使上党战役取得了决定性的胜利。

上党战役第一阶段为夺城打援。从9月上旬开始，八路军先后解放了屯留、襄垣等11座县城，于9月20日合围长治。第二阶段为围城打援，歼灭阎锡山部队20000多人。第三阶段为追歼逃敌。困守长治的史泽波部队于10月8日夜趁大雨浓雾弃城西逃。我军跟踪追击，在沁水县苏庄桃川地区将敌全歼，敌军长史泽波被我活捉。至此，上党战役胜利结束。

毛泽东赴重庆谈判前后共43天。在此期间，上党战役于9月10日正式打响，10月12日胜利结束，历时30余天，歼敌35000余人，生擒敌军长史泽波等师以上高级将领27名。战后史泽波对陈赓说：抗战八年中，贵军在上党地区和日军作战，日本投降后我们来抢占地盘是不对的。不过，没想到失败得这么快，真是天助你们！

1945 年 8 月 29 日至 10 月 10 日，上党战役共产党军队胜利已成定局，蒋介石被迫在国共两党重庆谈判《会谈纪要》（又称《双十协定》）上签字。上党战役的胜利有力地帮助了重庆谈判的成功。

10 月 11 日，毛泽东返回延安。

毛泽东高度评价上党战役的伟大历史意义。10 月 17 日他在延安作《关于重庆谈判》的报告时说：现在有些地方的仗打得相当大，例如在山西的上党地区。太行山、太岳山、中条山的中间，有一个脚盆，就是上党区。在那个脚盆里，有鱼有肉，阎锡山派了十三个师去抢。我们的方针也是老早定了的，就是针锋相对，寸土必争。这一回，我们“对”了，“争”了，而且“对”得很好，“争”得很好。就是说，把他们的十三个师全部消灭。他们进攻的军队共计三万八千人，我们出动三万一千人。他们的三万八千被消灭了三万五千，逃掉两千，散掉一千。这样的仗，还要打下去。

同日，毛泽东致电刘伯承、邓小平：

在你们领导之下打了一个胜利的上党战役。望利用上党战役的经验，动员太行、冀鲁豫两区主力，由刘伯承、邓小平亲临指挥，精密组织各个战斗，取得第二个上党战役的胜利。

邓小平等没有辜负毛泽东的殷切期望，“第二个上党战役”接踵而至。

争取高树勋起义

1945 年 10 月中旬，国共两党重庆谈判签订的《双十协定》墨迹未干，蒋介石就调兵遣将，开始进攻晋冀鲁豫解放区腹地，企图打通平汉线，控制华北战略要地，打开东北通道，进而抢占东北。

沿平汉线北进之第一梯队为三十军、四十军及新八军，统一归十一战区两个副司令长官马法五、高树勋指挥，总兵力 7 个师 45000 多人，从新乡、安阳沿平汉线，向邯郸推进。

邯郸，是古代赵国都城，华北战略要地，也是刘伯承、邓小平开辟的抗日根据地的心脏地区。对付这股来犯之敌的任务，自然又落到刘邓身上。

10 月 17 日，毛泽东和中央军委发出《关于平汉战役的指示》，指出这个战役的胜负关系全局，意义极为重大。要求刘伯承、邓小平亲临指挥，精密组织各个战斗，取得“第二个上党战役”的胜利。

10 月 24 日，刘邓主力部队在邯郸东南形成对敌军的包围态势。在马头镇誓师大会上，邓小平政治委员进行了战前动员。他指着附近战国时期赵武灵王修建的气势宏伟壮观的丛台，说：两千五百年前，赵武灵王都知道要胡服骑射，进行适应战事的军事改革，我们是共产党人，更应懂得实施战略转变的重要意义。抗日战争胜利后，作战的对象变了，由分散的游击战争，要变成大兵团的作战，指挥员不从思想上来个战略转变还行？全面内战已箭在弦上，你马放南山，那还了得？要丢掉和平幻想，准备进行斗争！

马法五、高树勋指挥的这些国民党军队大多是旧西北军的底子，虽然有一定的战斗力，但由于国民党政府对杂牌军与嫡系部队待遇不同，各军之间存在矛盾，战斗力大受影响。特别是杂牌军中有主张和平民主的进步分子，反对嫡系法西斯内战、独裁，高树勋军就是这一类的代表，蒋介石忌之很深。

邓小平和刘伯承在这次战役中的一个杰作，正是争取高树勋起义。战役一开始，邓小平就多次秘密布置策反工作，委派中共地下党员王定南、参谋长李达等，积极做高树勋的工作，并妥善地安置了高夫人，对高树勋完全以兄弟相待。高树勋这位农民出身的爱国将领，在我党政策的感召下，终于大彻大悟，率部起义。起义后不久，他还由邓小平介绍，中共中央书记处批准，光荣加入中国共产党，并在以后的战争中屡建功勋。

毛泽东和党中央对刘邓争取高树勋起义给予了高度评价，并号召开展“高树勋运动”。毛泽东在贺电中称：“高树勋率两个师起义，影响极大。”“此战胜利后，将给‘剿匪’军以大震动。”12 月 15 日，毛泽东在为中央拟定的《一九四六年解放区工作的方针》中指出，我党“须从国民党内部去准备和组织起义，开展高树勋运动，使大量国民党军队在战争紧急关头，仿照高树勋榜样，站到人民方面来，反对内战，主张和平”。

邓小平后来谈到二野战史时说：平汉战役应该说主要是政治仗打得好，争取了高树勋起义。如果硬斗硬，我们伤亡会很大。没有他起义，敌人虽然不会胜利，但是也不会失败得那么干脆，退走的能力还是有的，至少可以跑出主力。他一起义，马法五的两个军就被我们消灭了，只跑掉三千人。

在刘伯承、邓小平的指挥下，平汉战役（亦称邯郸战役）从 10 月 28 日发起总攻，到 11 月 2 日结束，取得重大胜利，共歼灭国民党两个军，争取一个军起义，合计 3 万余人。战役中，马法五被擒，高树勋起义，蒋介石打通平汉线的“黄粱美梦”被粉碎。

平汉战役是晋冀鲁豫军区继上党战役之后的又一次大规模歼灭战，是对进犯的国民党采取的自卫反击，以配合和谈，做好应付全面内战准备为目的。邯郸战役，经历了阻击、合围、总攻、追歼四个阶段，历时 10 天，歼敌 14000 多人，23000 多人被迫放下武器。国民党军第十一战区副司令长官兼四十军军长马法五、战区参谋宋肯堂，第四十军副军长刘世荣、参谋长李旭东及以下高级军官多人被俘。邯郸战役的胜利再次粉碎了蒋介石的内战阴谋，对控制华北的大门，掩护我军在东北的战略部署，起到了重要作用。

这一战役贯彻了军事打击与政治攻势相结合的原则。在军事打击的同时，利用敌人内部矛盾和不满情绪，成功地争取了高树勋率部邯郸起义，使敌人兵力骤减，部署出现缺口，军心动摇，加速我军取得战役胜利，从而推迟了蒋介石反动派进行全面内战的计划，在全国引起很大反响。中共中央随后在国民党军队中广泛宣传，号召国民党军官学习高树勋部队，从而取得解放战争中策反工作的极大胜利。

指挥陇海战役九战九捷

1945 年冬，太行、太岳、冀南、冀鲁豫四个解放区的主力部队合编为晋冀鲁豫野战军。中央任命刘伯承为司令员，邓小平为政治委员。从这时起，人们称这支部队为“刘邓大军”。

1946 年 6 月，蒋介石发动全面内战，出动 160 多万兵力向解放区进攻，声称要在三到五个月内“整个解决中共问题”。晋冀鲁豫解放区是蒋军重点进攻的地区之一。

这时的晋冀鲁豫区已发展成拥有 2400 万人口、30 万军队的全国最大的解放区。蒋介石调集以胡宗南、阎锡山、薛岳、孙连仲、刘峙等各路大军共 30 余万兵力，集结于晋冀鲁豫周围，实施“围剿”攻击。

8 月 10 日，刘邓根据中央军委批准的计划，率领晋冀鲁豫野战军主力发起陇海战役。

1946 年蒋介石撕毁停战协议之后，刘伯承、邓小平根据中央军委的统一部署，率晋冀鲁豫野战军主力发起陇海战役，此战役截断了蒋介石的运输大动脉——陇海线，破坏铁路 300 多里，歼敌 13000 多人。

蒋介石于 1946 年 8 月，调集徐州绥靖公署第 5 军、18 军、88 军，经丰县、沛县、单县等地向成武推进；调集郑州绥靖公署整编第 3 师共 32 个旅 30 多万人，分东西两路向鲁西南扑来。企图在菏泽地区将刘伯承主力一举歼灭。

整编第 3 师（师长赵锡田），是蒋介石的嫡系部队，全日式装备，全部由老兵组成，又有远征缅甸的经验，赵锡田向来十分骄横，自称从未遇到过对手。

8 月 29 日，毛泽东亲自回电批准了刘邓的定陶战役方案：刘伯承、邓小平指挥晋冀鲁豫野战军采取诱敌深入、寻找战机、各个击破的战略，指挥部队大踏步北撤。敌人以为刘伯承、邓小平所部以无力抵挡，便毫无顾忌的向鲁西南解放区长驱直入，急速推进，紧跟在刘伯承、邓小平大军身后咬住不放。一进入解放区就连续攻占了几个村镇。扬言“刘伯承、邓小平已溃不成军，用不了两个礼拜就可以占领整个晋冀鲁豫，把他们赶上太行山去！”。郑州绥靖公署主任上将刘峙在报话机上用密码问赵锡田要不要飞机，赵锡田以明语说：“刘先生，飞机不需要了，就凭这点装备共军就不堪一击了，我这一万雄兵对付刘邓已绰绰有余。”刘峙问他“为什么不讲密语？”赵锡田狂妄的说：“不要紧，共军没有这个东西，刘邓马上就要被消灭，用不用密语已经无所谓了。”

面对敌人的嚣张气焰，刘伯承、邓小平冷静地分析敌情。我冀鲁豫所部只有 12 万余人，如果立即作战，取胜确实有困难。9 月 3 日，为了让赵锡田的部队钻得更深一点，我军主动把大、小杨湖拱手让给了敌人。敌人已深入到我解放区的腹地，冒进到大杨湖、安陵一带，孤立在我们的包围圈中，敌整 3 师与整 47 师已完全分离，歼敌时机已到。我军从南面截断了敌人与其整 47 师的联络，北面、东面也有我军阻击，贪功好利的敌整 3

师，就这样钻进了我军的口袋阵中，还不知怎么回事。刘伯承亲自来前线指挥战斗，把敌整3师团团围困在大杨湖、安陵一带，我部决定集中优势兵力先吃掉这股敌人。

9月3日黄昏，刘邓大军各纵队向整3师发起了全面攻击。我军12万多人围住他1万余人，以凶猛的火力，猛冲猛打，从3日黄昏激战至4日深夜，未能动摇敌人阵地，敌我双方仍处于对峙状态。这时敌人东线之整编第11师正向大杨湖疾进，西线各路之敌也向整3师增援，如果不能在一两日内全歼整3师，就有被敌人反包围的危险。

在战局十分严峻情况下，刘伯承、邓小平于9月5日下午召开旅以上干部紧急作战会议。会上，刘伯承司令员强调说：大杨湖战斗是消灭整3师的关键，如果打不好这一仗，歼灭不了整3师，等后面敌人的4个军赶过来，我们不但要失去鲁西南，还得后退300里，真要背起背包回太行山打游击。必须在今晚集中优势兵力，不惜一切代价，打下大杨湖。

第6纵队司令员王近山接受了打下大杨湖的任务，其余兄弟纵队南北夹击，分别阻击其余的敌人，以粉碎敌人的全面进攻。

刘伯承、邓小平的指挥所设在大张集，距大杨湖不到三里路。深夜11点30分，战斗打响了，炮弹呼啸着飞过头顶，在大杨湖村边爆炸了，接着几十门八二炮一齐轰鸣起来。不一会，部队发起了攻击，卫生员、司号员、电话员、饲养员、炊事员全拿起了武器，部队以排山倒海之势掩杀过去，终于消灭了敌59团，大杨湖被攻下了！ 9月6日黎明时分，枪声逐渐稀落。赵锡田率部向南突围，被解放军拦腰截成几段，分割聚歼。赵锡田被俘。附近的敌41师、47师等争相逃命，大杨湖战役胜利结束。

此次战役共击毙敌人2400余人，俘虏敌人整3师师长赵锡田及其下属8200余人，缴获战防炮6门、六〇炮7门、掷弹筒84个、重机枪86挺、轻机枪337挺、长短枪5560余支、坦克7辆、汽车14辆、电台19

部、骡马 330 匹。我军伤亡 4000 余人。整 3 师这支敌人精锐部队被消灭，轰动了整个晋冀鲁豫，震惊了东西两线上的敌人。

“大杨湖战役的胜利，对于整个解放区的南方战线，起到了扭转时局的重要作用。”毛泽东对这次战役的评价很高，把大杨湖战役誉为：“集中优势兵力，各个歼灭敌人的光辉范例”。

刘邓大军采取出敌不意、突然袭击的战术，向陇海线徐州至开封段南北出击，共歼灭国民党军队 16000 余人。接着转至内线，采取诱敌深入的方针，迎击由徐州、郑州向鲁西南钳击的国民党军队，于 9 月上旬在定陶地区歼敌四个旅约 17000 多人。从 1946 年 11 月到 1947 年 2 月，刘邓大军在黄河南北大踏步进退，先后发起鄄城战役、滑县战役、巨（野）金（乡）鲁（台）战役、豫皖边战役、豫北战役、吕梁战役、汾孝战役，共歼敌 6 万余人，粉碎了国民党军队打通平汉线和偷袭延安的计划。

至此，刘邓大军在陇海路南北九战九捷，威名大震！

千里跃进大别山

1947 年 3 月，国民党军胡宗南部进占延安，毛泽东率领中央机关辗转陕北的大山之中。在与敌打“蘑菇战”的同时，毛泽东已开始思考如何打破敌人的重点进攻、从战略防御转入战略进攻的问题。战略进攻的主要方向，定在中原地区。

为适应“出击中原”进攻战略的需要，1947 年 5 月 16 日，毛泽东和中共中央决定：成立中共中央中原局，以邓小平、刘伯承、李先念、张际春、郑位三、李雪峰、刘子久、陈少敏等为常委，邓小平为书记。

6 月 3 日，毛泽东和中央军委电令刘伯承、邓小平：晋冀鲁豫野战军主力积极准备，6月底突破黄河，挺进中原。刘伯承、邓小平接电后，立即部署，进行各项准备。

1947年6月30日晚，刘邓大军四个纵队12万余人，在山东省的临濮集至张秋镇150公里的地段上，一举突破天险，强渡黄河。此举打破了蒋介石号称可抵40万大军的黄河防御体系，揭开了我军战略进攻的序幕。

这是一个惊世之举。敌人做梦也没有想到刘邓大军如此神速。蒋介石在南京官邸从国防部作战厅长郭汝槐处获知这一消息，顿时面色苍白，两眼惊呆，半天说不出话来。正在赴宴的美国大使司徒雷登不禁叫道：这简直是惊人的事件！不亚于当年法国“马其诺防线”的被攻破！你们花着平均每月三千万银元的美援军费，使用着世界上头等先进的美械装备，竟然一枪不放，号称抵四十万大军的防线被人突破，国军力量，日渐式微！

蒋介石飞至郑州，召开作战会议，对下属将领开口就说：“对付刘邓，可并不那么简单啊！”

蒋介石亲自在郑州调兵遣将，以10个旅的兵力布下“长蛇阵”，挡在鲁西南一线，企图迫使我军背水而战，回渡黄河以北。

面对敌人迫我背水一战的图谋，邓小平在纵队首长作战会议上，坚定地说：“我们决不去学韩信。在对待生死的问题上，我们只能有一种选择。为了人民的利益，我们要生存下去，让敌人去跳黄河！敌人是在平均使用兵力，造成了尾大不掉的局面……”刘伯承说：“蒋介石这是摆了条‘死蛇阵’，简直是首尾难顾。我们打出去，逼敌人背水而战！”

刘邓立即组织发起鲁西南战役，历时20多天，歼灭国民党军9.5个旅计5.6万人。

毛泽东和中央军委通电嘉奖了鲁西南战役的胜利。

1947年7月21日至23日，党中央在陕北靖边县举行了小河村会议。在这次会议上，毛泽东提出了用五年时间打倒蒋介石的设想。

小河村会议前，毛泽东作出了“刘邓经略中原”的决策。但战略进攻的具体目标，究竟指向哪里，并未确定。小河村会议结束后当天，毛泽东立即下定决心：刘邓大军“直出大别山”！

大别山，雄峙于鄂豫皖三省交界处，是敌人战略上最敏感而又最薄弱的地区。这里又是土地革命时期的老根据地，有着很好的群众基础和革命传统，刘邓大军中有许多曾在大别山战斗过的红四方面军将士，部队在这里容易立足扎根。我军占领大别山，从战略上看，就可以西逼武汉，东慑南京，南扼长江，瞰制中原，实施战略展开，形成战略进攻态势。

邓小平领悟毛泽东和中央军委的战略意图，正如他在1948年4月25日关于《跃进中原的胜利形势与今后的政策策略》的报告中，谈及大别山的战略地位时所说的：

中原战略地位非常重要，正当敌人的大门，其中大别山是大门边……中原形势决定于两个山，一个是大别山，一个是伏牛山，敌人最关切的还是大别山，它比伏牛山更重要，中原要大定就要把大别山控制起来。大别山是一个战略上很好的前进的基地。它靠近长江，东面一直顶到南京、上海，西南直迫汉口，是打过长江的重要跳板，敌人时时刻刻受到我们过江的威胁。大别山，敌人必争，我也必争。

毛泽东看准了大别山东慑南京、西逼武汉的战略地位，指示刘邓大军“下决心不要后方，以半月行程，直出大别山”。一直牵挂着中央和毛泽东主席的邓小平同刘伯承看完电报，立即复电中央，说十天后行动，用十天作千里跃进的准备。实际上不到十天就开始行动了。

然而，刘邓大军千里跃进大别山，谈何容易！后有蒋军追兵，前有黄泛区，还有沙河、汝河、淮河的阻隔，真是困难重重，险象环生啊！对刘邓大军来说，进军大别山，无异于纵井救人，是一件很艰难、很危险的事情。但邓小平对部队斩钉截铁地说：“走到大别山就是胜利！”

毛泽东曾预计刘邓大军挺进大别山有三种可能：一是站不住脚，转回来；二是站不稳脚，在周围打游击；三是站稳了脚。

1947年6月30日黄昏，刘邓大军12万人马兵分三路，向大别山挺进。

进军途中，部队一直坚持快走。由于白天有敌机侦察轰炸，部队经常夜间行军，从黄昏走到天亮，疲困不堪，天又下雨，指战员们几乎连恢复体力和晒衣服的时间都没有，出现过埋怨情绪。但刘邓常说，“慈不掌兵”，坚持南进疾行。在过黄泛区的时候，刘伯承、邓小平首长和战士们一样，臂挽着臂，手牵着手，在没膝污泥中深一脚浅一脚地步行，连汽车和重炮都忍痛扔掉了。经过22天的艰苦跋涉和激烈战斗，刘邓大军通过黄泛区，突过汝河、淮河，终于在8月27日进入大别山北麓的潢川、固始地区，胜利完成了千里跃进大别山的空前壮举。

当刘邓大军惊现在大别山地区时，蒋介石如梦初醒，方知我军意图，急调重兵防堵，企图拔掉刘邓大军这把刀子，但为时晚矣！刘邓大军千里跃进大别山，成功地为国共两党逐鹿中原的较量抢先走胜了一步险棋！毛泽东在延安时期的秘书胡乔木后来在其回忆录中写道：刘邓大军挺进大别山后，毛泽东几个月来心里郁积的“一块石头落地，大大地松了一口气”。

刘邓大军进入大别山地区，立即产生了东慑南京、西逼武汉、南扼长江的神奇效应，直接威胁到国民党统治中心的安全，犹如一把尖刀，直刺敌人心脏。

卧榻之侧，岂容他人酣睡！蒋介石立即调集33个旅进行全面“围剿”，大别山的形势骤然紧张起来了。

“中原的战略地位非常重要”“中原要大定，就要把大别山控制起来！”这是邓小平不可动摇的决心。为此，邓小平全心全意，义无反顾地投入到了创建大别山根据地的艰苦卓绝的斗争中。

要站稳脚跟，建立巩固的根据地，关键有两条：一是打破敌人的军事围攻；二是开展土地革命取得广大群众的拥戴。用邓小平的话说，即“大量歼灭敌人和充分发动群众”。

邓小平对控制大别山自有锦囊妙计。1947 年 8 月 27 日，即刘邓大军刚到达大别山区时，邓小平就亲笔起草了《创建巩固的大别山根据地》的指示，以刘邓的名义一面上报中央军委，一面发给所属部队。

邓小平的韬略有六条：

（一）我军已胜利完成渡过淮河、进入大别山之跃进任务，敌人追击计划完全失败。今后的任务，是全心全意地义无反顾地创造巩固的大别山根据地，并与友邻兵团配合，全面控制中原。

（二）实现此历史任务，要经过一个艰难困苦的过程。发展半年以上的时间，如不大量歼灭敌人和充分发动群众，要想站稳脚跟是不可能的。因此，我们应切勿骄躁，兢兢业业，上下一心，完成每一个具体任务。

（三）应向全军说明，我们有完全胜利的把握。首先有陈谢兵团在伏牛山、豫西、豫南广大地区及山东大军在陇海路南北的互为配合。其次是我们面前只有敌人二十三个旅，兵力分散，战斗意志薄弱，此次尾追我军失败，战略上愈显被动。再次是大别山区有长期的革命传统，且保存有游击战争的基础，我们有许多本地干部。特别是党中央、毛主席的英明领导，全军上下一致的决心和信心，虽有困难也是能够克服的，胜利是有把握的。

（四）应向全区群众说明，我们是鄂豫皖子弟兵的大回家。他们的子弟兵在华北胜利了，壮大队伍了；说明蒋军必败、我军必胜的信心；告诉他们，我们的队伍不再走了。我们的口号是，与鄂豫皖人民共存亡，解放中原，使鄂豫皖人民获得解放。

（五）在军事上，我们在最初一个月内，不求打大胜仗，而是占领城镇，肃清土顽，争取打些小胜仗（一两个团一次的歼灭战）。同时，要注意引导大家熟悉地形，习惯生活，学习山地战术，为大歼灭战准备条件。但必须认识到，如果我们不能在半年内歼灭十个旅以上的敌人，就无法使群众相信我们不会再走而敢于起来斗争，我们也就会遇到更多的困难。因此，任何时候，全军都必须有高度的战斗意志和战斗准备。

（六）充分发动群众开展游击战争，配合我军行动，这是实现我们战略任务的重要条件。而我军严格三大纪律八项注意，严整军风军纪，是树立良好的影响，使群众敢于接近的先决条件。各级必须专门检查实现，万勿忽视。

邓小平的上述见解是非常切合实际、至关重要的。毛泽东阅后极为赞赏，立即指示转发彭德怀、东北局和华东局。

时局的发展正如邓小平所预料和判断的那样，刘邓大军在不到半年的时间内，就站稳了脚跟，出色地完成了战略任务。刘邓大军进入大别山区后，蒋介石就命令白崇禧以23个旅的重兵扑向大别山。敌军来势凶猛，我军初来乍到，为避敌之锋芒，挫其锐气，刘邓决定采取“避战”方针，以主力部队留在大别山区，在内线开展游击战，牵住敌人；以总部机关和少量部队分兵出击，跳出包围圈，转入外线，实施战略机动。这时，刘伯承、邓小平分开，一里一外。刘伯承率部去淮西，在外线实施运动战，邓小平率领李先念、李达组成一支精干的指挥所，坚守大别山，“方针就是避战，站稳脚，一切为了站稳脚跟”，与敌人周旋，声东击西，来回穿梭，就这样坚持了两个月。在此期间，刘伯承率部开辟了大别山以西的广大淮西地区，由此把淮河变成了我中原解放区的内河，并实现了与陈粟、陈谢在平汉线的胜利会师。陈粟野战军和陈谢军团，积极实施对平汉、陇海两大铁路的破袭，歼敌2万余人。我军在中原开辟其他战场，迫使敌军从大别山调出13个旅的兵力，从而有力地解除了敌军对大别山区的围攻之势。

经过刘邓大军及其友邻部队陈粟、陈谢三路大军的内外配合，积极作战，四个月歼敌19万5千余人，解放县城近百座，创建了长江、淮河、汉水之间的新的中原解放区，把南线敌军总兵力160多个旅中的90个旅，调动和吸引到中原战场，取得了具有战略意义的重大胜利。

在开创豫皖苏新区时，开始由于缺乏经验，政策观念淡薄，有些急于求成的急躁情绪，群众发动工作做得不够充分，在土改工作中出现严重失误：分给群众的粮食、浮财，群众不敢要，白天分了，夜晚又偷偷地送还地主老财；有的地方还不分阶级地对大、中、小地主甚至富农一起下手，致使树敌过多，造成混乱，甚至连基本群众也疏远工作队。邓小平得知这些情况，指出："由于一些同志对新区工作的政策和策略把握不准，过高地估计了我们的力量，忽视了群众工作的艰苦性，产生急躁情绪，在阶级划分上所提出的'贫雇农路线'本身就不够准确，在实际斗争中又出现了把富裕中农划为富农，而将富农划为地主，其结果使贫雇农孤立起来，易受摧残，使广大贫雇农也不敢起来与恶霸地主作斗争。"于是，他作出指示："这是政策上发生了'左'的偏向，必须纠正。群众之所以把分得的浮财夜晚送还给地主，是因为他们没有安全感。这样做，实际上是我们脱离了广大的劳动群众，孤立了自己。"随后，邓小平向党中央、毛泽东报告了确切情况，并建议在新解放区，在我们没有牢固地站住脚以前，不宜搞土改，应采取适合新解放区实际情况的稳妥政策，具体措施就是在新解放区实行"清匪反霸，减租退押"的政策。

党中央、毛泽东采纳了这一建议。毛泽东还在邓小平的报告上批示：

小平所述大别山经验极可宝贵，望各地各军采纳应用。

报告非常之好，立转各地仿办。希望你对凡你处能联络的同志或骑马能送信的同志或当面接洽的同志，将你所提的那些策略观点、政策观点普遍通知他们。只要有机就不失时机地指导他们，并要他们向你处反映结果。

可见，邓小平在大别山的工作是多么实事求是，多么正确果断！毛泽东对邓小平又是多么赞赏，多么信任！

根据邓小平的意见和毛泽东的批示，新区的工作有了新的转变。新区普遍实行了“清匪反霸，减租退押”的政策，群众被真正发动起来了，局面很快打开了，广大群众积极生产支前、参军参战，出现了一派生机勃勃的景象。新区由此成为野战军实施战略反攻的新基地和大后方。

1948 年初，邓小平致电党中央、毛泽东：“大别山站稳了，实现了战略任务。”

几十年后，邓小平同二野老同志回顾当年挺进大别山的战略行动时，说：关键是能不能站得住，站得住就是胜利。结果，我们站稳了。我们前进了一千里，直达长江，面对着武汉、南京、上海，扩大了四千五百万人口的新解放区。这是个真正的胜利，前进一千里的意义就在这里。

在挺进大别山期间，邓小平与毛泽东保持着密切的联系。如果有一两天没有见到毛泽东的电文，没有得到毛泽东的消息，邓小平就坐卧不安。对此，曾在邓小平身边工作的段君毅、刘子久回忆说：一次向小平同志汇报工作后，他竟破例请我们喝酒。问及原因，邓小平笑答：“我们已经三天没得到毛主席的消息了，今天收到了党中央发来的电报，说毛主席和党中央安然无恙，所以喝一杯庆祝酒。”

当时，毛泽东撤离延安，辗转在陕北大山；邓小平则南渡黄河，千里进军大别山。人分两地，天各一方。毛泽东担心邓小平能否在大别山站稳，邓小平深为毛泽东的安全担忧、焦虑，可见毛、邓之间的亲密之情。真是战友情深，同志义长啊！

刘邓大军挺进大别山是一个伟大的战略举措。这一战略举措，揭开了人民解放军实施战略进攻的序幕。

邓小平认为：千里跃进大别山，是一个了不起的战略行动。没有一个伟大的战略思想，是做不出这样的决定的。这一套战略思想是毛主席定下来的。毛主席的战略思想，是很值得我们学习的。邓小平的话，是切合实际的肺腑之言。没有伟大的战略思想，就没有伟大的战略行动。没有伟大的战略家，就没有伟大的战略思想。没有统帅、战略家毛泽东的运筹帷幄，就没有刘邓大军挺进大别山的千里决胜！

后来邓小平谈到二野这段历史时，曾这样回忆说：

我一个，先念一个，李达一个，带着几百人不到一千人的前方指挥所留在大别山，指挥其他几个纵队，方针就是避战，一切为了站稳脚。那时六纵担负的任务最多，在大别山那个丘陵地带来回穿梭，一会儿由西向东，一会儿由东向西，今天跑一趟，明天跑一趟，不知来回跑了多少趟，调动敌人，迷惑敌人。别的部队基本上不大动，适当分散，避免同敌人碰面。这样搞了两个月，我们向中央军委、毛主席报告，大别山站稳了，实现了战略任务。

邓小平率部坚持内线斗争，是刘邓大军挺进大别山以来最困难的时期，是我军“反攻以来面临的最大考验”。

1948 年 2 月 24 日，根据中央军委和毛泽东指示，邓小平率大别山前方指挥所北渡淮河，转出大别山区，同刘伯承在安徽临泉地区会合。

这时，蒋介石加强了中原防御体系，调集白崇禧、顾祝同、胡宗南三员大将，统率 86 个旅 66 万人马布防中原。在中原地区的刘邓野战军共 50 个旅 35 万人马，与蒋军抗衡、对峙。

1948 年春，为加强对中原地区的工作领导，中共中央决定：加强中原区，由邓小平任中原局第一书记，陈毅为第二书记；建立中原军区，刘伯承为司令员，邓小平为政治委员，陈毅、李先念分任第一、第二副司令员；晋冀鲁豫野战军改名为中原野战军，刘伯承、邓小平仍分别为司令员、政委。

从1948年2月至7月，在中原战场上，我中野、华野两支劲旅，互为犄角，运动作战，歼敌20余万，解放了洛阳、开封、襄樊等重要城镇，开辟了广阔的新解放区。

在此期间，作为中野的政治委员，邓小平在参与重大军事行动决策的同时，还以很大的精力投入到新解放区的土改、整党、工商业政策的执行等项工作中。

1948年5月25日，毛泽东为中共中央起草了《一九四八年的土地改革工作和整党工作》的指示，发向全党。

是年6月6日，邓小平根据中共中央的指示精神，结合中原地区的实际情况，起草了《贯彻执行中共中央关于土改与整党工作的指示》(后简称《六六指示》)，提出了许多切合实际的重要意见，受到党中央和毛泽东的高度赞赏。

邓小平将《六六指示》上报中央审批后，毛泽东于6月28日代中央复电，表示完全同意邓小平起草的中原局的指示意见，并将中原局的这个文件转发给各中央局、分局、前委。

尤其让人惊奇的是，毛泽东在邓小平的《六六指示》上，亲笔增写了两段重要文字。

一段是充分肯定中原局的成绩。毛泽东增写道：

不但如此，由于我们的进军吸引了大量敌人到中原方面，这样就从根本上破坏了敌人将战争继续引向解放区，企图彻底摧毁解放区的反革命计划。而将战争引向了国民党统治区域，不但保存了原有解放区的基本区域，而且使我各路友军在山东，在苏北，在豫北，在晋南，在西北，在东北等地顺利地歼灭了大量敌人，恢复了广大失地，使全局都转入了攻势。我们的辛苦并不是白费的。

另一段文字还是加重肯定中原区的成绩。毛泽东增写道：

我中原全党同志必须对于上述各项成绩有足够的估计。如果在指出自己工作中的错误和缺点之后就忘记了自己工作的成绩，忘记了最主要的一方面，忘记了我们据以前进的基础，好像我们什么事情都做错了，并因此损害我们对于胜利的信心，那就是完全不对的，那就是右倾机会主义的观点。

毛泽东亲笔增写的这两段文字，凝聚了对邓小平的高度信赖。

毛泽东在转发邓小平的《六六指示》后，又在给刘少奇、朱德、周恩来、任弼时、胡乔木等人的信中说：中原局指示可以转发给中原以外各中央局、分局、前委……有了中原局这个文件，中央就不需要再发这类文件了。

毛泽东后来还说，书记在前线亦是可以做报告的，邓小平同志在大别山那样紧张的环境亦做了几次很好的报告。

毛泽东对邓小平的赞赏，由此可见一斑！

淮海战役“小平同志为总前委书记”

1948 年秋，全国解放战争的局势发生了重大变化。

8 月初，蒋介石在南京召开“军事检讨会”，面对国民党统治的颓势，承认“就整个局势而言，则我们无可讳言的，是处处受制、着着失败。”会议决定将作战重点置于黄河以南、长江以北地区。

9 月上旬，毛泽东在西柏坡主持召开政治局扩大会议。这是党中央撤离延安后到会人数最多的一次中央会议。邓小平、陈毅也参加了这次会议。西柏坡会议在军事上提出的战略任务是：建设 500 万人民解放军，从根本上打倒国民党的反动统治。会议指出，现在战争进入第三年，这是争取五年胜利中关键的一年。

会议结束后，邓小平、陈毅准备返回中原前线，毛泽东、周恩来、朱德亲自为他们送行。毛泽东对邓小平说：

“我们每年见一次面，每年都有很大的变化。我们明年见面时，全国的形势一定比今年更好！”

邓小平回答说：“主席、中央看得远。我回去后要和伯承同志很好地研究一下，我们应当发挥更大的作用。主席、中央给我们的任务，我想一定能够完成。”

周恩来说：“你们的位置太重要了，要靠你们去消灭国民党蒋介石的命根子，消灭他的主力部队，还要去剿蒋介石的老窝呢！”

邓小平笑道：“希望这一天能早点到来。”陈毅也回答说：“我们的本事就是一条，坚决完成主席、中央交给的任务！”朱德幽默地说：“完不成任务，就打你这胖子的屁股。”陈毅笑道：“总司令还没有打过我的屁股，我想我们不会挨打。希望下次见面时，能在你家吃到四川腊肉。”

朱德笑道：“好啊！我给你把四川腊肉准备好，到时候你就来吃吧。”一场大战——淮海战役，已准备在即。

10 月 11 日，毛泽东代中央军委起草并下达了《关于淮海战役的作战方针》，提出了淮海战役分三个阶段进行的具体构想和兵力部署。

以徐州为中心的广大淮海地区，自古以来是兵家必争之地，也是蒋介石国民党南京政府的西北屏障。

历史常常有惊人的相似之处。公元前 202 年，刘邦、韩信巧设“十面埋伏”，歼灭西楚霸王项羽主力的大战便发生在这一带。项羽垓下（今安徽灵璧县南固镇）被围，在四面楚歌中，泪别虞姬，败退乌江（今安徽和县东北），拔剑自刎。刚愎自用的一代枭雄项羽演出的悲剧，结束了历经四年的楚汉之争。最终农民出身的刘邦登上皇位，开创了大汉王朝。1600多年后，在淮海战场上，毛泽东和刘邓等也将在这里布设“十面埋伏”，围歼蒋介石在中原和苏皖地区的主力部队。

邓小平后来回忆说：“淮海战役是二野、三野联合作战，用毛主席的话说，二野三野联合作战，不只是增加一倍两倍的力量，数量变，质量变，这是一个质的变化。”

11 月 6 日，淮海战役第一个阶段作战——徐州地区围歼黄伯韬兵团的战斗开始了。我军于 11 月 16 日攻克宿县，切断徐蚌线，提前完成了对徐州这个“十字架”的战略包围。这时，刘伯承对邓、陈幽默地说：“蒋介石是信仰上帝的，他终将被钉死在十字架上。”

为了加强对淮海战役的领导，毛泽东和党中央于 11 月 16 日作出决定：成立淮海战役总前委，由邓小平任总前委书记，刘伯承、陈毅、邓小平、粟裕、谭震林为委员，“由刘、陈、邓三人为常委临机处置一切”。总前委统一指挥中野、华野作战。

毛泽东在为中央军委起草的电文中，指出：

中原华东两军必须准备在现地区作战三个月至五个月（包括休整时间在内），吃饭的人数连同俘虏在内将达八十万人左右，必须由你们会同华东局，苏北工委，中原局，豫皖苏分局，冀鲁豫区党委统筹解决。此战胜利，不但长江以北局面大定，即全国局面亦可基本上解决。望从这个观点出发，统筹一切。统筹的领导，由刘、陈、邓、粟、谭五同志组成一个总前委，可能时开五人会议讨论重要问题，经常由刘陈邓三人为常委临机处置一切，小平同志为总前委书记。

以邓小平为首的总前委，是淮海战役的最高领导决策机构。这是毛泽东和党中央对邓小平的最大信任！

毛泽东亲自决策、邓小平等人精心组织的淮海战役，就是中国人民解放战争史上的“捉鹿”奇观。

淮海战役是在以徐州为中心，东起海州、西至商丘、北起临城、南达淮河的广大地区进行的。这是中国人民解放军战略决战中历时最长、规模最大、歼敌最多的一个大战役。

国民党军参战的是以徐州“剿总”总司令刘峙、副总司令杜聿明为首的黄百韬、黄维等五大兵团，共计 80 万兵力。其中，大多是国民党军的主力和精锐部队，谋士成群，战将如云。人民解放军参战的是中原、华东野战军及晋冀鲁豫军区的地方部队，共 60 万人。国共双方的兵力对比是 3∶2，敌强我弱。可是，我军后面还有 500 万民工的支援，形成了人民战争的汪洋大海！

11 月 6 日至 22 日，为战役第一阶段。战役拉开后，华东野战军以七个纵队分割包围黄伯韬兵团，以八个纵队阻击援敌李弥兵团。8 日，国民党第三绥靖区副司令官何基沣、张克侠（二人都是中共秘密党员）率部三个半师 23000 人在台儿庄、贾汪地区起义，从而使徐州东北大门洞开。我军利用这一有利时机，将黄伯韬兵团的五个军包围在新安镇碾庄，经 12 天激战，将敌全歼，黄伯韬兵败自戕。与此同时，中原野战军完成对徐州的战略包围。

11 月 28 日至 12 月 15 日，为战役第二阶段。黄伯韬兵团被歼后，黄维兵团风尘仆仆地从河南远道赶来增援。总前委抓住战机，以中原野战军为主力，将黄维兵团围在宿县的双堆集地区。蒋介石决定放弃徐州后，我军乘势发起攻击，全歼黄维兵团、孙元良兵团，黄维被俘，孙元良化装潜逃。

12 月 15 日到翌年 1 月 10 日，为战役第三阶段。全歼黄、孙兵团后，我军经过一段时间的休整，养精蓄锐，于 1949 年 1 月 6 日对杜聿明部发起总攻，仅 4 天时间，就全歼邱清泉、李弥两个兵团 10 个军，杜聿明被俘，邱清泉毙命，李弥潜逃。

至此，淮海战役以大获全胜宣告结束。

淮海战役历时66天，歼敌55万，战果累累，惊天动地，是中外战争史上以少胜多的辉煌战例。斯大林在听到淮海战役胜利的消息后，惊喜、激动地在自己的笔记本上写了一行字：“奇迹！真是奇迹！”

淮海战役的胜利，使长江以北的华东、中原地区基本上获得解放，使国民党蒋介石的统治中心南京，经济重镇上海直接暴露在人民解放军的铁流面前，从而为解放军渡江作战创造了极为有利的条件。

以邓小平为书记的总前委，在淮海战役中起了举足轻重的关键作用。他们根据党中央和毛泽东的战略意图，对整个战役作了周密的计划和部署，运筹帷幄，决胜千里，随机应变，捕捉战机，发挥了高超的军事指挥艺术，创造了战争史上的奇观。

毛泽东对以邓小平为首的总前委的卓越指挥给予了高度评价，多次说淮海战役“是一个伟大胜利”，是“具有全国意义的伟大战役的胜利”，后来曾亲口对邓、刘、陈说：“淮海战役打得好，好比一锅夹生饭，还没有煮熟，硬被你们一口一口地吃下去了。”

总前委是淮海战役的统帅部。这个统帅部是邓小平牵头，邓、刘、陈三人为常委。这三个领导人，既是亲密战友，又是四川老乡。三人风格不同，性情各异，爱好也不一样。可是，相处得却非常融洽，非常和谐，在战场上有口皆碑，传为佳话。

三人中刘伯承年纪最大，时已56岁。他持重老练，和蔼慈厚，举重若轻，思辨周密，素有“常胜将军”之称。在进军大别山时，他就预言：“中原逐鹿，鹿必将落入我南线解放军之手！”淮海一战，果真如此。他喜欢看书，战事再紧，每天清早还要学习俄语。他对邓、陈二人，非常尊重、关心，每当炊事员给他端来什么好吃的，他都要问：“邓政委、陈司令员有没有?”炊事员回答“都做了”时，他才肯吃。他在总结淮海战役的经验时说：“淮海战役各个歼灭黄伯韬、黄维、杜聿明三军，乃毛泽东军事学说中各个歼灭敌人的范例。而双堆集歼灭黄维一战，则为承先启后的关键……双堆集歼灭战以运动战始，以阵地战终；以消耗敌人始，以围歼敌人终。我军在转换关头上运用不同战法而持之以顽强，必须着重研究而发扬之。”

邓小平是三人中年纪最小的，时年44岁，却是领头人物。他沉稳坚毅，不苟言笑，举重若轻，决策果断。他对刘、陈二人非常敬重，视若兄长。他在战场上，天气再冷，每晚都要洗个冷水澡。他每天早上起得最早，先打拳散步，然后思考问题。他尤其喜欢一个人玩牌，玩牌是门艺术，淮海战场上的胜负同样取决于他的领导艺术。他善于在错综复杂、扑朔迷离的诸多事件中，迅速抓住最主要的矛盾而果断解决。作为总前委书记，邓小平有句名言：“把千军万马置于党中央视线之下。”为了做到这点，在远离党中央千里迢迢的淮海战场上，他不顾战斗环境如何险恶，自己身体如何劳累，都要把战情及时向党中央、毛泽东报告得清清楚楚。作为中原野战军的政委，他常对部将杨勇、陈赓、陈锡联、秦基伟等人说：“在淮海战场上，只要歼灭了敌人南线主力，中野就是打光了，全国各路解放军还可以取得全国胜利，这个代价是值得的!”

这是何等的胸怀，何等的眼光，何等的气魄!淮海战役是以邓小平为首的总前委，遵照毛泽东和中央军委的战略部署，创造性地组织实施而取得伟大胜利的。

淮海战役发动前，1948年10月11日，毛泽东就为中央军委起草下达了《关于淮海战役的作战方针》，对“淮海战役部署”提出了三个阶段的设想：第一阶段的重心，是集中兵力歼灭黄伯韬兵团；第二阶段，以大约五个纵队，攻歼海州、新浦、连云港、灌云地区之敌，并占领各城；第三阶段，可设想在两淮方面作战。三个阶段大概共须有一个半月至两个月的时间，十一、十二月两月完成淮海战役。这个电报是发给华东野战军的，同时告知了华东局和中原局。

毛泽东历来多谋善断。在淮海战役发动前的一个多月中，毛泽东和中央军委同中原、华野两大野战军的军政首长反复磋商，根据不断变化着的形势，及时调整战略部署，作出战略决策，并从容地应付各种复杂的局面。时任华野副参谋长的张震回忆评述道：毛主席高瞻远瞩，制定了淮海战役的作战方针，又博采众长，使这个方针得到补充和进一步完善。战役第一阶段的进攻方向选定在徐州以东，歼灭对象是黄伯韬兵团。中野主力直击徐蚌线，协同华野作战。在总的战略意图下，最高统帅部和前线指挥员之间经过酝酿磋商，使战役的具体部署更加缜密。

这是淮海战役这样一场波澜壮阔的战略决战，能够迅速决战决胜的重要原因。

在围歼黄维兵团的过程中，有一个故事，可以看出邓小平在军事方面的卓越见解。就是在采取什么战法来合围黄维兵团这个问题上，中野的决策机关里有两种意见——邓小平主张把敌人“围死”“围而不阙”，用阵地战消灭敌人；而司令部作战室的一些参谋则主张采用“围三阙一”的战法，放开一个口子，用口袋阵消灭运动中的敌人。

一天，刘伯承司令员来到作战室，听见参谋们的争论，就说：“邓政委他们的意见是对的。开始，我们也曾考虑过放开一个口子，让敌人突入我预设的袋形阵地，再歼灭之。但我们又判断，在目前我大军压境的情况下，敌人一定很谨慎，不会轻易上当。你放口子，他就会给你来个进占一村，巩固一村，逐步滚进，不但可以利用我们原有的工事防御，而且能够获得较多的民间粮食，于我不利。所以，权衡利弊，我们应该放弃这个想法。”

“可我们以前经常采用‘围三阙一’的战法，也很灵啊！”有位参谋说。

刘伯承笑着解释说：“但我们也搞过‘围而不阙’啊！情况是变化的，要根据实际决定战法，该‘阙’就‘阙’，不该‘阙’就不‘阙’，绝对要不得教条。比如说，鲁西南战役打郓城，我们就是‘围而不阙’，消灭敌人一个师嘛！鲁西南战役打六营集，我们又‘围三阙一’，又全歼了他两个师……”

司令员的一席话，犹如一堂精彩的兵法课，说得大家心悦诚服。后来，刘伯承就是根据邓小平等人的意见，果断合围，于12月15日聚歼黄维兵团12万人马。黄维兵团被歼后，战役进入第三阶段。

在战役第三阶段，以邓小平为首的总前委发动了更加凌厉的政治攻势，瓦解敌军，动摇其军心，促使其投降。毛泽东于12月17日代中野、华野司令部起草了《敦促杜聿明等投降书》，在前线反复广播。战争的伟力深藏于民众之中。以邓小平为首的总前委，在整个淮海战役中，还精密地组织了强有力的后勤支前工作。党中央和毛泽东又委派杨立三来到前线统筹淮海战役的后勤工作。整个战役共出动支前运输民工543万人，为参战部队的9倍；动用担架20.6万副，大小马车、推车88万余辆，担子35.5万副；运送弹药73万多公斤，供给粮食4.8亿斤及其他大量军需物资，转运伤病员11万名，等等。陈毅副司令员形象地说：“淮海战役的胜利，是人民群众用小车推出来的。”

淮海战役从1948年11月6日开始，至1949年1月10日结束，历时66天，歼灭国民党刘峙集团主力和白崇禧兵团一部共22个军55万余人。人民解放军以13.4万余人的伤亡代价换取了淮海战役的伟大胜利。

淮海战役的胜利，具有伟大的意义和深远的影响。时任华野参谋长的陈士榘在其撰写的《淮海战役的胜利是毛泽东同志战略战术思想的胜利》

一文中说："徐州是南京的门户。蒋介石失去了徐州地区，就等于丧失了整个长江以北的地区，等于丧失了国民党军队的最后脊骨。"从此，国民党的政治、经济中心南京、上海，置于解放军炮火的直接威胁之下。

时任中原野战军参谋长的李达在《忆淮海战役》中写道："淮海战役刚刚结束，邓小平同志就指出：这个胜利仅仅是全国千百次重要胜利的一个。一如坚持大别山的意义一样，只能把它的宝贵经验提取出来，作为我们继续进步的基础，而不能把它变成阻碍自己前进的政治包袱！"这是多么深邃的眼光！

逐鹿中原，邓小平作为总前委书记，作为大战役第一线的指挥员，坚决执行毛泽东和中央军委的正确战略决策，在血与火的战争中写下了雄壮的诗篇。

第九章　挥师过长江

根据联合国教科文组织的定义，16周岁至45周岁为青年。

邓小平45岁时是1949年，国内激战正酣，斯人风华正茂。他用青春的热血和智慧完成了气势磅礴的壮举，指挥百万雄师过长江，谱写了青春年华最壮丽的篇章。

——题记

1949年4月23日，北京香山双清别墅，中共中央主席毛泽东坐在一张藤椅上，正在阅读《人民日报号外》解放南京的消息。人民解放军渡江成功，国民党政权首都南京宣告解放，为中国人民革命取得全国胜利奠定了基础。毛泽东非常高兴，欣然写下了《七律·人民解放军占领南京》。

钟山风雨起苍黄，百万雄师过大江。

虎踞龙盘今胜昔，天翻地覆慨而慷。

宜将剩勇追穷寇，不可沽名学霸王。

天若有情天亦老，人间正道是沧桑。

指挥“百万雄师过大江”的，正是渡江战役总前委书记、时年45岁的邓小平。

把渡江战役指挥权交给邓小平

辽沈、淮海、平津三大战役之后，人民解放军的总兵力已经增加到了358万人，而国民党军队总兵力下降至204万人，全部退守到长江以南，蒋家王朝已处于风雨飘摇之中。蒋介石为了赢得时间，重整军力，于1949年1月21日宣布“引退”，一方面由副总统李宗仁任“代总统”，并出面与中共和谈；另一方面则积极组织长江防御，企图借长江天险，阻止人民解放军渡江南进，最后实现“南北分治”。

熟知中国历史地理的蒋介石知道，不可逾越的天堑长江，是他的最后一道防线。

长江水面最宽处5000米，最窄处也有2000米。“长江长，长江宽，燕子也得飞三天；海无边，江无底，秤砣掉下不落底。”一首童谣，展示了长江天堑的威力。

1300多年前的三国时代，魏国丞相曹操率领83万大军渡江南下，意欲灭亡吴国、蜀国，一统天下，却在长江岸边赤壁惨遭失败，形成三国鼎立；900多年前，因长江天堑，南北朝隔江对峙近百年。

为了保住岌岌可危的政权，国民党调集兵力，构筑了一道号称“固若金汤”的长江防线，妄想凭借长江天险和海空优势，阻止人民解放军渡江南进。在宜昌至上海间1800余公里的长江沿线，部署了115个师约70万人，布防于江西湖口至上海间800余公里的地段上；国民党海军海防第二舰队和江防舰队100多艘舰艇日夜沿江巡弋，空军4个大队随时待命；另以海军舰艇120余艘、空军飞机280多架协同作战。

1948年12月下旬，毛泽东抽出两天时间，为新华社写了一篇迎接

1949年到来的新年献词《将革命进行到底》。这篇大气磅礴的新年献词，号召全党、全军、全国人民坚决彻底干净全部地消灭一切反动势力，推翻国民党的反动统治，建立人民民主专政的共和国，绝不能使革命半途而废。由此，“将革命进行到底”成为夺取解放战争最后胜利的总动员令。

总动员令激励着人民解放军全体将士，激励着全国人民。“打过长江去，解放全中国！”已成为全国人民的强烈呼声和共同心愿。

1949年元旦，蒋介石迫于局势，宣告“下野”，抬出了“代总统”李宗仁应付局面，以“和谈”为幌子，拖延时间。实际上，蒋介石并没有真正退居，而是以国民党总裁的名义在幕后指挥军队，“以党控政”，不仅构筑长江防线，还在他的家乡浙江奉化溪口建了七座电台，企图“划江而治”。

以毛泽东为首的中共中央，和蒋介石打了多年交道，对蒋介石的缓兵之计洞若观火，决心将革命进行到底。中共中央一方面以极大的耐心同国民党举行谈判，争取和平渡江、和平解放全中国；另一方面，命令第二、第三野战军，在由邓小平、刘伯承、陈毅、粟裕、谭震林组成的淮海战役总前委继续领导下，准备发起渡江战役，夺取国民党政府政治、经济中心南京、上海等广大地区。同时，还决定以第四野战军组成先遣兵团，攻取信阳，直逼武汉，牵制白崇禧集团，配合第二野战军渡江作战。

1949年2月11日，中央军委决定，以邓小平为书记的总前委，“照旧行使领导军事及作战的职权”，指挥渡江战役。中央决定，由总前委统率第二野战军和第三野战军进行渡江作战。

1949年2月中旬，邓小平在商丘主持召开了总前委会议，具体研究渡江战役。他指出：“国民党反动派这些英雄好汉们非常迷信武力，他们一有机会，就会刀兵再起。他们玩弄和谈，实则准备大打！列宁说，战争是政治的继续，政治也在战争中继续着。国民党玩弄和谈阴谋，实则扩充两百个师！我们要积极准备船只，开展水上练兵活动，准备打过长江去，解放全中国！”会后，两大野战部队开始了各种渡江训练和准备工作。

1949年3月5日至13日，毛泽东在西柏坡主持召开了中共中央七届二中全会，邓小平和陈毅、谭震林等出席。毛泽东在会上提出了一个著名的论断：“从一九二七年到现在，我们的工作重点是在乡村，在乡村聚集力量，用乡村包围城市，然后取得城市。采取这样一种工作方式的时期现在已经完结。从现在起，开始了由城市到乡村并由城市领导乡村的时期。党的工作重心由乡村转移到城市。在南方各地，人民解放军将是先占城市，后占乡村……”会上，邓小平受命兼任中共中央华东局第一书记。会议期间，毛泽东专门同邓小平、陈毅、谭震林一起研究了渡江作战问题，决定二野、三野4月10日开始发起渡江战役。

1949年3月14日，七届二中全会闭幕的第二天，在河北省平山县西柏坡一间简朴的会议室，中央又召集了一个座谈会，议定各大区的人事安排方案。

华东地区的管辖范围及组成人员名单，中央安排由邓小平宣读。中央的意图很明显：邓小平是指挥渡江战役和挺进大西南的主要负责人。

邓小平在会上宣读了中共中央华东局、华东军区负责人组成名单及上海市、南京市负责人名单。

中共中央华东局由邓小平、刘伯承、陈毅等17人组成，邓小平为华东局第一书记、华东军区第一政委。

名单宣读完毕，邓小平谈到渡江后接管大城市的问题、到新区筹粮和在城市筹款的工作及货币使用办法等问题。还谈到有关城市接管和新区政策要发几个文件等具体问题。

3月14日的座谈会结束后，毛泽东再次召集邓小平、陈毅等商讨渡江作战问题。毛泽东特意对邓小平说：这次渡江战役就交给你指挥了！

字字千钧。邓小平深知这话的分量。

毛泽东赞赏地看着他这一员属龙、虽清瘦但却虎虎有生气的爱将，深信他能担负起这一重任。

历次战役，邓小平运筹帷幄，披坚执锐，显示出卓越的军事才能和非凡的组织才能。

40 年后的 1989 年，邓小平在会见编写第二野战军战史的老同志时说，毛主席把渡江作战的指挥权交给他，这是毛主席亲自交代的。

临战受命，邓小平的工作可谓千头万绪。被委以重任的邓小平和刘伯承、陈毅等深知，虽然经过辽沈、淮海、平津三大战略决战，在长江以北消灭了国民党军队主力，但是，国民党政权并不甘心失败，以汤恩伯、白崇禧两个重点防御集团守备的京沪杭地区和武汉地区为要点，在 1800 多公里的长江沿线严密布防，企图凭借长江天险阻止人民解放军南进。最后一搏，将是殊死搏斗。

1949 年春，邓小平先后在河南商丘、安徽蚌埠主持召开会议，讨论渡江作战准备的一系列问题和战役实施的具体方案。作为渡江战役主帅的邓小平，由西柏坡回到前线后，着手为总前委亲自起草《京沪杭战役实施纲要》，并在后来的渡江战役中发挥了巨大的指导作用。

3 月 18 日，邓小平从西柏坡回到二野。这时，总前委移驻肥东瑶岗。

3 月 26 日，总前委在蚌埠附近召开第二、第三野战军高级干部会议，邓小平主持，讨论渡江作战方案。

1949 年 3 月 31 日，总前委书记邓小平根据讨论情况，亲自起草制定了《京沪杭战役实施纲要》。决定组成东、中、西三个突击集团，采取宽正面、有重点的多路突击的战法实施渡江作战。

第三野战军 8 个军 35 万人，组成东突击集团，粟裕、张震指挥，在扬中至靖江段渡江；

第三野战军 7 个军 30 万人组成中突击集团，谭震林指挥，在安徽裕溪口至枞阳镇段渡江；

第二野战军 9 个军 35 万人组成西突击集团，刘伯承指挥，在枞阳镇至望江段渡江。

运筹帷幄之中，决胜千里之外，战略家的气魄与智慧就在于此。

作战纲要既高屋建瓴，又明确具体，指明了渡江目的，判断了蒋军兵力，确定了作战纲领，规划了作战部署，准备了应变方略，明确了渡江地段及展开方向，还规定了有关作战联络方式。

刘伯承亦称赞这个《纲要》说：稳健！

1949 年 4 月 1 日，邓小平为总前委起草的《京沪杭战役实施纲要》上报毛泽东和中央军委，4 月 3 日就得到毛泽东和中央军委批复同意。

《京沪杭战役实施纲要》的制定，充分显示了邓小平卓越的宏观决策能力和军事指挥才干。人民解放军正是按照邓小平的这个《纲要》，实施渡江战役取得胜利的。

在安徽萧县附近的蔡洼，邓小平召集总前委会议，再次对渡江战役作了具体研究，从思想上、组织上和政策上为渡江进行全面准备。针对国民党守敌的江防设施，决定组成三路大军横渡长江。其中以粟裕，张震同志率第三野战军的 8 个军 35 万人为东路兵团，从江苏的扬中至江阴渡江；以谭震林指挥三野的 7 个军 30 万人为中路兵团，自安徽的裕溪口至枞阳门渡江；以刘伯承、邓小平等同志指挥二野的 9 个军 28 万人为西路兵团，自枞阳至江西的湖口渡江。各路兵团经过两个月左右的整训，于 1949 年二三月间，先后由徐淮地区和阜阳地区南进到江北一带，形成同敌军隔江对峙的局面。

中国人民解放军抵达长江北岸后，做了大量的渡江作战准备工作。各军内部分别建立了船舶管理委员会，积极协同地方政府，广泛地向船工和群众宣传党的政策；打捞沉船，修补船只，很快筹集各种船只达两万余只。与此同时，中路渡江大军在安徽的巢湖开展了水上练兵活动。广大指战员学习划桨、掌舵、挣篙、抛锚和泅水本领。接着，部队又进行实战演习，组织夜间航渡、水上射击、水上救护、水上架线、水上通讯联络，并以船为单位编成新的战斗集体，把所有的船只都分类编号，担任具体任务、为了把隐蔽在巢湖和内河的船只秘密地开进长江，部队和船工经过十多天的日夜挖掘，挖出引河，抢渡船陆续驶到了江边。

在水上练兵的基础上，中国人民解放军开展了全面的侦察活动，通过实地观察和调查研究，掌握沿江的敌情、水情和地形，并派出侦察分队先期偷渡过江，了解敌军布防情况。我中路大军派出的第二十七军侦察营，分成几支侦察部队，由汤沟至泥汊一带，偷渡潜入江南。其中有一个由七名战士组成的侦察小组，于 4 月 6 日夜晚乘坐小舟登上江中的黑沙洲，摸清了湖上的敌情。接着，由 300 人组成的渡江先遣营，从北岸泥汊镇附近的夹江口乘木船偷渡，到荻港附近登岸后，直扑宣城阳山，转战泾县云岭，在江南游击队的配合下，将敌情用各种办法送到江北渡江指挥部，为确保渡江作战的胜利提供了条件。

邓小平回到前线主持总前委会议，并认为，4 月 10 日恰为阴历十五，月圆通宵，影响我军突破江防突然性，遂提出 4 月 15 日黄昏渡江。

当时，中央军委鉴于和平谈判已有进展，电示总前委，欲将渡江时间推迟半月或 1 个月。根据国共和谈最终期限是 4 月 20 日，中央军委又提出 22 日、25 日、29 日三个渡江日期，征询总前委意见。邓小平等经多方面调查认为，5 月江水比 7、8 月还大，渡江将发生极大困难，现百万大军拥挤江边，过久推迟，将不得不后撤以就粮草。而签字之事，亦应设想敌人翻脸，故建议先打过江，以争取和平接收。

4 月 18 日，中央军委和毛泽东最后作出决定，电告邓小平等：“完全同意总前委的整个部署，即二野、三野各兵团于4月20日开始攻击，22日实行总攻，一气打到底。”同时又指出：“此次我百万大军渡江南进，关系全局胜利极大。希望我二野、三野全军将士，同心同德，在总前委及二野、三野两前委领导下完成伟大任务。”

合肥瑶岗指挥所

1949年3月，总前委移驻肥东瑶岗。

合肥以东15公里，有一个人口不到1000的小村庄——肥东县撮镇镇瑶岗村。邓小平就是从这里骑马进了瑶岗，并在一个月后直接指挥了“百万雄师过大江”的渡江战役。

部队很神秘。首长办公的地方，几步一岗。村民王万高有一次问住在他家的战士，你们的首长是多大的官，有没有你们的排长大？结果一屋子的战士都笑了。直到1984年，王万高和蒋先功两人为了搞清楚当年驻扎瑶岗的到底是什么部队，走遍大半个中国，拜访了在国务院、军博、军科院和各大军区工作的当事人，最后才解开谜底——瑶岗是渡江战役总前委驻扎地，住在这里的大官就是邓小平。

当时，村民们每家每户都有战士借住。一开始，村民们也很紧张。但村民们很快就发现，这些战士和以前在村子里住过的国民党部队完全不同：国民党官兵一进村就翻箱倒柜，捉鸡杀狗；解放军战士不拿老百姓的一针一线，还会每天把家里打扫得干干净净，把水缸里的水装得满满的。

总前委指挥部的大门口，有一条宽阔的水沟。战士们在水沟上，练撑杆跳，用采菱盆划水。很多战士不会划，一下子就翻了。邓小平就亲自示范给战士们看，边划边说：“这是一项政治任务，不会跳要学跳，不会划盆要练习划。”说完还耐心地教大家一些动作要领，战士们很快就掌握了划水和撑杆跳的技术。

邓小平和陈毅总是在傍晚时分出来散步。三四月间的瑶岗，天还很凉，邓小平经常披一件棉大衣，戴着棉帽。

有一次，邓小平正在田间小路上散步，小路只能一个人通过，旁边就是水田。这时恰巧有一位村民扛着两米多长的耙子面对面走过来，警卫员上前示意村民让路，邓小平连忙拦住警卫员说：“我让他。”说完就从田埂上跳到了水田里，等村民走过去，他才拖着两脚泥回到小路上。

村民王万争读过书。有天傍晚，他正在摇头晃脑地念唐诗，散步经过的邓小平上前和他攀谈，得知他叫王万争后，拍了拍他的肩膀说：“南京马上要解放了，以后战争就少了，你的名字可以改一改喽。”王万争当即请首长取名，小平略思片刻，拿过纸笔写下“王朗铮”三个字，还解释说：“朗朗似天地日月，铮铮如金玉之声。”

总前委指挥部旧址纪念馆坐落在瑶岗村一幢两进两厢、雕梁画栋的清代徽派建筑内。纪念馆内，原状陈列的文物保留着当年的场景。大厅正面屏风上悬挂着毛主席和朱总司令的画像，两面的墙上分别镶嵌着《渡江战役敌我态势图》和《渡江战役进军路线图》。三张大方桌排列成的会议桌旁，环摆着 8 张朱红色靠背椅，靠里正中的是邓小平的座位。就在这个座位上，他主持召开了兵团以上干部参加的军事会议和华东局常委扩大会议。桌上一台代号 501 的手摇式电话机，是邓小平指挥前方作战和后方支前的传令工具，如今已被国家文物局鉴定为一级革命历史文物。

邓小平和陈毅当年的卧室兼办公室分别在大厅两厢。邓小平同志住东厢，20 件邓小平用过的原物至今完整保存，桌上一盏煤油灯曾被官兵们称为长明灯，每天深夜，大家一觉醒来这盏灯还亮着，是一代伟人为革命事业日夜操劳的见证。邓小平在灯下奋笔疾书，亲笔撰写并刻版《京沪杭战役实施纲要》，修改签发了《华东局关于接管江南城市的指示》《华东局关于江南新区农村工作的指示》等重要文件及电文、电报。

1949 年 4 月 21 日清晨，住在总前委指挥部附近的村民听见，两位平时一贯严肃的首长，在接到一个电话后，突然不约而同地大笑起来，村民们觉得很纳闷。然而翻开历史记载我们可以得知，从 4 月 20 日开始的渡江战役到 4 月 21 日清晨，正是解放军第七和第九兵团胜利渡过长江的时刻。

1949 年 4 月 22 日，百万大军势如破竹渡过长江。一个个胜利的喜报从瑶岗传向中央军委，传遍神州大地。

4 月 27 日清晨，瑶岗村的村民们从睡梦中醒来时，发现这支和他们相处了 30 天的部队已经悄悄地撤离了。村民家中的水缸都加满了水，屋里屋外也打扫得干干净净。一户村民家中的扁担断了，能买两副扁担的钱端端正正地放在桌上。

“打过长江去，解放全中国！”

在以邓小平为首的总前委指挥下，一场气势磅礴、排山倒海的“百万雄师过大江”的大决战开始了！

按照中央军委的命令和总前委的《京沪杭战役实施纲要》，邓小平、刘伯承、陈毅等人指挥人民解放军第二、三野战军的百万雄师，以沿江湖区渔民的木帆船为主要航渡工具，在炮兵、工兵的支持配合下，从西起江西省的湖口、东至江苏江阴的千里江面上强渡长江，迅速突破国民党军的江防，占领九江、安庆、贵池、铜陵、芜湖和常州、无锡、镇江等城，彻底摧毁了国民党军的长江防线。

中路突击集团于4月20日夜晚首先起渡。他们冒着敌舰和江防炮火的拦截，迅速占领了部分江心洲，突破了鲁港至铜陵的敌军防线。

当邓小平等积极组织渡江战役时，国共两党还在进行“和谈”。

在以周恩来为首的中共代表团的多方努力下，中共代表团与以张治中为首的南京政府代表团，取得共识，形成了《国内和平协定》(最后修正案)。

然而，4月20日，国民党南京政府复电，公然拒绝接受《协定》，“和谈”宣告破裂。

4月21日，中国人民革命军事委员会主席毛泽东起草并与中国人民解放军总司令朱德联名签发了《向全国进军的命令》，指令人民解放军二野、三野等部“奋勇前进，坚决、彻底、干净、全部地歼灭中国境内一切敢于抵抗的国民党反动派，解放全国人民，保卫中国领土主权的独立和完整”。

毛泽东下令了！百万雄师立即开始渡江！

4月20日上午，英国军舰“紫石英号”窜到扬州东南20公里处的三江营一带，不听中国人民解放军劝告，还向我军开炮。很快，4艘英舰与正在渡江的人民解放军对峙。一场激战，受伤的3艘英舰被迫逃往上海，“紫石英号”搁浅被俘。

为了有利于东、西两路兵团作战，并在渡江后能够迅速会师，我军决定中路兵团提早在4月20日午夜渡江。白天，中路大军第七兵团和第九兵团，各以两个军组成一个梯队。午夜时分，千万只战船出现在长达一百多公里的江面上。

最先于4月20日夜突破长江天堑的我军中路大军，由安徽巢湖进军，然后取道无为县泥汉一线渡江。

夜幕中的长江江面上，千船竞渡。

每一支船的船尾都点了一盏小红灯。这支小红灯的前、左、右三个方向都不透光，只有靠后方才能看见。渡江开始后，从江南岸往北看，仍是一片漆黑，而从江北往南岸看，则可以看见无数支小红灯在闪烁。一小时后，渡江突击队先后攻占了闻新洲、紫沙洲、黑沙洲、鲫鱼洲等江心洲。紧接着，他们强渡夹江，建立了滩头阵地。与此同时，中国人民解放军的大炮轰掉了敌军主碉堡，强渡战士顺利登岸。到21日凌晨，渡江第一梯队突破敌军防线，敌军自芜湖至铜陵的江防地带全部土崩瓦解，敌军丢盔弃甲，夺路南逃。

中路大军突破天堑的当天晚上，东、西两路大军接连发起了渡江攻势。西路兵团从下午五时开始全线进攻，在三十华里长的战线上，排列着三百多门大炮，经过一个小时的猛烈炮击，摧毁了敌军的前沿阵地。接着，在贵池至马当的二百华里长的江面上，从各港口涌出的数千只战船，立即向南岸驶去，很快突破了敌军的西边江防。在西路大军强行渡江的同时，我东路大军于21日下午七时也发起攻击，在申港、靖江地区南渡。战船冒着密集的炮火向前猛冲，首批八个团的兵力，在不到一个小时的时间内，就在圩塘镇至王坍镇、申港至夏港及长山两侧三个地段登上南岸，歼灭了据守敌军。接着，最先登岸的突击营战士，即与驻守在江阴县的起义人员会合，机智地活捉了国民党要塞司令戴戎光，摧毁了江阴要塞，敌军纷纷向南溃退。22日我军又解放了贵池、彭泽等地，猛扑浙赣线，向敌军纵深进攻。

当我三路大军向国民党的千里江防展开猛攻的时候。集结在滁县以南地区的我三十五军，从四月20日开始，也对南京正面的江浦、浦镇、浦口地区发起攻击。他们先从右翼拿下江浦，从正面夺取浦镇，后再攻取浦口，直捣南京。

21日夜晚，东、西两路突击集团发起了强大攻势，冒着敌军的枪林弹雨，乘船直冲对岸。过江后，一面分兵横扫沿江之敌，一面以主力向敌纵深处推进。

22日，我军东、西、中三路突击集团挺进至香山、南闸、百丈、彭泽、南陵一线。我军乘胜追击，连克江阴、无锡、常州、芜湖、青阳等城镇，直逼南京。

此时，在安徽肥东瑶岗村，总前委指挥部，两天两夜未曾合眼的邓小平，这才感觉到十分疲惫和剧烈的头痛。

4月23日，胜利渡江的人民解放军，直捣国民党反动统治的巢穴——南京。

蒋介石的总统府内，文件满地，一片狼藉。

4月24日凌晨，104师312团3营9连占领总统府，青天白日旗倏然飘下，代之冉冉上升的，是中国共产党鲜亮的红旗！

闻此消息，蒋介石如五雷轰顶，瘫坐在溪口老家的椅子上，半天说不出话来。

1949年4月24日，《人民日报》刊登了毛泽东为渡江战役的胜利写的一篇新闻稿《人民解放军百万大军横渡长江》。气势磅礴，排山倒海！

这一天，邓小平与陈毅迈着矫健的步伐，跨入蒋介石居住多年的南京"总统府"。陈毅激动地说："人民终于胜利了！"邓小平接着说："这是伟大的中国人民在九百六十万平方公里土地上的胜利！"这天晚上，邓小平、陈毅二人就住在"总统府"内。

南京解放后，人民解放军向纵深挺进。解放军部队继续分路追击国民党余寇，先后解放武汉三镇、南昌等地。

5月1日，总前委在南京召开了隆重的会师大会。邓小平在会上宣读了毛泽东亲自签发的中共中央祝贺南京解放的通电。

邓小平说：中国革命的伟大胜利历尽无数艰难曲折，牺牲了成千上万的斗士先烈，光在南京雨花台被杀害的就有10万啊！经过22年的奋斗，在毛主席领导下，中国的新民主主义革命才取得根本的胜利，真是来之不易！所以要学习毛泽东思想，学习七届二中全会决议，统一意志，统一步调，才能担负起新形势下的新任务。今后，我们一定要警惕糖衣炮弹的袭击，犯了错误对不起先烈，就应该到雨花台上去检讨！

5月3日，杭州解放。

邓小平累倒了。他肩上的担子太重了：身为总前委书记，负责组织、指挥、协调二野、三野两路大军百万人马的作战；身为华东局第一书记，负责整个华东地区党政工作。同时，兼任中原军区和二野政委。军区和野战军政治工作的重大决策，都需要邓小平制定。而此时，进军大西南时不我待。

然而，战事倥偬，邓小平无暇治病。5月6日即与陈毅风尘仆仆赶到丹阳，会同华东局及三野其他领导一起谋划解放和接管上海的工作。

5月7日，第二野战军占领贵溪、上饶、金华等城并控制了浙赣线。至此，汤恩伯集团一部逃往福建，主力25个师约20万人退守上海。总前委依据战局发展，决心以第三野战军8个军发起上海战役。部署是：攻城部队分别由浦东、浦西实施钳形突击，直插吴淞，断敌海上退路，迫其投降。

5月12日发起上海战役，经激烈战斗，于27日攻占上海。

5月17日，武汉三镇解放。

5月22日，南昌解放。

5月27日，上海解放。

主攻上海的三野第九兵团第二十七军军长聂凤智回忆说：解放上海时，“经过连日的战斗、追击，同志们没有得到一宿的安眠，战斗下来的部队都悄悄地坐在马路边上休息。在蒙蒙细雨当中，大家和衣熟睡在湿漉漉的水泥地上，不惊扰市民，不跨进民房”……

大上海解放了。从此，这个冒险家的乐园，东方的明珠，亚洲最大的金融中心，终于回到了人民手中。

邓小平、陈毅住进了上海瑞金路的原国民党“励志社”。他们会心地笑了！

邓小平到上海后，专程拜访了孙中山的遗孀、共产党挚友宋庆龄女士等，还安放了前妻张锡瑗的遗骨。

没多久，邓小平又病倒了。

他太累了。他这个总前委书记、华东局第一书记，实在太忙、太累了！

为此，中央批准他休假一个月。不久，邓小平与陈毅进驻上海，一个是中共中央华东局第一书记，一个是新中国的第一任上海市市长。两人亲密无间，合住在一栋小楼里，处理党政要务，忙得不亦乐乎。

参加开国大典

1949 年 8 月 4 日，邓小平奉命抵京参加开国大典时，以中共代表的身份向新政治协商会议筹备会代表作了一个《从渡江到占领上海》的工作报告。

邓小平在报告中，纵谈二野、三野“百万雄师过大江”的南进战况。

邓小平说：渡江作战是从 4 月 20 日夜晚发起的。在漫长的一千多里的战线上，所有部队都无例外顺利地完成了任务。我们发起渡江作战后遇到的抵抗可以说很小。国民党军队摆在湖口至上海段的有 45 万人。45 万人不能阻挡人民解放军渡江。我们在任何地方都没有遭遇到大的抵抗。从 4 月 20 日夜里开始，24 小时内大体上 30 万人全部过了江，先头船只最快的一刻钟。队伍一过江，敌人就乱了，他们的想法只有一个，就是如何逃出我们的包围。他们一齐向南溃退，我们立即实行正面追击。在追击过程中，南京在4月23日占领。到5月初，半个月的时间完成了追击。从渡江到追击最远的地方，即福建的北部、江西的东北部，前进一千五百里。我军占领了杭州、温州、蒋介石的故乡奉化、宁波。此后，部队就准备进攻上海。上海有20万敌军据守，并且由蒋介石亲自指挥。经过一个星期的战斗，我们在5月27日占领上海。这次作战中央命名为“京沪杭战役”。从渡江到占领上海，总计用了一个月零七天，消灭敌人40余万。我方伤亡25000人，其中在占领上海时伤亡17000人，渡江遭敌机轰炸伤亡8000人。在谈到突破长江天险、完成“京沪杭战役”的原因时，邓小平说：我们为什么能突破长江，迅速完成京沪杭作战任务，并把预计的时间缩短一半呢？除了中国人民革命军事委员会和毛泽东主席领导正确外，第一，我们军事准备充分，指战员英勇。举一个例子说，我们渡江需要船，而原有的船被国民党全部拉到江南去了。我们采取“掘渠”的办法，使用了2100万个人工，掘渠翻坝，把船从旱路拖上去，在一个半月内完成了这一巨大工程。渡江使用的船有一万只左右，所以我百万大军能够渡过长江。北方人怕水，曹操吃亏就在这个地方。为了在水中不发晕，能应付各种情况，我们在巢湖北部做了多方面的准备，白天夜晚进行演习。第二，群众支援，地下党和游击队之配合。掘渠翻坝有一半是人民的劳作。我们集结在芜湖至安庆的兵力，所需一亿五千万斤粮食，其中80%是沿江人民群众拿出来的。人民群众还无怨言地拆房子给我们当柴烧。其他的战勤工作都很重，如修路、运粮、找船工等。江南地下党、游击队配合了渡江作战。我们曾开过江去一支部队，埋伏了十天，敌人还不知道。第三，敌人的脆弱。这从渡江后的追击上就可以知道。

总结从军事占领到城市接管三个月来工作顺利开展的原因，邓小平说：所以顺利的原因有四条，第一，中共中央有一套明确的政策。这些政策在先解放地区的执行经验，对解放江南有很大的帮助，使我们少走了许多弯路。第二，各界人民支持。如南京的工商界、文化界、科学界，自愿帮助接收上海，参加部队等。第三，大势所趋。谁都看到国民党反动派统治再也扶不起来了，即使对国民党曾有幻想的人，都觉得要重新考虑自己的事情了。第四，主观方面的努力工作。我们遵循毛主席“四面八方”的政策，特别是上海情况复杂，但主观上遵循这个方向同各界人士通力合作。

这是邓小平第一次进北京，他抽空带着家人去了颐和园，在秋水潋滟的昆明湖上畅游了一番。

在北京，邓小平参加了新中国的两大盛事：一是中国人民政治协商会议第一届全体会议，二是中华人民共和国开国大典。

毛泽东当选为中央人民政府主席，邓小平当选为中央人民政府委员。

10 月 1 日，中央人民政府委员会由毛泽东主持举行第一次会议，决定毛泽东为中央人民政府人民革命军事委员会主席，邓小平为军委委员，并当选为中央人民政府委员。。

10 月 1 日下午 3 时，作为开国元勋之一的邓小平，跟随毛泽东、周恩来、刘少奇、朱德等党和国家领导人，一起登上天安门城楼，同首都 30 万军民一起，参加了盛大的开国大典。

中华人民共和国成立了！中国人民从此站起来了！开国大典后，邓小平挥笔题词：

永远铭记着：在过去长期艰难的岁月里，人民英雄们用了自己的鲜血，才换得了今天的胜利。

10 月中旬，邓小平未及洗去征尘，再次投入新的战斗！

第十章　解放大西南

《左传》有云：太上有立德，其次有立功，其次有立言，虽久不废，此之谓三不朽。(襄公二十四年)。唐人孔颖达《春秋左传正义》解释为："立德谓创制垂法，博施济众"；"立功谓拯厄除难，功济于时"；"立言谓言得其要，理足可传"。

扭转乾坤，拯厄除难，摧枯朽于颓废，救民众于危困，便是千古不朽之功。

——题记

青年邓小平，征战沙场是他的历史使命。

百万雄师过大江的呐喊声还未远去，他又踏上了解放大西南的征程，一举夺取了西南战役的伟大胜利，谱写了解放战争中极其光辉灿烂的篇章。

1949 年 8 月，南京、上海解放之后，蒋介石就急忙飞到重庆，亲自部署了"西南防御战略"，以四川为防御重点，起于岷山，经秦岭、大巴山、巫山、武陵山，延至五岭山脉，形成一道防线。这一带是青藏高原和云贵高原、西南丘陵的过渡地带，山高沟深，江河纵横，道路崎岖，气候多变。蒋介石深信，连日本人都没有攻克的这一地域，解放军更难以跨越和攻破这道天然屏障与坚固防线。他想以此偏安西南一隅，以残兵败将作最后的挣扎。

1949 年 10 月 1 日，新中国成立了。然而这时，上百万国民党军队仍然盘踞在西南。

中共中央和毛泽东，没有给蒋介石丝毫喘息的机会。任命邓小平、刘伯承、贺龙等组成中共中央西南局，率军解放大西南。

45 岁的邓小平在解放大西南的征程中，显示出他那军事家卓越的谋略和政治家超人的智慧，写下了他青春岁月的又一光辉篇章。

“小平准备入川”

经过三大战役及渡江战役，国民党军不断被歼灭，残存的兵力仅剩 150 万人。这些部队纷纷溃退到华南、西南和台湾等地。在美国的支持下，蒋介石以白崇禧、胡宗南两个集团为骨干，进行最后的挣扎。西南地区的秦岭、大巴山和武陵山山脉，像一道天然的围屏，隔断川黔与内地的联系，是他可资利用的地理条件；盘根错节的封建势力和遍地林立的军阀土匪，是他延续统治的政治基础；地处边陲，使他便于取得帝国主义的直接援助。蒋介石的部署是：第一步，以白崇禧集团及粤军余汉谋部组织所谓湘粤联防，阻止解放军向两广进军，作为他部署西南的掩护；同时以嫡系胡宗南集团等扼守天险秦岭、大巴山、武陵山，阻止解放军入川。第二步，白崇禧部退入广西，与四川的胡宗南互为呼应，联络云贵军阀，负隅顽抗。

1949 年 3 月，中共中央政治局会议和七届二中全会决定，人民解放军第二野战军进军并经营西南诸省。

5 月 23 日，南京、上海刚刚解放，中共中央军委和毛泽东发出关于向全国进军的指示，其中明确指出："胡宗南全军正向四川撤退，并有向昆明撤退消息。蒋介石、何应钦及桂系正在做建都重庆割据西南的梦，而欲消灭胡军及川康诸敌，非从南面进军断其退路不可"。当日，中央军委就发出号令，指示刘伯承、邓小平率本部主力或全部待机进军西南。这是对邓小平及其所率部队的一种高度信任，同时也说明这是一块难啃的硬骨头。

6 月 2 日，中央军委电示第二野战军："小平准备入川。"当时的邓小平正在上海全面主持华东局的工作，接到命令后，邓小平就同刘伯承等一起谋划进军大西南的问题。

7 月 16 日，中共中央决定由邓小平、刘伯承、贺龙等组成中共中央西南局，邓小平任第一书记、刘伯承任第二书记、贺龙任第三书记。

按照中共中央、毛泽东的部署，第二野战军全军立即转入了进军西南的准备工作。

中共中央军委下达进军指示的第二天，邓小平、刘伯承就召集了第二野战军前委扩大会议，讨论进军西南的部署和加强部队政治思想工作以及后勤工作等问题。会后颁发了《关于进军西南的指示》。指示要求各级党委在部队和全体指战员中立即开展三项工作：

一、进行进军的教育。向大家指明敌人的残余力量还存在，企图垂死反抗，广大待解放的人民正热望人民解放军前去协助解放，全国各野战军的进军任务尚未结束。不继续进军，残敌就不能最后消灭，革命就不能彻底胜利。要发扬以往将革命进行到底教育的成绩，提高全军政治认识，鼓舞全军战斗意志，与各野战军共同继续进军，消灭残敌，解放全中国。

二、明确进军的目标。指明这次解放西南广大地区，解放 7000 万人民，以及西南在国防地位、军事、政治、经济上的重要意义。正确地介绍西南一般地理、交通、军事、政治、经济、社会情况。消除一切骄惰、怕苦、保守、松懈、厌倦等不良情绪。

三、加强进军的组织。在树立进军西南的光荣感和明确任务艰巨性的基础上，全力做好一系列的保障工作，包括走路、吃饭、穿衣、宿营、运输，保持部队健康，巩固部队情绪，争取沿途居民，团结兄弟野战军，熟练山地、河川作战，习惯西南生活等。指示强调各级领导干部必须实行科学分工和随时了解、掌握部队情形，严格督促检查工作，深入下层进行教育，与士兵同甘共苦，以此来保证新的进军任务的胜利实现。

经历淮海战役、渡江战役等大规模战役之后，部队特别需要休养。部分指战员中出现了畏难怕苦的不良情绪。邓小平就此召集专门会议研究决定，在第二野战军中开展加强国家观念与大局观念教育。

1949 年 8 月 17 日，邓小平在第二野战军、第三野战军团级以上干部扩大会议上指出："去西南是要多走一点路，苦一点，可这是党指定的光荣任务，为了取得全国胜利也得去，不能有任何的犹疑。"经过一番思想动员和教育，部队中的不良情绪得到纠正，这为顺利执行中央关于解放大西南的决定奠定了思想基础。同时邓小平认为，华北、东北老解放区的经验就是组建地方干部队伍，这是完成使命的基础力量。现在要解放大西南，更要建设大西南，干部队伍至关重要。于是，他发布命令组建了"中国人民解放军西南服务团"，由宋任穷具体负责，服务团以文化科技人员和大中专学生为主体，以老解放区干部为骨干，共计有 16,000 余人。

蒋介石坐镇重庆，他料定解放军主力一定会取捷径越秦岭入川，但他的判断又一次失误了。刘邓大军根据毛泽东提出的"取大迂回动作，插至敌后，先完成包围，断其退路，然后再回打"的战略方针，于 1949 年 10 月 20 日从南京开拔后作出佯动的假相，部队由郑州向西移动。实际上，刘邓已暗令陈锡联的第三兵团直入川东，令杨勇的第五兵团向南迂回，进攻贵州，切断敌军南逃后路。

湖南常德，抗战时曾是保卫重庆的战略重镇，这次成了刘邓大军解放大西南的中枢。

1949 年 10 月 28 日，刘伯承、邓小平率领的第二野战军前线指挥所，从长沙一路急行军，来到蜿蜒曲折的沅水河岸边这座湘西首府——常德，将指挥所设在白云中学。解放大西南的一道道指令就从这里飞向前线。

15 万第二野战军主力陆续集结在常德。

11 月 9 日，邓小平、刘伯承在常德民众戏院召开党、政、军干部大会，进行入川动员。邓小平站在讲台上，精神焕发，声音洪亮，没有讲稿，也没有麦克风，一口四川话，讲了近三个小时。他讲了长沙解放以来的军事、政治形势。当时除西南、华南外，全国已大部分解放，10 月 1 日成立了中华人民共和国，全国解放指日可待；他讲了新时期的任务和方针政策；他讲了根据七届二中全会精神。同时，他对常德地委建设新区的工作给予了高度评价，肯定了接管城乡政权、剿匪反霸、筹粮支前等工作成绩，还对大胆培养起用本地干部作了明确的指示。

会后，邓小平对常德地委书记乔晓光说："湘西土匪有许多年的历史，股多，人多，他们如果和这里的土匪、国民党残余势力结合起来，你们在常德就会坐不稳，你们不消灭土匪，就不算真正接管常德。"乔晓光向邓小平汇报了工商业、物价等方面的工作。邓小平最后指出："工厂接管后就要立即开工，要把商业搞好，使物资流通。工厂不生产，商业就不能正常运营。另外还要掌握住粮食，粮食掌握不住，物价就稳定不了。"

剑指贵州

11 月 1 日，进军川黔的战役发起。在刘伯承、邓小平的正确指挥下，各路部队克服了重重困难，勇往直前，所向披靡。在北路，以第三兵团主力和第四野战军第四十七军为左集团，直出彭水、黔江地区，协同由第四野战军第五十军、四十二军及湖北军区部队所组成的右集团，会歼宋希濂集团于彭水以东地区。在南路，以第五兵团及第十军，实行大迂回，直入贵州，夺取贵阳、遵义，进击宜宾、纳溪、泸州，断敌逃往云南的退路。由于第二野战军主力的行动方向完全出敌意外，敌川黔防线很快被突破。

刘伯承、邓小平电令南路第五兵团及第十军加速迂回行动，在占领贵州后，休息时间不得超过3天，即应继续挺进。并强调指出："当前战役的重心，仍在隔断宋希濂4个军、罗广文3个军向云南退却，并力求在长江南岸歼灭。"他们虑及部队连日冒雨行军，艰苦跋涉于大山险峰之间，特意嘱告："望注意鼓励士气。使用现洋，保障战士的给养和健康，千万不要因小失大。每人每天的4钱油盐和1斤蔬菜绝不可少。至要至要。"

同时电令北路的第三兵团主力和第四野战军部队，排除万难，加速猛进。有的部队甚至日夜兼程近200里。

贵阳的解放及宋希濂所部第十四兵团的被歼，使敌人的所谓大西南防线陷于崩溃，白崇禧和张群两大集团被割裂。蒋介石见大势不妙，急令胡宗南加速南撤，令第一军开赴重庆"保驾"，令孙震、宋希濂、罗广文等赶快收缩，以求合力突围。

11月21日，刘伯承、邓小平再次指示部队，迅速切断胡宗南及川境诸敌退路，是当前作战的关键。令南路第五兵团除留第十七军在贵州境内进行城乡接管、肃清残敌、维护交通外，兵团主力和第三兵团第十军沿毕节、遵义一线采取连续的攻势行动，直插川南，控制叙永、赤水、宜宾、泸州一带，坚决截断敌人退向云南的后路。他们精确地估算了国民党撤退的路线和行程，判断其主力将在綦江集结后分别向泸州、叙永、盐津逃窜，并判断他们可能到达的时间为：12月1日到叙永，12月6日到盐津。

为此，他们电令第十六军于12月2日左右赶到叙永或盐津；第十八军迅速跟进，3天后到达该地区；第十军于12月2日赶到赤水。同时，又令北路第三兵团主力和第四十七军，强渡乌江，力争合围宋、罗两敌于南川及其以东地区。如敌后撤綦江，则应稍缓攻击动作，待第五兵团和第十军迂回到预定位置，再全力出击。

南路军先头部队，为了先敌占领川南要津泸州、宜宾，在黔北山区日夜冒雨急进，不顾泥深路滑、山崖陡峭，指战员们毅然轻装前进。最险峻处甚至要攀爬行进，时速只一里，有的指战员不幸坠入深渊。就这样，一路打跨了国民党军的抵抗。第十军占遵义、渡赤水，第十六军克毕节、下叙永，直逼长江，提前到达指定位置；北路第三兵团主力和第四十七军，分由龚滩、彭水等地强渡乌江，以钳形攻势向南川合击。敌人进退失据，顷刻瓦解。解放军奋勇冲击，分割穿插，将宋希濂集团和罗广文兵团3万余人，聚歼于南川山地，乘胜解放了綦江、涪陵、江津诸城。重庆已直接暴露在北路军的矛头之下。

夺取重庆

1949年11月10日，由邓小平起草，刘伯承、张际春、李达联名致中央军委及四野、贺龙等的电报，在通报敌情后认为：重庆敌中央机构正向昆明转移，上述各趋势似即本此意图，尽量将残余敌军移集于川西南、西康、黔西及云南、广西地区，以作最后之挣扎。据此，胡宗南似亦有可能开始南移，请军委及贺（龙）、李（井泉）查告。并提出："如胡宗南急性南撤，十八兵团有提早入川之可能，请军委及贺李阻击之"。毛泽东批阅后当即发彭德怀、粟裕等。

重庆，是当时西南地区最大的工业城市，也是这一地区的经济中心。抗日战争时期，南京失守后，蒋介石曾在这里建立了“陪都”。1948 年 4 月，当刘邓大军在中原大地庆祝延安光复时，刘伯承就断言：“在中原战场上，我们打下了蒋贼的行都洛阳，将来我们还要打下蒋贼的陪都重庆、首都南京。”

此时，在第二野战军司令部作战室里，刘伯承、邓小平、张际春、李达正围在墙上巨幅作战地图前商议作战计划。刘伯承静静地听完大家的意见，缓步来到作战图前，用手在图上测量着，最后把重庆锁定。此后，解放军各路大军如同一把把霍然出鞘的战刀，利刃所向，直逼重庆。

自 11 月 1 日战役发起，由于部队进展迅速，邓小平就判断：重庆有可能提前占领，胡宗南可能急切后撤。11 月 26 日，邓小平和刘伯承、张际春、李达命令所属各部并上报中央军委，“提早进行渡江包围或相机占领重庆之目的”。毛泽东批准了这一行动。于是，刘伯承、邓小平下达了作战任务：速歼长江南岸之国民党军，相机占领重庆。于是，作战部署由一道道红色电波，迅速传向各路大军的指挥员。

这时，千里之外的毛泽东基于聚歼国民党军的目的，于 11 月 27 日电示刘伯承和邓小平：是否能吸引更多的胡宗南部到重庆，我军向重庆逼近的部队是否有必要稍为放慢进攻速度，以利于吸引较多的国民党军增援、据守重庆而后聚歼之。因为毛泽东看到蒋介石坐镇重庆指挥，所以，他希望在重庆“打一个聚歼汤恩伯于上海那样的好仗”。当然，他还是以商量的口吻讲这番话的。

“知己知彼，百战不殆。知天知地，胜乃无穷。”接到来自统帅部的电示，刘伯承和邓小平等紧急商议，慎重分析各种情报，充分考虑各方面因素，觉得还是应该坚持既定方针，尽快拿下重庆。理由主要有三点：一是我军在长江南岸消灭其有生力量后，蒋介石可能改变增援重庆计划；二是我军进军迅速，援敌难以赶至；三是我军迅速渡江控制泸州、松山，可当即截断敌军退路。特别是考虑到迅速夺取重庆的直接意义后，当即由邓小平起草、刘伯承等联名向中央军委致电：

“我如能在江南歼罗，则重庆较易夺取，早点夺取重庆使工业不受大破坏，则我可早日依托重庆供给大军经营全川”；“重庆城地形险要，如较多兵固守，攻取费时”；“在敌薄弱时，至少我应在一段早点争取渡过长江，跨江南机动较为有利”。理由说明，结论也就显而易见：“因此，我们意见仍以尽可能提前渡江，并视情况包围或夺取重庆为较稳当。”

当然，刘伯承、邓小平等同时也表示：上述考虑“是否有当，请核示”。

毛泽东虚怀若谷，他原来担心由于解放军进速过快惊动敌人逃跑，现在既然前线指挥员依据实际战况作出正确决定，理应给予支持。于是，他当即挥毫复电：

“你们早日夺取重庆的计划是适当的”，“请依情况发展酌定之”。

信赖之意，跃然纸上。

速取重庆的计划获得批准，但是，刘伯承和邓小平等人的心头异常沉重。

国民党反动派在溃败前夕，命令国民党特务从9月开始，大肆屠杀狱中革命志士。

根据这种形势，邓小平作出了“速取”重庆的决定。他与刘伯承等联名签发电报，于11月28日晚下达了在重庆地区长江南北两岸的作战部署：以5个师继续歼击、扫灭向木洞场及重庆逃窜之敌；以4个师就现态势速行渡江，以主力控制江北岸，余部巩固南岸适当阵地。

刘伯承、邓小平决心乘势夺取重庆。当即令第三兵团主力和第四十七军，不顾疲劳，宽正面地分路挺进，控制东至木洞、西至江津百余里的长江南岸，伺机渡江。与此同时，电令第五十军从涪陵、丰都段北渡长江，向垫江推进，出击重庆侧背。

11 月 30 日凌晨，当人民解放军多路渡江成功，先头部队冲向重庆近郊白市驿飞机场时，蒋介石慌忙乘飞机由重庆仓惶逃往成都，重庆守敌也弃城西逃。解放军解放了重庆。

第二天，举行了隆重的入城仪式。国民党政府的所谓陪都重庆，回到了人民手里。

为了保证重庆的安全，刘伯承和邓小平等又电令部队：为巩固重庆，你们应尽可能在追击战中把敌人打远一点。

邓小平作为中共西南局的第一书记，解放了重庆就要建设重庆。当时的重庆，敌特猖獗，物价飞涨，金融混乱，完全是一个烂摊子。

然而邓小平以他的智慧和魄力，迅速扭转了局势。

当时的四川作为国民党政府在大陆的最后营垒，其金圆券银圆券全都烂在这里。原重庆市工商联秘书长张钧陶回忆，那时，1 块银元可以兑换 25 亿金圆券。为此，有人建议金圆券作为反动政府的法定货币应当宣告作废，邓小平则说，共产党不能欺负人民，一律折合成人民币予以兑换。一时间，银行收兑点人满为患，人民币库存量极速下降。

西南军政委员会的干部们着急了，他们找到邓小平请示对策。邓小平想了想，平静地说了五个字："我只要三天。"

三天后，人们惊讶地发现，各大银行柜台上竟然整整齐齐地码放着一沓沓崭新的人民币。原来，邓小平早已预料到挤兑风险，15 天前就向北京发去急电，请求支援 2000 亿元人民币供应。

平息了挤兑风潮，人民政权又相继打赢了"大米战争"和"棉纱战争"。邓小平敏锐的洞察力广受称赞，可他只是说："这就好比牛已过河了，如拉牛尾巴是回不来的；只有牵牛鼻子，牛才会跟你走。"

稳定了市场，但仍有更大的挑战。当时，重庆有产业工人25万人，其中1/5处于失业状态。邓小平牵住的“牛鼻子”是以“生产建设为中心”。他首创性地指出“要推动国营经济与私营经济的共同发展”。邓小平的一系列举措，使饱受战争破坏的重庆市工商业以及各行各业都很快复苏。

“我们在人民中间”

12月8日，刘伯承、邓小平等率领野战军指挥机关进驻重庆市区。

重庆是邓小平走出国门、走向革命的起点。30年前，1919年9月，重庆留法预备学校正式开学，校址设在重庆市夫子祠内，重庆商会会长汪云松兼任校董事长。曾当过清朝的四品道台，后担任重庆商会会长的汪云松，目睹国家积贫积弱，江河日下的颓势，使他十分焦急。他企图培养人才，兴办实业，走科学救国之路，便召集社会名流，募集数万元经费办起了重庆留法预备学校。汪云松办事非常认真，从学校教学，课程设置，毕业考试，到法国驻重庆领事馆对留法学生的考查，及办理签证，直至最后送走毕业生，都是亲力亲为。学生们都十分感动。一年之后，经过学校毕业考试，法国驻重庆领事馆的口试及体格检查，共有80多名学生取得赴法勤工俭学的资格，16岁的邓小平就是其中的一名。

斗转星移，沧海桑田。阔别30年后，45岁的邓小平回到山城重庆时，已率领几十万大军，肩负解放苦难民众的重任。

师恩难忘。邓小平想到这些往事，不禁心潮起伏，久久不能平静，这次又来到重庆，他立即想到要与当年的恩师汪云松见面。于是第二天就派人到汪云松家里（现渝中区八一路歌剧团旧址）登门拜望。但是，由于派去的几个战士没有讲清楚缘由，汪云松不知是祸是福，根本不敢与几个战士见面，就派人把他们给打发走了。

第三天，邓小平又派人坐上军用吉普车去请汪云松。汪云松确知是当了“共产党大官”的邓小平“不忘故旧”请他，十分高兴地随车来到了邓小平住地。师生相见，十分激动。邓小平与汪云松像拉家常一样，共同回忆在重庆留法预备学校的日子。邓小平还向汪云松讲述了他30年前到法国勤工俭学和后来从事革命斗争的经历。汪云松回家后，逢人便说“小平真不错呀，我现在才晓得共产党也不忘故旧。”

后来经邓小平向中央推荐，汪云松到北京列席了第二届全国政协会议。以后，汪云松参加了革命工作，历任全国政协委员、西南军政委员会委员、重庆文史馆副馆长、重庆市第一届人民代表大会代表。1958年2月8日病逝前，嘱托其家人将家藏多年的珍贵文物全部捐给了国家。

在重庆的一天中午，邓小平刚刚躺下，忽然想到有一份重要的文件要看，便起身拿文件，却发现摆在床头的布鞋不见了。

“我的鞋子哪去了？”警卫员小张听见首长的喊声，连忙进来报告说：“政委，这是警卫连的新规定。”“怪扯扯的，什么规定啊？管到鞋子上来了？”

“是啊，要求我们在首长午休时，把鞋子一律收走，到点后再拿出来。”

邓小平想到了贴身警卫崔来儒，咕哝道：“这一定是这家伙的鬼点子，别人想不出。”

为什么收鞋子呢？实在是出于无奈。西南是解放最晚的一个地区，也是国民党盘踞大陆的最后巢穴。这一代敌特活动频繁猖獗，给中央西南局的安全保卫工作带来了一定压力。随着刘伯承、邓小平、贺龙社会活动的增多，警卫工作也增加了一定难度。一开始，晚饭后刘邓首长都要出去散步。但保卫部多次通报，敌特活动很厉害，多数以暗杀首长为目的。于是外出散步也被取消了，邓小平几次提出想到外边走走，保卫人员都不同意。

前不久的一天中午，警卫连的人都在楼下休息，警卫员小张慌慌张张地跑来报告：“邓政委不见了！”

这可是一个不得了的情况，警卫连迅速出动，但找遍机关大院也不见人，门卫也说没看见政委出去。

崔来儒脑筋一转，心里多少有了数，于是风风火火地开上车，一出曾家岩，便直奔邓小平常散步的嘉陵江边。

他看到江边有只带篷盖的小船，走上前一看，果然，邓小平正盘着腿，抽着烟，神情怡然地坐在舱里和几个船夫聊天。

崔来儒刚要说话，邓小平也看见了他，立即摆了摆手，意思是不要打扰。只听一个老船夫正向邓小平述说：“现在还是不敢走远，挣不到钱。”“为啥子不敢走远呢？”邓小平不解地问道。“土匪太多，在江边劫船，手里都有枪的。”“老哥放心，人民政府有办法，土匪长不了。”老船夫听邓小平这么说，还是不放心：“这些土匪好些年了，清朝年间就有了，怕是难除尽哟。”“放心。要除干净，一个也不剩。共产党说到做到！”说完，邓小平站起来：“今天这个龙门阵就摆到这里，以后我再来。”“那太好了。”老船夫说：“老哥，你有空再来，我给你泡茶。”“好，还来。”说着邓小平下了船，跳到岸上。船夫们也跟了出来，一看岸上站着带枪的解放军，便都站在那里不敢动了。

邓小平上车后，很不高兴地说：“正摆得好呢，你们就来了，还带着枪，人家有话也不说了。我最不爱见你们带枪跟着我。“为了你的安全啊！”“哼，怕死的才最容易丢脑壳，勇者无畏，命也大！”

邓小平是怎么出去的呢？原来那天中午，他和一群开会的干部一起有说有笑地就走出了大门，居然没被门卫看见。出了这个漏洞，警卫连便又采取了一些措施，还想出了这个没收鞋子的办法。邓小平后来对崔来儒说：“你们警惕性高也是对的，可也不要草木皆兵。怕什么？我们在枪林弹雨里见惯了，无所畏惧，一个重要原因，就是我们在人民中间啊！”

挺进成都

重庆一解放，邓小平的眼光就盯住了残敌猬集的成都。由于重庆及川东、川南广大地区的迅速解放，蒋介石不得不再次收缩兵力。他命令由重庆及其以北地区西撤之敌，在正面迟滞解放军行动；命令胡宗南、张群等部，悉数退向成都，企图向西康和云南逃窜。这时，华南方向的广西战役取得重大胜利，白崇禧集团主力在桂粤边境被歼灭。西南境内的国民党军倍加孤立和气馁。

刘伯承、邓小平坚决不给敌人以喘息的机会，决定乘势发起成都战役。刘伯承、邓小平、贺龙命令北线的第二野战军第十八兵团等部迅速前进，以便在川西尽快对国民党军发起南北钳形攻势。

12 月 6 日，由邓小平起草、刘伯承等人联名签发电报命令南线部队：“这个战役的关键在于占领乐山，截断敌人退往西昌、会理、云南的公路线。”为此，各部队到达集结地区以后，应抓紧时间作好在川西打大歼灭战的准备。驻扎于陕、甘地区的解放军第十八兵团及第七军和第十九军，在由西南军区司令员兼川北临时军政委员会主任贺龙等组成的西南军区前方指挥所统率下，抓紧时间进行临战准备。当第二野战军主力部队占领重庆、泸县等地，即将切断国民党军败退云南的道路时，他们兵分左、中、右三路，克服一切艰难困苦，越过冰雪覆盖的秦岭加速前进。第二野战军适时发表的战绩公报，极大地鼓舞着挺进川西的全体指战员。为了会同南线部队聚歼胡宗南集团，他们日夜兼程，以排山倒海之势向川西平原挺进，有力地配合了第二野战军主力的行动。

12月6日，刘伯承、邓小平令第五兵团主力及第十军抢占乐山、青神、浦江等地，从南面包围国民党军队，并强调指出："这个战役的关键在于占领乐山，完全截断敌人退往西昌、会理、云南的公路线"。又令第三兵团主力迅即攻占简阳、邛崃、大邑等地，从东、西两面向敌人推进。同时，电告贺龙、李井泉率领所部越过秦岭，兼程南下，由北面压向敌人。

在军事打击的同时，政治争取也取得了极大的成功。在中共中央、中央军委的统一领导和部署下，刘伯承、邓小平积极开展了对敌政治攻势和策反工作。

早在11月21日，刘伯承、邓小平就向西南国民党军政人员提出四项忠告，号召他们停止抵抗，投向光明，改过自新，立功赎罪，并明确规定了政策界限，对业已起义和投诚的武装，一律暂不编散，不收缴武器，指定地点集中，听候处理。这在国民党军中产生了巨大的影响，加速了西南国民党军的分化和瓦解。

解放军各路大军浩浩荡荡汇向成都盆地。

12月下旬，集聚在川西盆地成都附近的胡宗南部7个兵团约30万人，将无信心，士无斗志，惶惶不可终日。

12月20日，刘伯承和邓小平、张际春、李达等再三研究，认为目前已将胡宗南集团压缩成一个核桃，追击战已告结束。当前的注意力应放在精心组织指挥、大胆分割穿插、逐个击破上面，要严防轻敌乱碰。对胡宗南集团，必须依敌情、地形、群众条件等的变化，及时转变战术。为此，他们致电第三、五兵团："须知敌尚有反击的力量和局部进攻的可能。我们必须十分慎重，尔后各军应就现地调整态势、掌握部队、恢复体力、调集火力、鼓励士气、瓦解敌军。特别加强对敌作精密的战术侦察，提出你们的作战意见。今后的作战方式，仍用先打弱点和集中力量割开敌人，一点一点吃的战法。千万不可进行无准备无把握的战斗，免伤部队元气，至要。”刘伯承特别指令杨勇、杜义德两人统一指挥第三、五两兵团作战，并明确指出：“新津有敌 4 个军的番号，令十一军暂时停止攻击该敌，集中十、十一、十二、十六军，有准备地攻歼敌人，进行一场胜利结束的大战。”在野战军指挥部里，参谋人员不断收到前线胜利的捷报，不免个个喜形于色。刘伯承却严肃地说：“越在胜利的时候越要兢兢业业，切不可粗心大意。”

12 月 21 日，董宗珩率第十六兵团在金堂地区宣布起义，这是成都敌人趋于瓦解的开始。为了稳定军心，胡宗南在新津召开了军以上指挥官紧急会议，叫喊“要团结一致，抵抗到底”，声称“本人亦抱定为党国牺牲的决心”。可在第二天，他紧步前几天逃走的蒋介石的后尘，悄悄乘飞机溜之大吉。蒋介石、胡宗南的相继逃跑，使成都守军陷于极度混乱。

12 月 26 日，解放军参战部队指战员在“打好大陆上最后一仗”的口号声中，勇猛地向敌军冲去。激战竟日，全歼残余国民党军，生俘第五兵团司令官李文以下 5 万余人。由于南北两线彼此在时间上、行动上紧密配合，步调一致，一个月内，猬集在成都地区的胡宗南集团及其他国民党军队大部被歼，少数逃向西昌。

12 月 27 日，敌第十八兵团在成都以东地区起义，解放军不战而下成都，成都战役遂告胜利结束，成都宣告解放。

解放西藏

解放西藏，是一项艰巨而棘手的任务。当时的西藏仍然处在农奴社会、奴隶社会，藏族人民在内外反动势力的统治和压榨下，境遇悲惨。

1949 年 8 月，毛泽东在给彭德怀等人的电报中就指出：攻打兰州时请十分注意保护并尊重西藏同胞，“以为解决西藏问题的准备”。

1949 年 11 月 23 日的电报中，毛泽东又指示彭德怀，把解放西藏的问题提到中共西北局会议上讨论一下。他还提出，目前除争取班禅及其集团给予政治改造及适当的生活照顾外，训练藏民干部极为重要。毛泽东指出：“西藏问题的解决应争取于明年秋季或冬季完成之。就现在情况看来，应责成西北局担负主要的责任，西南局则担任第二位的责任。”理由是：

西北结束战争较西南要早，另外据有些人说从青海南进西藏的道路平坦好走，并且班禅等人又在青海。毛泽东特别强调：“解决西藏问题不出兵是不可能的，出兵当然不只有西北一路，还要有西南一路。故西南局在川康平定后，即应着手经营西藏。”

由于这封指示电主要是发给彭德怀并同时告诉贺龙、习仲勋及刘伯承、邓小平的，所以，主要还是由中共西北局第一书记彭德怀统筹安排，逐项落实。不久，彭德怀经过多方面调查和深入细致的研究，于 12 月 30 日致电中共中央并报毛泽东，提出了不同意见。他认为：“由青海、新疆入藏困难甚大，难以克服。”而由打箭炉（今四川康定）分两路，一路经理塘、科麦入藏；一路经甘孜、昌都入藏，较从青海、新疆入藏都容易。这样，如果入藏任务归西北军区担任，需在和田、于田、玉树屯兵囤粮，修筑道路，完成入藏准备需要两年。况且由南疆入后藏，或由大河坝入前藏，每年只有 5 月中旬至 9 月中旬这 4 个月期间可通行，其余 8 个月因大雪封山不能行动。

接到彭德怀关于西藏情况及入藏路线的电报时，毛泽东已经远在苏联莫斯科进行访问。他遥望南天，夜不能寐，反复推敲，断然命笔：“中央、德怀同志，并请转发小平、伯承、贺龙三同志”：进军、经营西藏的重大任务，“应确定由西南局担负”，“我意如果没有不可克服的困难，应当争取于今年（1950 年）5 月中旬开始向西藏进军，于 10 月以前占领全藏”。

1950 年 1 月 2 日，邓小平、刘伯承、贺龙就收到了中共中央转来的一封毛泽东从苏联莫斯科发回的指示电，其中讲道：“西藏人口虽少，但战略地位和国际影响极其重要，我们必须尽早占领，并改造为人民民主的西藏。由青海及新疆向西藏进军，既有很大困难，则向西藏进军及经营西藏的任务应确定由西南局担负。”而此时，西南局的领导人正集中力量于重庆的接管，大家忙得不可开交。得知毛泽东来电的内容后，大家都感到压力倍增，因为刘邓大军原来只需承担进藏的辅助任务，现在还要承担起“经营西藏”的重任。

为了使西南局担负起进军、经营西藏的重大任务，毛泽东建议：请邓小平、刘伯承、贺龙三同志于最近期内会商一次，“决定入藏的部队及领导经营西藏的负责干部等项问题，并立即开始布置一切”；迅即占领打箭炉，以此为基地筹划入藏事宜；被指定入藏的部队，要分两路推进至西康、西藏接境地区，准备于 5 月中旬开始入藏；收集藏民，训练干部；准备一个充足的军或 4 个师约 4 万人，加以特殊政治训练，配备精良武器；入藏军队可定为 3 年一换，以鼓励士气。

毛泽东也许联想起刘邓大军千里跃进大别山，随后，邓小平等又指挥了淮海战役、渡江战役，又奉命解放大西南，现在又让进军西藏，真可谓鞍马劳顿，所以关切之情跃然纸上：“进军及经营西藏是我党光荣而艰苦的任务。”“西南刚才占领，西南局诸同志工作极忙，现又给以入藏任务，但因任务重要，且有时间性，故作如上建议。”电报的结语也更加委婉、焦急：“这些建议是否可行，请西南局筹划电复为盼。”

邓小平、刘伯承、张际春、李达经过反复研究，作出了具体落实中共中央、毛泽东重要指示的部署。他们联名向中共中央并请转毛泽东及贺龙发出电报：

“经我们考虑后，完全同意于今年9月占领全藏。”“拟定以第二野战军之十八军担任入藏任务，以张国华为统一领导的核心，已指令该军集结整训，并召张及各师干部速来重庆受领任务……以上意见是否可行，请中央、毛主席及贺龙同志审核。”

对此，毛泽东极为欣慰，于1950年1月10日复电：

“完全同意刘伯承、邓小平1月7日电之进军西藏计划。”

与此同时，毛泽东还告诉他们：现在英国、印度、巴基斯坦均已承认我们，这对于进军西藏是有利的。他又加以指导：“经营西藏应成立一个党的领导机关”，叫什么名称及委员人选，请西南局拟定电告中央批准。“这个领导机关应迅即确定，责成他们负责筹划一切，并订出实行计划”，交西南局及中央批准。西南局对其工作则每半月或每月检查一次。关于西北局方面应协助之事项，“请西南局及西北局直接遇事商定，并请西北局筹划各项应当和可能协助之事项，指导所属妥为办理”。关于中央负责之部分侦察工作，请聂荣臻令中央军委作战部二局注意办理为要。

大政方针既定。在接到毛泽东指示电后，刘伯承、邓小平等人立即开始了紧张而有序的准备工作。

1950年1月13日，刘伯承和邓小平等联名向第二野战军发出《关于动员全军支援十八军进藏的指示》。同时，邓小平起草了联名致代总参谋长聂荣臻的电报，说明进军西藏的物资准备及供应等支援问题，“我们决议动员全军可能的力量，正各方努力筹办中”。有些物资难以筹措，“故请军委在京津或远方代为设法”筹集。

1月15日，刘伯承和邓小平又在重庆主持召开十八军的师以上干部进藏动员大会，传达党中央、毛泽东关于进藏的指示，并且具体商谈了准备工作。刘伯承首先在会议上讲话，邓小平又从历史、现实、政治、军事、宗教等方面作了详尽阐述。使到会的干部提高了认识，统一了思想。为了鼓舞进藏官士气，邓小平特地为十八军将士题词：“接受与完成党赋予的最艰苦的任务，是每个共产党员、每个革命军人无上的光荣。”随后，刘伯承和邓小平等联名向中央军委报告：“十八军经营西藏的问题，则是我们当前极大的战略问题，也是该军在思想上的一个极大的转折问题。但在我们与其师以上干部说明任务和我们决以全力支援进军的情况下，大家都很愉快地接受这一任务。”

15日的会议大体上确定：进藏部队2月底完成准备，3月初出动，主力于月底集结甘孜地区，4月底集结德格地区，5月间占领昌都。大家一致认为，昌都是可能阻止我军进藏的藏军主力所在地，如果“占领昌都，就会震动全藏，促进内部分化”。6月占领拉萨乃至日喀则，即可“从军事上基本解决了西藏问题”。

关于西藏地区党组织，刘伯承等主张“成立西藏工作委员会”，以张国华等7人为委员，“张国华为书记，谭冠三为副书记”，请中央审查批准。

1月18日，邓小平起草电报，将以上会议内容上报给中央军委和毛泽东。

为了贯彻、落实中共中央和毛泽东的重要指示精神，具体落实1月15日会议的计划，刘伯承和邓小平等于1月22日就进军西藏的准备工作与实施计划上报中央军委并通报给贺龙、李井泉，还通令各兵团、各军首长，郑重指出：“我十八军担任进军，这是一种极其光荣而艰巨的伟大任务。我们决从各方面动员一切可能的力量以支援这一进军。”为此，拟从几个方面着手准备：“强化补给、运输组织”；“改善部队装备、编制，以适于康藏地区的特殊条件”；“配发以适于康藏情况的卫生药物”；“并需带相当数量的黄金，以便到藏外向印度购买必需品”。另外，还专门“组成专责的支援司令部”，以昌炳桂为司令员，胥光义为政治委员……

接到刘伯承、邓小平等人接踵而至的电报，中共中央经过研究，决定原则上批准来电所提出的各项准备工作。

2 月 3 日，根据刘伯承、邓小平的指示精神，十八军组建了“进藏先遣支队”。西南局公路管理局也派人整修川康、康青两条道路，整修康定至甘孜段长 400 公里的路面。中共西南局、西南军区命令“进军西藏支援司令部”，“克服一切困难，不惜任何代价抢修公路”。同时电示张国华、谭冠三等：“为了保障进军中粮食供应，一方面加强运输组织，而另一方面则必须从各方面减少可以减少的吃饭人数，以免将来无法供应。为此，要挑选身体健康人员，要着重携带粮食。”

2 月 4 日，邓小平、刘伯承和贺龙等人在重庆会合后，很快即召开了西南局第一次全体会议，其中一项很重要的内容，就是详细讨论、研究了进藏的各种问题。

为了迅速粉碎内外反动势力分裂中国神圣领土西藏的阴谋，统一人民解放军指战员的思想，鼓舞斗志，坚定信心，邓小平、刘伯承和贺龙等决定，由中共西南局、西南军区、第二野战军联名，于 2 月 15 日向西南军区所属全体指战员发出《进军西藏政治动员令》，郑重宣布：“我们必须将革命进行到底……完成统一中国的事业，不让帝国主义侵略势力在我们的领土上有任何立足点。我们的光荣任务是进军解放西藏，把五星红旗和八一军旗插到喜马拉雅山和雅鲁藏布江，解放和建设巩固祖国的边疆。”这个动员令，还对进军西藏的伟大政治意义、亲密团结康藏人民、必须树立长期战斗的思想等问题，进行了明确而详尽的说明。这个动员令，给了进军西藏的全体指战员以巨大的鼓舞。

第十八军开始了紧张、有序、有效的准备工作。首先，调整、充实组织和人员。除干部的升迁调补外，重点放在充实连队、精简机关、贯彻编制及精简老弱人员。同时，统一调整补充了军马。其次，配备武器。主要是统一机枪、步枪口径，以利于今后补充弹药。再次，补充物资。按照入藏员额 4 万人的计划，提前为 8000 人的先遣部队补充物资，并加紧为后续部队补充军服等物资。经过富有成效的准备，第十八军在乐山举行了进军西藏誓师大会。张国华在会上作动员讲话，并带领指战员集体宣誓："坚决把五星红旗插上喜马拉雅山，让幸福的花朵开遍全西藏。"

刘伯承协同邓小平、贺龙等加紧部署了进藏的各项准备工作。组织部队对西藏情况进行调查研究，收集整理现有资料，派出先遣支队分赴甘孜、巴塘等地调查了解，为进军西藏开辟道路。为了保障进藏部队的后勤需要，还调集了一批工兵和步兵部队，抢修雅安到甘孜段公路，为进军西藏准备了交通条件。

毛泽东身在北京，目光却不断关注着西藏。4 月 1 日，他电示进藏部队："一面进军，一面修路"；"进军西藏，不吃地方"。

6 月，为了争取西藏上层集团，西南军政委员会发布了对藏的四项政策，既严肃阐明了西藏属于中华人民共和国的神圣领土，不容任何人分裂的原则立场，又表示了承认西藏权力结构的现状，以西藏地方政府为谈判对象的灵活态度。对西藏上层统治集团起到了一定的团结争取作用。西康甘孜自利寺活佛格达，当年红军路过甘孜时，曾给予了积极的支援，这次又热情地投入和平解放康藏的活动，主动向刘伯承表示竭诚拥护中央政府和西南军政委员会，被遴选为西南军政委员会委员和康定军管会副主任，在康藏上层统治集团中产生了较大影响。西藏地区的反动派对他恨之入骨，竟下毒手残害了他。刘伯承坚决支持格达活佛的正义行动，对特务们的无耻行径表示了极大的愤慨和藐视，他亲自为格达活佛写了一副挽联：

"具无畏精神，功烈永垂民族史；增几多悲愤，追思应续国殇篇。"表达了他对少数民族上层进步人士的正确评价，推动了对少数民族上层集团的争取团结工作。

与此同时，广大藏族同胞热切盼望着人民解放军早日进藏，渴望着同全国各族人民的大团圆，他们为此奔走呼号。早在1949年12月，西康三位藏族上层人士格达活佛、夏克刀登、邦达多吉的代表柏志、旺嘉、泽郎就从西康的玉隆出发，经甘肃、陕西、河南等地，辗转前往北京向毛泽东、朱德献旗致敬。他们于1950年2月18日抵京，4月12日南返来到重庆，受到了刘伯承、贺龙、邓小平等人的热情款待。4月30日，西藏班禅坎布会议厅也向刘伯承、贺龙、邓小平解放西康表示祝贺，并希望大军迅速进军解放西藏。

中共中央西南局关于解决西藏问题的方针，是在两个月前作为准备同西藏地方政府进行谈判的"十条方针"基础上提出来并上报中共中央的，中共中央很快复电表示同意。毛泽东还告诉主管少数民族工作的李维汉："除第八条应加'西藏领导人员'数字外，均可同意。"并请他起草复电。接到中央复电后，邓小平于6月2日亲自为中共西南局起草了《以十条条件作为和平进军西藏的谈判基础》，及时指导西藏工委与西藏地方政府的和平谈判工作。6月30日，西南军政委员会、西南军区在联合发布的进军西藏的布告中，也重申了"十条方针"确定的基本原则。毛泽东及邓小平、刘伯承、贺龙等仁至义尽，做了大量艰苦细致的工作，西藏仍有极少数人受境外势力煽动，被国民党反动力量所操纵，不顾广大藏族同胞统一祖国的美好愿望，肆意制造事端，反对人民解放军进藏。

毛泽东针锋相对，义正词严。他一方面通过外交途径向"关切"的国家表示："西藏是中国领土，西藏问题是中国内政问题。人民解放军必须进入西藏"，"必须到达西藏一切应到的地方，无论西藏地方政府愿意谈判与否及谈判结果如何，任何外国对此无置评的余地”，“任何外国无权过问”。另一方面，他十分关心刘伯承等人关于部队进占昌都的准备。

邓小平和刘伯承、贺龙一起，拟定了关于昌都战役的作战计划：拟以16000人发起战役，首先是以主力于右翼即北面迂回昌都侧后断其退路，迫使对抗藏军集聚昌都，最后聚而歼之。“力争今年占领昌都，并力争留3000人巩固昌都。”8月20日，他们以中共西南局的名义致电毛泽东，报告了上述计划，获得批准。毛泽东在复电中认为：“计划是好的，你们可以照此积极准备”，期于10月占领昌都，“这对于争取西藏政治变化及明年进军拉萨是有利的”。

邓小平、刘伯承等人又仔细研究了作战部署，最后以西南军区名义，向第十八军、云南军区、第十四军、西康军区下发了《关于昌都战役的基本命令》。第十八军也据此发出《昌都战役行动命令》。此后，刘伯承、邓小平等人密切注视着战况的发展，并于9月12日、10月1日向中央军委报告部队开进及进展情况。10月6日，依据预定的作战计划，进藏部队发起了昌都战役。经过两个星期大小21次战斗，共歼灭藏军9个代本（相当于团）5700余人，争取了1个代本起义，特别是昌都总督阿沛·阿旺晋美站到了人民的一边，19日昌都解放。

昌都战役作为进军西藏的首战也是最后一战，军事、政治等方面的意义非同一般。邓小平说：“此战获得圆满胜利，对于解决整个西藏问题打下了有利的基础。”

昌都战役打开了进军西藏的大门，同时也为和平解放西藏创造了极为有利的条件。

11月10日，邓小平和西南军政委员会主席刘伯承、西南军区司令员贺龙一起，又联名发布了《进军西藏布告》，公布了关于和平解决西藏问题的一贯主张，同时将以前拟定的“十条方针”公之于众：“人民解放军入藏之后，保护西藏全体僧俗人民的生命财产，保障西藏人民之宗教信仰自由，保护一切喇嘛寺庙，帮助西藏人民发展教育和农、牧、工、商各业。改善人民生活。对于西藏现行政治制度及军事制度，不予变更，西藏现有军队成为中华人民共和国国防武装之一部分。各级僧俗、官员、头人等照常供职。一切有关西藏各项改革事宜，完全尊重西藏人民意志，由西藏人民及西藏领导人采取协商方法解决。过去亲英、美帝国主义与亲国民党之官吏，已经事实证明与英、美帝国主义及国民党脱离关系，不进行破坏和反抗的，仍可一律继续任职，不究既往……”

按照毛泽东“一面进军，一面修路”的指示，进藏的十八军官兵，在茫茫荒原和高寒冻土上开路架桥，几乎每前进一公里就要牺牲一名战士。同时，他们严格遵守和平解放西藏的《十七条协议》，在进军过程中，广大官兵纪律严明，秋毫无犯，被藏族人民赞誉为“毛主席派来的菩萨兵”。

经过一年九个月的艰苦行军，于 1951 年 10 月 26 日，张国华、谭冠三率领第十八军机关和主力部队进驻拉萨。12 月初，十八军独立支队也到达拉萨。在短短 3 个月的时间里，陆续进驻察隅、日喀则、黑河、山南、林芝、江孜、阿里各个地区，西藏全境获得解放。

解放大西南的战幕就此徐徐落下，尘埃落定。

至此，邓小平征战沙场的青年时代画上了圆满的句号。

进入中年，他又担起了建设社会主义中国的历史重担。

第十一章　身后的女性

成功男人的身后总有贤能的女性，怀念伟人的时候，不应该忽略她们。伟人不同于凡夫俗子，但也需要孩提时嘤嘤养育、少年时谆谆教诲、青年时砥砺同行、老年时相濡以沫的女性。也许正因为如此，高尔基说，我们应该赞美她们——妇女，也就是母亲。没有妇女，就没有爱；没有母亲，既没有诗人，也没有英雄。

伟人邓小平身后的女性，是与他传奇人生相伴的别样风景。

——题记

祖母戴氏

襁褓之中的邓小平，是在祖母戴氏的怀抱里长大的。

邓小平的祖父、祖母都是纯朴善良的农民，以种田、织布、推粉为生。戴氏 16 岁嫁到邓家，丈夫邓克远是织布机匠，常年在外给别人织布，她一个人挑起家庭重担，既要操持家务，又要种好庄稼。丈夫在外没日没夜地给人织布挣钱，她在家勤耕苦种省吃俭用，日复一日，年复一年，风里来雨里去，早起晚睡，辛勤劳作，家中渐渐有了积蓄，买了一些田地，在前辈茅舍屋地基上建造起了一幢 16 间的 U 字形木结构瓦舍。

戴氏 28 岁那年，丈夫邓克远因劳累过度离她而去，他们的独生儿子邓绍昌才 12 岁。

孤儿寡母，生活的艰辛难以想象。尽管丈夫给她留下了一份家业，有几十亩土地，一院房屋，但要独自撑起一个家族的全部事务，一个年轻的女性未免过于势单力薄了。

她没有犹豫，没有彷徨，更没有移情别处。尽管寡妇门前是非多，但她决心已定，生是邓家的人，死是邓家的鬼，她的坚定和果敢让那些心怀叵测的人望而却步。

她是一个女中能人，柔弱的肩膀，毫不犹豫地挑起了一家人生活的重担，扛起了传承邓家香火的全部责任。上庭堂，下厨房，出门种田，进门家务，一切都做得那么井井有条。每个夜晚，她哄孩子入睡之后，便走进北厢房的织布屋，坐在纺车前纺纱，用织布机织布，直至深夜。

她顶着各种压力，将独生儿子邓绍昌先送到本地学堂上学，不久又送到成都去读书，把儿子培养成人，帮助成家立业。

儿子邓绍昌 15 岁时，按照中国传统早婚早嫁的习俗，戴氏为儿子娶了张氏姑娘为妻，心想及早地生儿育女，传宗接代。但张氏未曾生育就病故。1901 年，她又为儿子邓绍昌娶了第二个妻子淡氏。

淡氏姑娘长邓绍昌两岁，勤劳聪慧，知情懂理，嫁到邓家之后，先后生了五个子女——1902 生长女邓先烈，1904 生长子邓先圣（1909 年改名邓希贤，1927 年 7 月改名邓小平），1908 年生次女邓先珍（十岁时病故），1911 年生次子邓先修（邓垦），1913 年生三子邓先治（邓蜀平）。

戴氏多年的苦心得到了回报，她完成了为邓氏家族传承繁衍的神圣责任。

1904 年，长孙邓先圣出生，祖母戴氏兴奋不已，一直把他带在身边。邓先圣改名邓希贤后，祖母一直叫他“贤娃子”。

“贤娃子”是她的骄傲，也是她昼思夜想的牵挂。1926 年，戴氏离世，她念念不忘的，还是他的长孙贤娃子。

生母淡氏

邓小平生母淡氏，四川广安望溪乡（现为恒升镇）淡家坝人，名副其实的大家闺秀，广安淡氏秦关支派“以”字辈。1884 出生，1926 年去世（待考），至今仍然不知她的名字。

淡氏家族是四川省广安县望溪乡的一支望族，家业比邓氏家庭要大得多。淡氏第九世淡春台是清道光年间两任嘉定知县，又做过河南粮道。退休后的淡春台回到广安市恒升镇淡家坝定居。邓小平母亲淡氏是第十二世，闺名不详，两个弟弟叫淡以忠、淡以明。

淡氏姑娘品行端正，谨言慎行，相夫教子，十分能干，是典型的贤妻良母。她从不打骂孩子，遇到什么事总是讲道理，因而受到乡人的尊敬，在全村有很高的威望。街坊邻居发生什么矛盾，都请她去调解纠纷，很受大家的称道。

邓小平的父亲邓绍昌曾在外读书，眼界开阔，热衷社会活动。民国时期，邓绍昌曾担任过广安县警卫总办，又称团练局长，成为公家的人，整天在外忙碌。因不愿与当地的乡匪同流合污，于是受到排挤，其团练局长一职被撤，他不得不抛下家小，到重庆避祸很长时间，家里的重担全部落在了邓母淡氏的肩上。邓小平孩提时期的生活和教育主要靠母亲淡氏。

邓小平弟弟邓垦回忆说，“母亲是个很有骨气的人，小平和我都有母亲的这个遗传。”邓家有 40 亩土地，在当地称得上小地主。但父亲避祸后，家中渐无积蓄，生活日益困难。淡氏的娘家家道殷富。有一次，淡氏带着儿子邓垦去外婆家，离开时，淡氏向父母提出，带点肉回去给孩子们吃，谁料遭到拒绝。从那以后，无论家里有多困难，淡氏都坚持养猪。

作为邓家单传几代后的第一个男孩，邓小平在百般呵护中度过他的童年。母亲淡氏非常疼爱邓小平，希望他长大以后能主家理事。母亲坚决反对他去法国勤工俭学，邓小平便躲在房间里不吃不喝；母亲拗不过儿子，最终只能勉强同意。邓小平一去不返，淡氏日夜思念；听说儿子拎着脑壳闹革命，更是魂牵梦绕。每逢年节，团圆饭菜端上桌，淡氏都泪流满面，难以下咽。

丈夫长年在外奔波，整个家庭全靠淡氏一人张罗，上要照顾年迈的婆母，下要哺育年幼的儿女。每天纺纱织布至深夜，经年不歇，终因积劳成疾，1926 年（民国十五年），邓小平祖母戴氏去世不久，母亲淡氏也过早地离开了人世，终年四十二岁。

祖母和母亲相继去世的时候，邓小平（邓希贤）远在莫斯科中山大学。

母亲是人生的第一个老师。邓小平在母亲身边虽然只有短短的十五年，但母亲的美德影响了他的一生。他在母亲身上学到了勤劳、善良、正直和万难不屈的宝贵品格，对母亲十分敬重。他曾深情地说：“当时的家庭能够生活下去，全靠母亲了。”

继母夏伯根

邓小平的生母淡氏病逝后，邓绍昌续弦萧氏。萧氏生子邓先清，不久又病逝。邓绍昌无力照料孩子们，44 岁那年又娶了妻子夏伯根。

夏伯根，1902 年出生于渠江边上的船工家庭。夏伯根的父亲是船工，以木船作工具，渡人运货，挣钱糊口，养活全家。渠江上的船家，全家人吃住在船上。小型船只，丈夫掌舵，妻子摇桨。逆水行舟，则由丈夫拉纤，妻子掌舵。大一些的木船，请有船工，下行划桨，上水拉纤。船家的孩子，跟着大人，长期在江中生活，到了可以出力的时候，就帮着大人做事，或学着划桨，或去拉纤。夏伯根就是在这种环境中一天天长大。

（一）

广安的船只，大多从事渠县至重庆之间的运输。这个航段，水流急，险滩多，夏伯根生在小船上，长在风浪中，船工人家严酷的生活锤炼了她遇险不惊、临危不惧的性格。

1928 年夏天的一个早晨，雨后的渠江洪水滚滚，波涛汹涌，江边低矮处的房屋已被淹没。广安县城被水患威胁着，到处一片混乱。身任广安县团练局长的邓绍昌，带着团丁到江边码头巡察洪灾情况。他刚到江边就看见洪水不断上涨，直向渠江两边奔涌，从上游冲下的庄稼与树枝，还有淹死的畜禽及房屋，时而被大浪推得老高，时而又被惊涛吞没。短航已经停渡，小木船紧靠江湾停泊，远处只有几艘跑长途的大木船在风浪中颠簸。

就在这惊涛骇浪之中，一只小木船正在江中与洪水搏斗。船头上站着一位姑娘，手举一根斑竹撑竿，正让一只大木船绕前而过。她才将撑竿向后一划，想让自己的木船向岸边急靠，这时突然从上游冲下一股激浪，带着一根粗壮的房梁，径直向她的木船撞来。眼见一场船毁人亡的事故就要发生，岸上看水情的人们及邓绍昌等团丁都着急地惊叫起来。就在这紧要关头，那姑娘十分沉着冷静，她向船头前行两步，站稳脚跟，快速地将竹竿伸出，向撞来的房梁迎去。当房梁接近撑竿时，她将竹竿一挑，那房梁顺从地转向江心，与木船擦边而过。

惊诧的人们长长地出了一口气，邓绍昌被这位姑娘的镇定、机警和果敢惊呆了，久久地盯着姑娘出神。

有团丁看出了邓绍昌的心思，开玩笑说：“邓局长，你是不是看上这个姑娘了？要是，我们给你当媒人。”

邓绍昌笑笑说：“这姑娘不简单，临危不乱，好多船老板都做不到她这个样子。”

夏伯根真是不简单。船工人家，房无一间，地无一垅，她十多岁时，父亲就早早地离开了人世，她迎难而上，顶替父亲驾驭木船，独闯渠江，用自己稚嫩的双肩，挑起哺育弟妹的重担。十几岁时，夏伯根出嫁给陈家，不料在她生了一个女儿之后，丈夫却病死。为了活下去，她只好继续驾船在风浪中搏斗。

此时邓绍昌续弦的萧氏已去世，家中正急需一个内当家。有人就前往提亲，双方一拍即合，26 岁的夏伯根，带着两岁的女儿，嫁给了比自己大 18 岁的邓绍昌，成了邓小平的继母。夏伯根嫁给邓绍昌的时候，长女邓先烈已出嫁，长子邓希贤在外，家中还有次子邓先修（邓垦）、三子邓先治（邓蜀平）和萧氏所生的四子邓先清三个孩子。与邓绍昌结婚后，夏伯根又生了邓先蓉（十多岁时病故）和邓先群两个女儿。再加上她带来的女儿邓先芙，大大小小六个孩子，衣食住行，上学读书，成家立业，都要她一手操劳。没有犹豫，也没有畏缩，她依然挑起了八口之家的生活重担。

天有不测风云。1936 年，丈夫邓绍昌在回家途中，坐着滑竿在南充同兴（现属岳池）身中黑枪，不幸去世。

少年丧父，中年丧偶，人生的不幸又一次落到了夏伯根的身上。丈夫去世，她顿感天塌地陷，万分悲痛，但她不能倒下。这个苦命而坚强的女人，把丈夫的遗体运回安葬，咬紧牙关，撑起邓家的一片天地。当时，六个孩子嗷嗷待哺，小女邓先群才一岁多。她既当妈，又当爹，哺育着孩子，维持着邓家。一个 34 岁的寡妇，养着几个儿女度日，本身就十分艰辛，但更加艰难的是对付来自各方面的压力。怀着野心的男人，见她年轻漂亮，不断来骚扰；势利小人见她无权无势，歧视、欺负她和孩子；对邓绍昌生前所为不满的人，转而对她或明或暗的报复；还有奸诈者乘人之危对她进行敲榨勒索……常人难以想象的各种磨难一重接一重。坚强的夏伯根咬紧牙关挺住了这一切，不改嫁，不出走，不畏惧，不放弃，她不能辜负邓家，不能辜负丈夫的重托。

（二）

夏伯根不仅善良，而且勇敢。

1948 年 8 月，中国共产党川东临时工委发动了华蓥山武装大起义，引起了国民党政府的惊恐和不安，派了大量的反动武装围攻追击。武装起义失利后，一支游击小分队要上华蓥山，路过邓家老院子旁边，因伤员龙田焕突然昏迷，只得呆在林子抢救。夏伯根听到消息后，冒着被乡保丁发现当作“通共的罪人”论处的危险，毅然将游击队员接回家中，请来医生，为伤员治伤，像亲人一样照顾游击队员。

当时邓小平已是赫赫有名的共产党高级干部，华蓥山武装大起义后，邓家老院子就成了被监视的重点。当地的乡保长多次带人到邓家老院子搜查，胆大心细的夏伯根都机智巧妙地应付过去。

游击队员看到夏伯根幼儿寡母，不忍让其受牵连，坚持要离开邓家。一个叫肖友芳的女游击队员说：“大妈，你们一家本来就很艰难了，我们一来不是让你老难上加难了吗？”夏伯根说：“家里是有难处，可龙田焕伤得这样重，我能忍心让他就这样走吗？我们再难也要帮助你们渡过难关呀！”

夏伯根告诉游击队员，她的婆母，也就是邓小平的祖母戴氏，是一个女中能人，16 岁嫁到邓家，28 岁就守寡。是她顶着各种压力，将儿子邓绍昌先送到本地学堂，后叫去成都读书，把儿子培养成人，帮助成家立业。邓小平的生母亲淡氏继承婆母的遗志，把家庭治理得井井有条。自己作为戴氏的儿媳妇，淡氏的妹妹，也能和婆母和姐姐一样，把一切重担挑起来。她还对肖友芳等游击队员说：世上再难的事都是难不倒人的。要是人被难倒了，那还算是人吗?

为了使伤员尽快恢复健康，夏伯根把家里的几只母鸡都杀了炖汤给伤员补身子。待伤员基本康复后，她又把游击队的枪支藏在草捆子中，自己挑着瞒过了看守关卡的敌人，将游击队员护送过渠江，上华蓥山打游击。

上了船的游击队员，一个个恋恋不舍。养好了伤的龙田焕泪流满面地说："邓妈，宰相肚里能撑船，你的肚里能装天。"他跳下船跑回岸上，紧紧地抱着夏伯根，喊着"邓妈!"久久不愿放手。

（三）

1949年，邓小平来到重庆，任中共中央西南局第一书记，妻子卓琳任重庆人民小学校长。

年底的一天，一个女中学生从广安辗转来到重庆，到西南军政委员会找邓小平。这个在中共外围组织的名叫邓先芙的女孩，就是邓小平的继母夏伯根改嫁到邓家时带来的女儿。邓小平16岁就离开故乡广安，再也没有回过老家，因此没有见过继母夏伯根和妹妹邓先芙。

异父异母的兄妹俩初次见面，就有一种骨子里的亲情。邓先芙回忆说，还没见面的时候，她就听见隔壁房间里邓小平问：

"先芙来了吗?"她赶忙跑出去说，你怎么知道是我来了呢？邓小平说，我当然知道，你说话声音和我父亲、三哥是一样的。

乡亲们都知道，邓家的子女中有一个小小年纪就出国学习，现在共产党内做大事。

1950年春天，邓小平回到重庆的消息传到广安，舅舅谈以兴立即找到小平的继母夏伯根，决定乘船去重庆寻亲。

船在朝天门码头靠岸，谈以兴和夏伯根一路打听，找到西南局大门口，对站岗的警卫员说明了要求。警卫员半信半疑：邓书记都45岁了，这个女人也就50岁出头，怎么可能是书记的老娘？

几番交涉，谈以兴和夏伯根两人终于在晚上见到邓小平夫妇。邓小平和谈以兴既是甥舅，又是孩提时的同学，多年未见，一见如故，嘘寒问暖。

卓琳打量着被忘在一旁的夏伯根：身材高挑，衣衫整洁，虽一路风尘仆仆，人却很精神。这是舅母吗？卓琳欲问又止。她为夏伯根端上一杯茶后，问起一路的情况。许久，舅舅淡以兴才转身介绍说："贤娃子，这就是你后妈。"

从未见过继子、更未见过儿媳妇的夏伯根露出局促的笑容。卓琳大吃一惊，原以为丈夫除了舅舅再无其他长辈，没想到还有一个继母！淡以兴接着说："是她给你父亲披麻戴孝送终的。你父亲去世后，你们家全靠她撑到现在。"夏伯根被淡以兴夸得不好意思，小声地说："听说你们回来了，想来看看，没有别的意思。"见到了邓小平夫妇，她已经很满足。看着这位只比自己大几岁的农妇，邓小平恳切地说："留下来，夏妈妈，我们一起生活！今后我们给你养老！"一声"夏妈妈"，让夏伯根惊呆了，愣住了。她怎么也没想到，素未谋面的继子竟然把自己叫妈妈，而且要让她留下来一起生活！

百感交集，她为邓家多年的辛苦操劳，一声"夏妈妈"就是最好的回报，夏伯根的眼泪顿时夺眶而出！卓琳能体悟到婆婆此时的复杂的心情，她为夏伯根拭去喜极而泣的眼泪，柔情地说："留下来吧，夏妈妈！你该享享福了。"从此夏伯根就成了邓家的夏伯娘。

邓小平女儿邓林后来回忆说，现在的奶奶（夏伯根）是我爷爷的续弦，解放以后，我奶奶就一直跟着我父亲过日子。他们岁数仅相差几岁而已，但是我父亲对她是很尊敬的，和我们一起喊她，我们都喊她奶奶。后来有了第四代，都叫老祖。我父亲也跟着一起叫老祖。

夏伯根仅比邓小平大五岁，但年龄相近丝毫没有影响母子间的亲情。邓小平一直把夏伯根当作自己的亲生母亲，默默地尽着一个儿子的孝心。

邓先芙回忆说，他（邓小平）对奶奶（夏伯根）很好，奶奶这个人除了猪肉之外，什么鱼呀、鸡呀都不吃，连蛋都不敢吃。他（邓小平）就给（卓琳）说，奶奶不吃这些会缺营养，你把鸡蛋打到面粉里头，给她擀面条吃。

（四）

“叫奶奶，我们家不分亲奶奶继奶奶。”邓小平向孩子们介绍家中新成员就这样说。卓琳也喜欢跟着孩子们喊“奶奶”，那有毫无芥蒂的亲切感。年近半百的夏伯根老人被邓小平接去一起生活。那时邓林才八岁，邓朴方五岁，邓楠两岁。以后又有了邓榕和邓质方。邓小平与卓琳整天有忙不完的工作，没有时间关爱与教育自己的子女。夏伯根老人就把无限的慈爱和亲情带给了他们，获得了孙辈们的尊敬与喜爱。

1952 年，邓小平调往中央工作，举家迁往北京。

“我也去吗?”夏伯根问。

“怎么不去?”卓琳拍拍她的手，“我们是一家人，到哪里都要在一起。”

到了北京，邓小平立即投入紧张工作中。卓琳代替丈夫领着老人和孩子们逛了天安门，看了故宫、天坛，游遍北京的名胜古迹。游览途中，遇到熟人向她打招呼，卓琳总是主动拉着夏伯根介绍：“这是小平的妈妈，我婆婆。”作为媳妇，她想满足婆婆的一切愿望，而被儿子和媳妇亲口承认，是夏伯根最大的愿望。

不久后，卓琳成为邓小平的秘书，两个人每日早出晚归，夏伯根便揽过所有家务。这个曾经撑起广安老家的继母，如今又撑起这个家的半边天。邓小平家中事务全由夏氏料理。天不亮，就要做好家人的早饭；大人上班、孩子上学的时间到了，她帮助穿衣盛饭；待大家吃穿停当之后，再把一家人送出门；接下来，又忙着做中午饭和晚饭。家中添了下一代人。她又帮助一个一个地带，一个一个地抱。如此日复一日，年复一年。当孩子们一个个成人时，她的白发爬上眉梢……

在邓家，她既是奶奶，又是母亲。她有三个亲生女儿，除了将邓先群带在身边，其他孩子她都没有顾及。她用朴素的情怀，保证了邓小平的工作和生活。

“文化大革命”开始后，邓小平的几个子女和夏伯根老人也被迫离开了邓小平夫妇，离开了中南海的家，搬到了一个叫方壶斋的小胡同里。

当时，夏伯根老人已是年近 70 了，她不但承受着生活的压力，还要承受着社会上对邓小平一家人的误解。但老人始终没有改变对邓小平的信任和对这个家的深情。她牢记离开中南海时邓小平说过的一句话：不管发生什么事情，好好抚养这些无辜的孩子。在此后的很多年里，多少个日日夜夜含辛茹苦。邓小平经常对家人说：奶奶是家里的特等功臣。

（五）

1966 年文化大革命开始，邓小平一家被“监禁”在四合院中。卓琳担心老人产生自己是累赘、打算回广安的想法，抢先给婆婆打预防针：“奶奶，现在日子虽然有点紧，但你千万不能苦了自己，更别想着回老家去，有我和小平在，你什么都不用操心。”更苦的日子夏伯根也过过，她感激儿媳对自己的爱护。嫁过两次的她知道没有信任的婆媳关系如何折磨人。

缝补浆洗，吃穿用学，夏伯根比以前更操心。自己能做的，绝不买；能接着用的，绝不扔。她用平常人家十分之一的开销，保证了日子一天天过下去。

文化大革命对全国是场大灾难，带给邓小平一家的灾难同样严重。先是邓小平被打成中国第二号最大的走资派，撤销党内外一切职务，受到批斗；接着是邓朴方腿断而残废；再是邓小平下放到江西新建县拖拉机厂劳动；后又有“批邓反击右倾翻案风”。在这一次次的打击中，邓家不管是政治或经济，都一落千丈。夏伯根作为邓家的长者，面对这种局面，不惊不乱，泰然处之，再一次成为邓家至关重要的人物。邓小平蒙难，孩子们尚小，她就像一只老鹰一样，用翅膀呵护着这群受到歧视的小鸟。缝补浆洗，吃穿用学，她都一一操心。

文化大革命中，无数夫妻为自保纷纷提出离婚、划清夫妻界限。在艰难岁月里，夏伯根反复叮嘱：“卓琳，你千万不要和先贤离婚啊。”她打心底里喜欢这个儿媳妇。

卓琳笑着回答：“我不会，我怎么会。”她理解婆婆的担忧，她们都见识过背叛和出卖的惨剧，懂得坚守感情和信仰的不易。

“我就知道你不会，”夏伯根如释重负，“你和她们不一样。”

1969 年 10 月，邓小平夫妇被下放到江西接受劳动监管。出发前，卓琳和丈夫商量把奶奶带走。夏伯根已经 70 岁高龄，万一有个什么好歹，可怎么办？把她留在北京，卓琳怎么也不放心，跟着自己走还可以互相照应。

于是，邓小平向组织上提出了一个特殊的要求：我的继母一直跟着我们，如果组织允许的话，就把她一起带去。

“奶奶，你和我们一起走。”卓琳对夏伯根说。没想到婆婆已经收拾好行李——她同样放心不下身体不好的儿子儿媳。

卓琳的眼睛湿润了。她一贯觉得尊重对方、孝顺对方，那是作为媳妇该做的；可转眼间，夏伯根回馈给自己的更多。

到了江西，这三位年龄加在一起超过了180岁的老人，过起了精打细算的生活。

邓小平夫妇不许夏伯根再做重活累活，她便在家淘米做饭，尽量抢活干。但三个人都没有工资，每月仅靠20元的生活费，日子着实困窘。他们平时吃饭特别省，尽量省点钱给孩子们，当作去看他们的时候来回的火车票钱。

“我们种地吧。”邓小平指着所住的“将军楼”楼下一亩左右的空地说，“还可以养几只鸡。”

杂草丛生的空地热闹起来。夏伯根和邓小平挖地，患有高血压不能劳作的卓琳坐在小板凳上拣地里的石头。地弄好了，他们找老百姓要了些种子，种上茄子、辣椒等蔬菜。邓小平浇水，夏伯根负责锄草除虫，又在角落里做了个围栏当鸡圈。卓琳和婆婆还学着自己酿酒、做豆瓣酱。三个人的生活里，酒香和酱香成了艰难岁月里最香的佐料。

（六）

邓家第三代是夏伯根抱大的。邓小平回到北京后，她升级为“老祖”，继续带大了第四代。

她把一生献给了邓家，把母爱献给了邓小平及其事业。邓小平晚年住院时，她天天问孩子们：“宝忠回来了吗？”张宝忠是邓小平的老警卫员。只要张宝忠回来，邓小平就没什么大事。

有一天，张宝忠突然回来了，带回的却是邓小平仙逝的消息。夏伯根的头发几天就白到了发根，从此，她感到浑身无力。

1997年2月17日，邓小平逝世。自那天起，97岁高龄的夏伯根再不吃饭，也不喝水。

卓琳赶忙将婆婆送往医院，丈夫刚走，她必须竭尽全力留下婆婆。“我们三个，一个都不能少，少了一个哪个都活不成。”在江西时丈夫说过的那句话回响在耳边。坐在病床前，卓琳紧紧握着老人枯瘦的手，想和她相扶着走完剩下的路。

2001 年的春天，夏伯根辞世，享年 101 岁。

结发之妻张锡媛

张锡媛（1906—1930）是邓小平的第一位妻子，所有见过她的人都称赞她的美丽。邓小平不止一次地说过：“张锡媛真是少有的漂亮！”

张锡媛 1906 年出生于河北省房山县（今北京市房山区）良乡镇一个铁路工人家庭，是出了名的才女。1920 年，她进入保定直隶第二女子师范学校读书；1924 年，作为骨干分子参加该校学生改革学校教育的学潮运动，并在该校加入中国共产主义青年团。1925 年她在北京认识了中国共产党的创始人李大钊、赵世炎等，参与领导国民会议促成会，因为她表现突出，很快加入了中国共产党。不久，被送到莫斯科中山大学学习，那年她 19 岁。

张锡媛有着红色的基因。父亲张镜海参加过铁路工人“二七”大罢工，三个女儿都投身革命事业中。张锡媛和妹妹张锡瑞，同去莫斯科中山大学学习，张锡瑞与早期中共党员周达文结婚，回国后在天津牺牲。张锡媛的小妹妹张锡珍 1928 年入党，与 1924 年在德国加入中国共产党的徐冰（邢西平）结婚，一直为革命事业努力工作。张锡媛端庄秀丽、清纯坦率，短短的秀发下一双皓月般的眼睛，眸子里映照着一个鲜活而又欢快的生命。她个子不高，白净的脸，秀气温柔，说话轻声轻气，性格活泼，爽朗，有良好的气质，和邓小平感情也很好。邓小平晚年在回答晚辈好奇的询问时，总是那句话："那是少有的漂亮！"

她与邓小平是在共同学习中相识，在共同从事革命活动中相爱并结合的。邓小平对她有着很美好的回忆。

在莫斯科中山大学，二人相识了。当时，邓小平正为在这里见到阔别多年的同志而高兴，两人的目光交汇在一起时，碰出了火花。然而，他俩在莫斯科没谈多少儿女私情，最多的话语是对马克思列宁主义的理解、法国的牛角面包、旅欧支部、北京的胡同和中国的工人大罢工。

1926 年底，邓小平被调回国，到西安冯玉祥的部队工作。1927 年秋，张锡媛也回到国内。她在保定参加领导了一次铁路工人的罢工运动后，来到武汉，被分配到中央的秘书处工作。她一到便惊喜地发现，邓小平也在这里。

1927 年八七会议后，为了避开武汉的险恶局势和适应革命运动发展的需要，中共中央机关从武汉迁往上海，邓小平和张锡媛也一同来到上海。在上海，年仅 23 岁的邓小平被任命为党中央秘书长，协助周恩来处理中央日常工作。

一天，一个新报到的秘书让邓小平惊喜万分，这个秘书就是与他在莫斯科中山大学的同学张锡媛，就在他领导下的秘书处工作，两人朝夕相处，有了更多更深的了解。张锡媛为邓小平的精明强干和活跃开朗所吸引，产生了敬佩和爱慕之情。张锡媛外表秀丽，性情温柔，待人诚恳热情，也博得了邓小平的好感。异国相识，在白色恐怖中于上海相遇，再加上后来工作上的相知，渐渐地，他们相爱了。那时候追求张锡媛的人很多，但她毫不犹豫地选择了邓小平。

1928 年春日的一天，24 岁的邓小平与 22 岁的张锡媛在上海结婚了。

中央机关的同志们特地在上海广西中路一家四川餐馆为他们举办婚礼，周恩来、邓颖超、李维汉、王若飞等30多人参加。婚礼上，邓小平乐呵呵地喝酒，张锡媛用一口纯正的北京话同大家有说有笑。这种浪漫的同志式的结合，使这对青年革命者的婚礼非常热闹。

婚后，这对年轻的革命伴侣恩恩爱爱，感情笃深。他俩共建了一个纯洁、美好的小家庭。在那白色恐怖笼罩下的上海，在血雨腥风的日子里，他们相互支持，相互鼓励，积极从事着异常紧张和危险的革命工作。那时，为了在白色恐怖的上海站住脚跟，开展工作，中央提出“以绝对秘密为原则”，要求党的“负责干部职业化”。邓小平就当过杂货铺的掌柜，当过古董店的老板。这些坚定的共产党人为了党的事业，冒着生命危险，秘密出没于上海的大小弄堂。邓小平回忆说，在上海做秘密工作，非常艰苦，那是吊起脑袋在干革命。我们没照过相，连电影院也没去过。

1929年夏，党中央派邓小平到广西。

1930年1月，邓小平回上海向中央汇报工作，此时正值妻子张锡媛临产，住进了上海宝隆医院。邓小平忙完公务，立即赶到医院看望妻子，他激动地期待着小生命的降临。不料偏偏遇到难产，好不容易生下孩子，张锡媛却得了产褥热。由于当时医院医疗条件很差，几天之后，张锡媛就在丈夫怀中去世了，没过几天孩子也夭折了。

突然降临的巨大不幸，令邓小平痛苦万分又不知所措。他又接到通知要立即离开上海，来不及亲自掩埋妻子，只得把丧事委托给特工科的李强同志。

李强把张锡媛安葬在了上海江湾公墓。

1931年5月，邓小平回到上海，带着弟弟邓垦到江湾公墓去看了张锡媛的墓。之后，邓小平一直行进在戎马倥偬的战旅之中。

1949年，邓小平率部队进入刚解放的上海，极重感情的他一进城，就同夫人卓琳一道去找张锡媛的墓。从1931年邓小平离开上海前往中央苏区，已经18年了。因为战乱，日本人又在公墓那里动土修机场，许多烈士墓地都找不到了。后来，在李强的帮助下，张锡媛的墓终于找到了，但发现墓地已被水淹。邓小平便把张锡媛的遗骨取出来，放在一个小棺木里，和同时找到的苏兆征的遗骨一起，郑重地搬回自己所住的励志社的楼下。

1969年，张锡媛、苏兆征的棺木重新被安葬在上海烈士陵园。张锡媛留下的，只有那张20岁时的照片，端端正正地镶嵌在上海龙华公墓张锡媛烈士的墓碑上，保持着那份永远的美丽。

相守妻子卓琳

卓琳比邓小平小12岁，两人都属龙，都活了93岁。

1939年秋天，35岁的邓小平和23岁的卓琳在延安相识，两个生命开始联系在一起。在此后的58年间，他们辗转于全国各地，经历炮火洗礼，饱尝境遇沉浮，但始终陪伴在彼此身边。1997年邓小平去世后，卓琳带着对丈夫的眷恋，又独自生活了12年。

卓琳有着一张瓜子脸，身材苗条，相当漂亮。他俩的婚姻是曲折而幸福的，“风雨同舟、相濡以沫”这八个字是他们感情最真实的写照。

（一）革命路相识

卓琳原名浦琼英，云南省曲靖市宣威榕城镇普家山村人，是邓小平心心相印、患难与共、相守到老、陪伴一生的妻子。

卓琳出身于一个巨商之家，其父浦钟杰，字在廷，是名震西南著名的民族实业家，经营闻名遐迩的宣威火腿，云南有名的火腿大王，并追随孙中山参加北伐，被孙中山授予少将军衔，担任过滇军军需总局及烟酒公卖局局长，获五等嘉禾奖章。大姐浦代英，二姐浦石英，浦琼英（卓琳）是三妹。

1931年9月，15岁的短跑名将浦琼英，被挑选为云南省体育代表团少年选手成员，赴京参加在北平举办的全国运动会。当从云南出发刚刚到达香港时，“九·一八”事变爆发。国难当头，运动会自然开不成了，云南队只好撤返。才走到香港就要返回，浦琼英心不甘、情不愿，于是写信给家里，表示不回云南，要求去北平读书。

1932年，浦琼英经上海辗转北平，在春明女子中学一个补习班学习数月，随后考入北平第一女子中学。

1935年，“一二·一六”运动中，她同数千名学生走上街头，加入抗议洪流，高呼“不当亡国奴”的口号，声讨日本帝国主义的侵略暴行和南京国民党的卖国行径。

1936年中学毕业后，她以优异的成绩考入北京大学物理系学习，是云南省第一个考入大学的女性。

1937年“七·七”事变爆发后，她乔装成百姓模样，去延安投奔八路军。

1937年8月，她转船倒车，几经曲折到达革命圣地延安，考上延安陕北公学。

1938年，她在保安处训练班学习，组织上介绍浦琼英与邓小平结识，相识不久，二人就坠入爱河。这年，她加入中国共产党，后因工作需要改名为卓琳。

卓琳与邓小平定情之后，在延安城里请了一次客，出席的都是卓琳的训练班同学和检查站同事，吃饭地点是新市场的一个小饭馆，主菜叫作

“三不沾”！这“三不沾”纯属陕西地方风味，将面粉、猪油、鸡蛋、白糖打在一起，吃起来甜软滑腻，既不沾碗，也不沾筷，还不粘牙，俗称“三不沾”！

1939年8月，经时任中央政府西北办事处政治保卫局代理局长周兴介绍，卓琳和邓小平结婚。

1939年9月的一天傍晚，在毛泽东的窑洞前，几位中央领导人为两对新婚夫妇庆贺婚礼，一对是邓小平和卓琳，另一对是卓琳的中社部同事孔原和许明。那一年，邓小平35岁，卓琳23岁。婚礼后不久，卓琳就随邓小平赶赴抗日前线。从此，卓琳便成为邓小平的助手跟着南北征战。从太行山到大别山，从抗日战争到解放战争……卓琳抱着“砍头也要跟你走”的决心，陪伴丈夫一路走过。

对于这段婚姻，卓琳在一篇回忆文章中写道：“他从前方回来，经常到公安部里来玩，有时我们也到他们驻地去玩。他大概那个时候对我有意了，但我不知道，他就找跟我一块到延安的女朋友跟我谈，说他想跟我结婚……后来，他两次主动找上门。听他讲完有关情况和理想后，觉得他也是个知识分子。我想，反正早晚都得结婚……”多年后，卓琳平实而又深情的回忆，记述了战争岁月那段浪漫的爱情。

（二）战火中相依

婚后不久，卓琳跟随邓小平一同赶回抗日前线太行山。邓小平回到设在辽县（今左权县）西河头村的一二九师师部。卓琳则留在麻田八路军总部，担任妇女训练班队长。那段时间，只有邓小平到八路军总部开会时，夫妻俩才能见上一面。

卓琳非常想念丈夫。一次，她问邓小平：“你回去以后可以给我写信吗？”邓小平反问：“写什么呀？”卓琳说：“就写写你每天都干了什么，还有写写……”卓琳的话还没说完，小平就痛快地答道：“要得！我让秘书写个底稿，印上十几份，每月寄给你一份。”听到邓小平这样回答，卓琳只好说：“那还是算了吧。”

婚后一年，组织上终于批准了卓琳的请求，同意她到一二九师师部秘书科工作。为了能和丈夫在一起，卓琳不怕危险和艰苦。

1945 年 12 月，“刘邓大军”离开了驻扎五年的太行山，把司令部迁至河北省山区武安县。邓小平和卓琳把三个孩子接到了身边，全家五口人第一次团聚。看到三个孩子，邓小平非常高兴。可卓琳却面临着巨大的考验：刚从延安回来的大女儿邓琳，由于严重营养不良，不说话，不张口吃饭，手里拿着苹果都不会吃；老二邓朴方拉肚子，晚上睡觉也不得安生；老三邓楠才一岁半，嗷嗷待哺。多年征战的卓琳，身体很差，没奶水，给孩子喂小米粥又喂不进去……经过一番努力，这个家还是渐渐安顿下来。3 个孩子开始欢欢喜喜地在一块玩耍，慢慢地长高长胖，围着爸爸妈妈团团转。

解放战争初期，卓琳一直在中共晋冀鲁豫中央局组织部工作。接下来的三年解放战争期间，邓小平极少再有机会和家人团聚。当他和刘伯承指挥晋冀鲁豫野战军九战九捷，打出“刘邓大军”的赫赫威名之时，卓琳和其他高级干部的家属们，随着战线的推进，不断搬家。邓小平率领部队每解放一个地方，卓琳随后就带着孩子们也赶到那里。每天早上天未亮，大人们就要把孩子们叫起来，给迷迷糊糊、还没睁开眼的他们穿上衣服，然后一边收拾东西，一边随便给孩子们塞几口饭。一群妇孺就这样从河北走到南京，最后到了上海。

1949 年 10 月，出席开国大典后，邓小平和刘伯承率部踏上了解放大西南的征程。邓小平同意了卓琳的要求，让她带着孩子们，跟他一同进军大西南。卓琳看到领导干部们无暇照顾自己的孩子，她主动申请创办了重庆曾家岩人民子弟小学，并亲自担任校长。她不仅安排设计课程，师资不够时还兼课，教高年级的语文、数学和音乐课。

中华人民共和国成立后，1952 年，邓小平被任命为中央人民政府政务院副总理。从中共中央西南局调到中央工作，卓琳随全家一同来到了北京，住进中南海。

1952 年 7 月 1 日，邓小平一家离开四川，赶赴北京。担任党和国家领导职务的邓小平对自己的妻子提出了这样的要求："不要到外面工作，不要出风头。"于是，卓琳多次谢绝了一些单位、团体请她参与工作的邀请，甘愿退居幕后，一门心思为邓小平当秘书，做一个好助手，整理日常文件，默默在邓小平背后奉献着。她在家里专门找了一间小屋子，把所有邓小平看过的文件一一摆开，一件一件地登记，然后整理成册。40 多年过后，卓琳上交的邓小平批阅过的文件，大多还保留在有关档案部门。邓小平主持中央书记处工作的 10 年，是他一生中最忙碌的 10 年。10 年间，他实际上只有两个秘书——王瑞林和卓琳。

实行薪金制后，卓琳定为行政 15 级（相当于今地、师级）；其政治地位和命运，也随着邓小平地位的变化而改变。文化大革命中，邓小平同志受到错误批判，她也受到牵连。

（三）患难中相扶

邓小平三起三落，被外国评论家称为创造奇迹，而又有谁知道，与邓小平一起创造奇迹的还有她！她默默地站在邓小平的身后，为了邓小平、为了邓家，也为了国家，苦也罢甜也罢，好也罢坏也罢，升也罢降也罢，她心中只有一个顶天立地的他！

1966 年，文化大革命爆发，邓小平被称为"党内另一个最大的走资本主义道路的当权派"，受到造反派的揪斗、围攻。造反派还抄了他的家，将他的子女赶出了中南海。卓琳很痛苦，她不知道到底发生了什么事情，也不知道将来会怎样。但是，她深知丈夫的为人，便坚定地说："我跟了他这么长时间，可以担保，他绝对没问题。"卓琳对丈夫不离不弃，邓小平挨批斗时，她在他身边，从未放开过他的手；邓小平失去自由时，她仍在他身边，陪他一起劳动、散步，帮他打听外界的消息。艰难岁月，更显出他们之间的情深意笃。

邓小平的继母夏伯根，看到一些夫妻在"文革"中彼此或划清界限，或离婚，或互相揭发批判对方，感到非常担心。她叮嘱卓琳："卓琳啊，你可要清醒哦！你们夫妻这么多年，你应该是了解他的，你可别犯糊涂哦！"卓琳非常坚定地说："妈妈，我是了解他的。你放心吧！不会的。"

在那段非常时期，夜深人静的时候，卓琳常把儿女们叫到身边，用被子蒙上头，给他们讲邓小平的历史，讲"文革"爆发前邓小平在中央的工作，讲邓小平与彭真、罗瑞卿的关系……她要告诉儿女们，他们的父亲是清白的。

作为邓小平的夫人，她尽到了相夫教子的本分，同时付出了巨大牺牲。邓小平一生三落三起，有两落两起由她相伴。在"文革"开始后不久，邓小平被打倒，成为"中国第二大走资派"。邓小平和卓琳被软禁起来。中央成立了邓小平专案组，卓琳的问题也并入邓案。在经过无休止的批斗之后，她被惩罚打扫卫生。

每天，院子里先是她一人操着扫把"哗哗"的扫地声，很快，就有了第二把扫把掀起的扫地声。那是邓小平。她陪邓小平受苦，而邓小平则替她分担扫地。两年中，不管刮风下雨，无论天热地寒，院子里两把扫把诉说着一对革命夫妻恩爱携手的患难故事。

1969 年 10 月，邓小平以全国第二号走资派的身份被下放到江西监管劳动，卓琳毫不犹豫地陪伴邓小平到了江西，共同度过了 3 年零 4 个月艰难的时光，挖地、拔草、种菜、施肥，虽然空间有限、空气压抑，他们却甘之如饴，夫唱妇随。

和他们同行的还有夏伯根。10月26日，在江西省新建县的一幢两层阁楼里，3位老人开始了谪居生活。

每天上午，邓小平和卓琳一起步行半小时，到新建县拖拉机修造厂劳动。邓小平的工作是钳工，是他50年前在法国勤工俭学时干过的老行当。重操旧业，他驾轻就熟，干得有板有眼。卓琳身体不好，厂里就安排她和女工们一起洗线圈。

中午，夫妻俩回家吃饭；下午，一起看书、学习；每晚8时，准时收听中央人民广播电台的新闻广播。

在家中，三位老人根据各自的身体情况进行分工。邓小平虽已65岁，却是家里唯一的壮劳力，重活全由他做，如拖地板、劈木柴、砸煤块等。卓琳年龄最“小”，“只有”53岁，但患有严重的高血压和心脏病，只能干一些轻活，如扫地、擦桌子、洗衣服、缝纫等。夏伯根年近70，但身体不错，厨房里的事全由她负责。三位老人互相帮扶，互相照顾，把下放生活过得很充实。

卓琳回忆说，当时“一个月只给我们20块钱的生活费。邓小平说，我们要节约一点，给孩子们当路费。因为孩子们都被分配到四面八方，有时候来看看我们。为了补贴生活，他说，咱们来种地吧。因为我们住的那个楼前头有一块空地。他挖地，我就拿个小板凳坐那里拣石头，弄成一亩地，我们就跟老百姓要种子，种些茄子、辣椒啊容易种的东西。”

1月的江西，天气最冷，穿上厚厚的棉衣才能保暖。卓琳有时下了楼就上不去。吃过晚饭、收拾停当后，卓琳站在楼梯口喊道：“拉我一把，老兄！”邓小平随后一手拉着妻子，一手拉着楼梯扶手，两人一步一步地往上爬。卓琳洗大床单、被里时，邓小平就帮着用清水漂洗，然后一起拧，一起晾晒。

就是靠这种弥足珍贵的温情，靠着妻子的精神扶助，邓小平乐观地走过了政治生涯中的那段险恶时光。

卓琳和邓小平生了五个孩子。因为他们爱孩子、喜欢孩子。卓琳深爱自己的丈夫，并把这种爱传达给了孩子们。她对孩子们说："爸爸要干什么，就是家里最大的道理。"

邓小平需要安静。她就规定：家里谁也不准吵。邓小平戒烟了。她就规定，在家里，谁也不能当着他的面抽烟。

当邓小平蒙受不白之冤时，她给孩子们讲他的历史，讲他工作中的事情，分析斗争形势。从她的讲述中，儿女们坚信：父亲是清白的，无罪的。于是，在那个无数家庭成员互相揭发的疯狂年代，邓小平的孩子，从没有为了表示与父亲划清界限而"揭发"过父亲母亲。因为他们和母亲一样，爱自己的父亲，心甘情愿地与他共渡危难。

"林彪事件"后，邓小平一度被起用。卓琳只有一句话："总算过来啦！我们胜利啦！"

1973 年 3 月，邓小平"复出"，全面参与党和国家的重大决策。邓小平同志恢复工作之后，卓琳于 1973 年任国务院办公厅机要秘书，1978 年 1 月任中央军委办公厅顾问直至离休。然而，1976 年，邓小平又一次陷入政治困境，被撤销党内外一切职务，保留党籍，以观后效。此后，卓琳陪着邓小平一同搬进了北京东交民巷 17 号。在与子女音讯隔绝的状态下，两位老人相依为命，开始了又一次禁锢生活。

没过多久，卓琳因眼病复发，住进了北京三〇一医院。一天，一位医生悄悄告诉她：毛泽东病危，卓琳听了十分着急。正好邓小平的一个警卫人员来看她。她立即写了一张纸条，请警卫人员转交："千万不要离开你现在住的地方，不管什么人让你出去都不要离开，我争取尽快出院。"50 天后，卓琳的眼病基本好转。她一分钟也不能再在医院住下去了，急切地回到东交民巷。看到邓小平一切照旧，她那一颗悬着的心才放了下来。

1977 年，邓小平一家搬进景山后街米粮库胡同的一个普通院子。院子里有两棵松树，枝叶交织，难分彼此。儿女们认为，这两棵树象征着邓小平和卓琳相依相伴。又因两人同属龙，儿女们便为两棵树取名“双龙树”。直到今天，米粮库胡同的那个院子里，邓小平办公室仍保留着原貌——书柜里放着他生前爱看的书籍，写字台上摆着孙辈们送给他的礼物，台历则定格在 1997 年 2 月 19 日（邓小平逝世之日）。每逢邓小平祭日这一天，卓琳和儿女们都会在院子里撒满花瓣，寄托无限的思念。

邓小平去世后，卓琳在很长一段时间里都沉浸在绵绵的哀思之中。除了少许重要活动，她很少离开她和邓小平共同生活了 20 年的位于米粮库胡同的这个院子。

1978 年 10 月和 1979 年 1 月，邓小平先后访问日本、美国，卓琳都随同出访。在国际交往的重大场合，有人评价卓琳的表现温文尔雅、落落大方，以中国女性特有的端庄，和邓小平一起给国外友人留下了不可磨灭的印象。在美国前总统卡特的白宫日记中，记录着 1979 年 1 月 28 日，邓小平夫妇在肯尼迪中心观看演出的场景。卡特写道：最后一个节目是约 200 名美国儿童用中文合唱《我爱北京天安门》，邓小平与夫人卓琳走上舞台，热情拥抱和亲吻了这些美国孩子，此举让很多美国人流下了激动的眼泪。

在相伴走过的 58 个风云多变的春秋中，卓琳始终和邓小平心心相印、患难与共。无论身处低谷还是走向辉煌，她对他，不会有丝毫的改变。风雨同舟、相濡以沫，这八个字是他们感情最真实的写照。

（四）生死都相伴

1997 年 2 月 19 日，邓小平走了，留下了孤独的她。81 岁的卓琳眼含热泪，强忍悲痛，用颤巍巍的双手，捧起邓小平的骨灰，久久不愿放手，她一遍又一遍地呼唤着丈夫的名字，泣不成声……邓小平逝世，很长一段时间卓琳都沉浸在绵绵的哀思之中，她再也见不到相濡以沫的身影了，再也听不到那熟悉的四川乡音了。

当国人、家人还沉浸在悲痛之中，当人们还在思考如何向邓小平表达最深切的哀思时，卓琳向家人、向子女们提出了一个要求，一切要以中央的决定为准，你们不能提出高于中央标准的要求。于是丧事从简，她在家里没有专设灵堂，只是将邓小平的书房简单布置了一下以方便亲友悼念。

邓小平的遗体起灵前夕，灵堂里只有伴随他一生的老警卫员和卓琳。卓琳让老警卫员再为他站好最后一班岗时，老警卫员潸然泪下："我何止是想站最后这一岗啊，我陪他一块去也行啊！"警卫员老泪纵横，她也泪如雨下。这话又何尝不是她要说的？

1997 年 2 月 26 日下午，卓琳拄着拐杖在亲友面前说："将近 60 年前，也是在北京，有从云南来的三个姐妹，思考着自己的人生道路……我们姐妹是可以不走那条路的，我们家不是穷人，我们完全可以像你们从书中看到的小姐那样活下去。但是，我们没有，我们选择了延安。为什么呢？很简单：人不能只为自己活着。那个时候，社会很黑暗，广大妇女被压迫在社会最底层，我们就是为了人民的解放，为了中国妇女的解放才参加革命的。"

1997 年 3 月 2 日上午 11 时 25 分，当运载邓小平骨灰的专机飞至 1800 米高的空域时，81 岁的卓琳眼含热泪，强忍悲痛，用颤巍巍的双手，捧起邓小平的骨灰久久不忍松开，她一遍又一遍地呼唤着小平的名字，泣不成声。大约过了 5 分钟，在子女们的劝说下，她才撒下第一把骨灰。骨灰和五彩缤纷的花瓣缓缓地飘入大海。58 年的风雨同舟，58 年的同荣共辱。如今，手捧着自己心爱的丈夫的骨灰，卓琳怎么能不悲痛欲绝，肝胆俱碎？她的思绪又回到了太行山上那难忘的恩恩爱爱，回到了和邓小平共同生活的那些艰难岁月。

邓小平辞世后，卓琳恪守着邓小平“不要到外面去工作，言行要谨慎”的提醒，在北京家中安享着晚年时光。

每逢邓小平祭日，卓琳预先买些花瓣，在院子里抛撒，边撒边喊——“老爷子，给你撒花了，你看见了没有？”此情此景，让人怎不动容？在接受采访时，她说：“他去世了，我们全家人都很悲哀，但是这是自然规律，你也没办法。每年他的生日，我们全家人还像他活着一样，大家一块儿给他过生日，纪念他。”

（五）见证香港回归替小平完成遗愿

邓小平晚年，一直珍藏着两个心愿：他想活到 1997 年，到香港的土地上走一走，看一看；他想活到 2000 年，亲眼看一看中国人民的小康生活。与邓小平相伴一生的卓琳替他实现了这两个心愿。

1997 年香港回归前夕，卓琳向江泽民总书记提出，要代老爷子去香港看一看。江泽民同意了，去香港时带上了卓琳。

1997 年，香港回归的时刻，卓琳穿上了儿女为她特别订制的新衣服，踏上香港的土地，完成邓小平“到自己的土地上走一走、看一看”的夙愿。1997 年 6 月 30 日午夜的香港政权交接仪式，当五星红旗伴随着庄严的中国国歌冉冉升起，英国“米字旗”徐徐降下时，卓琳热泪盈眶。

有媒体问董建华，在回归庆典上，他特意郑重介绍卓琳女士，引来全场掌声，这是否是“临时起意”？董建华对此表示，那不是“临时起意”，国家主席江泽民在庆典开始前对他特意做了嘱托。

董建华说，自己对卓琳的介绍中，寄托了香港人对邓小平的无限敬意及追思，也是希望透过卓琳聊慰邓小平未竟的心愿。当时我话音刚落，卓琳女士站起身来时，整个大厅掌声雷动，实在让人难忘。那不是事先预演的场景，而是发自与会者由衷的敬意，他们用双手拍打出同一个讯息——邓公，香港终于回归，您老人家当可含笑九泉！这个片段是整个回归庆典中最动人的镜头，至今仍令人津津乐道。

卓琳对此也感觉非常欣慰："我完成了老爷子的遗愿。"

2009年7月29日12时30分，卓琳同志因病医治无效，在北京逝世。

和邓小平一样，卓琳也留下了这样的遗愿：遗体和角膜捐献出来，骨灰撒入大海。她要在大海深处，和邓小平重逢。

70年前那个秋天，35岁的邓小平和23岁的卓琳在延安相识。这两个家庭背景不同的人的生命，开始联系在一起。在此后的58年间，他们辗转于全国各地，经历炮火洗礼，饱尝境遇沉浮，但始终陪伴在彼此身边。邓小平去世后，卓琳带着对丈夫的眷恋，又独自生活了12年。她离去时，和丈夫一样也是93岁。

晚年的卓琳，对待生和死的问题非常坦然。她多次嘱咐子女们在办理后事时一定要从简。她逝世后，儿孙们在她住过的屋里，设起小小的灵堂——这是他们唯一一次违背她的意愿。灵堂内，照片上的卓琳，精神依旧饱满，笑容依旧爽朗。

翻开卓琳的履历，她的头衔只有"秘书"二字。但邓小平波澜壮阔的一生，却离不开她的执手相随。

在卓琳身上，有红色信徒、革命战士和新时代女性的特征，也有中国妇女相夫教子、甘于奉献的传统美德。这种品德基因来自于她的母亲。卓琳的生母雷氏，云南宣威人。她嫁给宣威火腿实业家浦在廷之后，浦在廷成为孙中山北伐军滇军军需总局的局长，她也成为少将府的女主人。雷氏为浦公生了三个儿子和三个女儿，并亲手将几个孩子拉扯大。她主管着浦家少将府里各项事务。1925年，当雷氏带着女儿浦琼英（后来的卓琳）迈着三寸金莲出现在革命大本营广州时，正赶上浦公遭人暗算入狱，被抄家。她带着长子和幼儿东躲西藏，最后死里逃生，并重回宣威帮助死里逃生的丈夫重振家业。浦公又遇到讼事，她变卖家产，为丈夫平息了又一场危机，终于使浦公东山再起。

卓琳的一生是母亲身影的翻版。她把一切毫无保留地献给了邓小平和她与邓小平为之奋斗的事业。她把相夫教子当作神圣的职责。当年北大物理系高材生卓琳，几乎让自己所有的子女迷上了物理学。除了培养孩子的学习兴趣，她还教他们树立自信、自强、开朗、朴素的品行。

日本入侵中国，打断了卓琳的学业，毁灭了她科学救国的理想。于是，她把全部的希望和理想寄托在了孩子们的身上，把对科学的追求融于对孩子们的教育之中。每个周末的家庭“论坛”上，她要给孩子们讲解从报纸杂志上了解到的最新科学信息，诸如核裂变，连锁反应等等。游戏中，她会出列出各种题目让孩子们研究讨论。在她的培养教育下，五个孩子中有三个考取了她的母校——北京大学物理系，两个孩子担任了部级领导。

长女邓林，1941 年出生，1967 年毕业于中央美术学院，中国画研究院一级美术师。

长子邓朴方，1944 年出生，北京大学原子核物理专业毕业。1965 年 9 月加入中国共产党，是中共第十五、十六届中央候补委员。“文革”期间受到迫害，在一次逃难中不幸坠楼，造成高位截瘫。曾连任四届中国残疾人联合会主席团主席职务；在推动中国残障事业中，有着突出的贡献。第十一届全国政协副主席，第五届中国残疾人联合会主席团名誉主席。

次女邓楠，1947 年出生，北京大学物理系物理专业毕业，原科技部副部长，中国科协党组书记。中共十七大代表，中共第十七届中央委员；第十届、十一届全国政协委员。中国可持续发展研究会理事长，国际地圈生物计划中国全国委员会副主席。

三女邓榕，小名毛毛，1950年出生，北京医学院毕业，曾任总政组织部副处长，驻美大使馆三秘，全国人大常委会政研室副主任，民主与法制出版社社长，中国国际友好联络会副会长。

次子邓质方，1952年出生，本科毕业于北京大学物理系，后在美国罗切斯特大学物理系获得博士学位。

卓琳一生非常低调，生前多次嘱咐子女在办理她的后事时一定要从简。卓琳的一生，始终是这样爽朗地微笑着，无论是身逢喜事，还是遭遇逆境。她去世后，子女们按照卓琳的遗愿——将她的遗体和角膜捐献出来，骨灰将撒向大海。在他们共同热爱的大海深处，她将与自己挚爱的丈夫重逢。

2010年2月，在卓琳逝世半年之后，她被评为2009年感动中国年度人物。评选组委会授予卓琳的颁奖词这样说：

彩云之南的才女，黄土高原上的琼英。携小平手五十八载，硝烟里转战南北，风雨中起落同随。对她爱的人不离不弃，让爱情变成了信念。她的爱向一个民族的崛起，注入了女性的坚定、温暖与搀扶。

感动中国推选委员会委员陈淮这样评价她：

不动摇，一生不动摇，历尽沧桑绝不动摇。不是因为她是谁的夫人，而是因为她是一个不可动摇的人。

感动中国推选委员会委员陈小川这样评价她：

她默默地站在一位时代伟人背后，用坚定的信仰和深深的爱，支撑着伟人度过劫波，支持着伟人创造新时代。在近30年中国崛起的历史记录中，应该有她重重的笔墨。

后　记

人们对历史的记忆都是选择性的。这种选择常常是以代表人物或典型事件为坐标，比如秦始皇、汉武帝、唐太宗、赵匡胤、成吉思汗、康乾盛世、甲午战争，等等。而对现代中国，人们能记住的是：毛泽东时代，邓小平时代。

记忆本身就是一种评价。

在革命战争的炮火硝烟、枪林弹雨中，邓小平走过了青春岁月。新中国诞生了，进入中老年的他挑起了中国建设的大梁。

中国共产党第八次全国代表大会上，他作《关于修改党的章程的报告》；进入中央领导集体的核心。

在百废待兴、恢复国民经济的时期，他提出：黄猫、黑猫，逮住老鼠就是好猫。

在莫斯科会议上，他让赫鲁晓夫目瞪口呆。

在十年“文化大革命”中，他两次沉浮。

他发起真理标准问题大讨论，打破精神枷锁，倡导思想大解放；强调完整、准确地理解毛泽东思想，确定了实践是检验真理的唯一标准。他做出恢复高考制度的英明决策。他确立十一届三中全会路线，开启了中国改革开放新征程。他倡导开办经济特区，杀出一条血路。他确立了正确的国际战略，推动中美关系正常化。他提出的“一国两制”成为中外历史上创造性的杰作。他视察南方的谈话，成为邓小平理论最亮的闪光点。

1997年2月19日，他走完了人生的历程，享年93岁。

1997年2月20日，依据联合国1947年旗典，联合国总部为他的逝世降半旗，联合国大会为他默哀。

1997年3月2日，遵其遗嘱，他的骨灰撒入大海。人民不会忘记他。他把自己一腔忠诚献给了中国人民的解放事业、建设事业，他开辟了一个崭新的时代——邓小平时代。他属龙，他是一条真正的中国龙。

他富有实事求是的哲学智慧——

孩子们问他长征怎么过来的，他就三个字，“跟着走”。

问他八年太行山坚持抗战做了些什么，他就两个字，“吃苦”。

谈到他领导刘邓大军的经历，他也是两个字，“合格”。

凝练的语言恰恰是丰富思想的体现。

他走了，但人们记住了他的话——

把马克思主义的普遍真理同我国的具体实际结合起来，走自己的道路，建设有中国特色的社会主义，这就是我们总结长期历史经验得出的基本结论。

社会主义的本质，是解放生产力、发展生产力，是消灭剥削、消除两极分化，最终达到共同富裕。

贫穷不是社会主义。发展是硬道理。不管黑猫白猫，捉住老鼠才是好猫。改革就是摸着石头过河。科学技术是生产力，而且是第一生产力。胆子更大一点，步子更快一点。

中国人民忘不了邓小平，世界也牢牢记住了他；因为他为中国和世界作出了巨大贡献。

他离开人间已经20多年，但我们仿佛看见他依然站在云端，听见他依然用那浓重的四川口音呼喊：

“我是中国人民的儿子。我深情地爱着我的祖国和人民。”

吕发成

2020年6月

参考文献

本书编撰过程中参考了以下资料，在此特向作者、出版社和网站致以诚挚的谢意！

1.《邓小平文选》，人民出版社 1993 年版。

2.《邓小平年谱（1904—1974）》，中央文献出版社 2009 年版。

3. 中共中央文献研究室《邓小平自述》国际文化出版公司 2009 年 8 月版。

4. 中共中央文献研究室《邓小平自述》，解放军出版社 2004 年版。

5. 邓楠《我的父亲邓小平·战争年代》，生活·读书·新知·三联书店，2013 年 1 月。

6. 邓榕《我的父亲邓小平》，中央文献出版社 2010 年版。

7. 李瑗《毛泽东与邓小平》，中共党史出版社 2008 年 1 月版。

8. 余伯流《毛泽东与邓小平》，江西人民出版社 2011 年 7 月版。

9. 王东藩《邓小平在太行》，山西人民出版社 2013 年 5 月版。

10. 凤凰卫视出版中心编著《我的中国心》，重庆出版社 2011 年 6 月版。

11.〔俄〕潘佐夫、斯皮恰克著，陈鹤译《邓小平在莫斯科：一个革命者和未来改革者思想的形成》，人民网 – 中国共产党新闻网 2013 年 7 月 26 日。

12. 王刚《邓小平在莫斯科中山大学写的自传》，2014 年 8 月 12 日《人民日报》。

13. 李同成《邓小平曾就读莫斯科中山大学俄文名“多佐罗夫”》，2011 年 8 月 4 日《人民政协报》。

14. 于俊道《红墙里的领袖们——邓小平实录》，工人出版社 2012 年 1 月版。

15. 于化民《邓小平主编〈红星报〉》，《百年潮》2000 年第 5 期。

16. 李贞刚《邓小平与〈红星报〉》2010 年 1 月 7 日《人民政协报》。

17. 蒋袁源　刘芳男《邓小平主编〈红星报〉：编发毛泽东第一篇军事新闻》，2010 年 8 月 16 日《解放军报》。

18. 赵宝云《记载长征原始历史的〈红星报〉》，2010 年 2 月 20 日《人民政协报》。
19. 李宥儒　辛文婷《从〈红星报〉看红军报刊的党报新特征》，青年记者网 2010 年 12 月 30 日。
20. 刘丽群《红军总政治部旧址与〈红星报〉》2011 年 5 月 16 日中国军网。
21. 孙萍　赵云泽《邓小平曾主编的〈红星报〉》《新闻前哨》2011 年 12 期。
22. 张中俞《〈红星报〉与黎平群众大会》2014 年 11 月 10 日黔东南日报，光明网。
23. 子任《吉安的占领》，登山小鲁的博客 2015 年 1 月 5 日转载。
24. 杨国选《邓小平第一次打倒内幕》登华山知险峰的博客 2014 年 8 月 22 日转载。
25. 赵建军《长征时期的邓小平（纪实）》《党史博采》2002 年第 8 期【查补】。
26. 李本义《百团大战中邓小平的军事谋略》，《湖北大学成人教育学报》1999 年 04 期。
27. 宋玉玺　莫巧琳《邓小平与抗日战争》，中央文献出版社出版，2005 年 7 月版。
28. 李佳蕖《邓小平在太行山的军事活动》，中国网 2007 年 1 月 31 日。
29. 南宫海《邓小平光辉业绩耀太行》，2012 年 2 月 9 日。
30. 王勇、郑承锋《风弛瑶岗百万雄师过大江》，2004 年 8 月 9 日《杭州日报》。
31. 邓小平制定《京沪杭战役实施纲要》2011 年 8 月 3 日，人民网。
32.《百万雄师渡江前，毛泽东将指挥权交给了邓小平》，人民网 2011 年 8 月 3 日。
33.《百万雄师过大江 -- 渡江战役》，人民网 2002 年 7 月 28 日。
34. “追寻小平足迹”采访组《邓小平指挥百万雄师过长江》，2014 年 1 月 13 日《广安日报》。
35.《邓小平解放大西南》，人民网 2014 年 8 月 3 日。
36.《横扫千军如卷席　刘伯承邓小平率部解放大西南》西陆网 2009 年 9 月 24 日。
37.《邓小平在西南局的谋略》2014-10-24 中安在线 - 安徽日报农村版。
38. 明顺《邓小平的继母——夏伯根》《党史博采（纪实）》1997 年第 9 期。
39. 周锟、李胜《邓小平的继母夏伯根》柳喜长 2011 年 10 月 27 日的博客转引自

《新湘评论》。
40. 杜峻晓《小平夫妇与继母夏伯根的不了情》，与人为善的博客。
41. 《文史资料——邓小平继母的风范》拾民金 2011 年 5 月 23 日的博客。
42. 赵大国《逆境中的邓小平夫妇及继母夏伯根》，2016 年 3 月 8 日《广安日报》。
43. 《邓小平和卓琳一起祭扫前妻张锡瑗》，2009 年 7 月 29 日央视网。
44. 桂玉麟、张伯义《金维映在江西》，中央文献出版社 2004 年 6 月版。
45. 桂玉麟《英年早逝的金维映》，《党史纵览》2007 年第 7 期。
46. 《定海女将金维映的传奇人生》招商银行评论的博客 2011 年 5 月 18 日。
47. 王树人《张氏三姐妹和她们的丈夫》，DOC88.com
48. （美）傅高义《邓小平时代》生活·读书·新知三联书店 2013 年 1 月北京第 1 版。